やわらかアカデミズム
〈わかる〉シリーズ

よくわかる
言 語 学

窪薗晴夫
［編著］

ミネルヴァ書房

■よくわかる言語学

はじめに

　本書は言語研究の諸分野（言語学，日本語学，英語学，日本語教育学他）を専攻する大学生と，言語学に関心を持つ他分野の研究者や一般読者に，言語研究の面白さとことばの不思議さを伝えるために企画されたものである。日本語や英語の具体的な例を分析する中で，日常生活の身近な言語現象に目を向け，その中に潜むことばの仕組みや法則に気づくことを第一の目標としている。

　この目標を達成するために，本書の執筆者には自分が面白いと思っていることを，その面白さが読者に通じるように書くことを求めた。本書の各節がそれぞれ「どうしてこうなっているのだろう」という素朴な問いかけから始まるのはこのためである。本書を読む際，また本書を使って言語学の授業を進める際は，まず何よりもことばの面白さとことばを研究することの面白さを味わっていただきたい。面白いと感じるところから読み始めることができるように，各章・各節がかなり独立性をもって執筆されている。

　本書は言語学の他の入門書と同じように，音声学，音韻論，形態論，統語論，意味論，語用論という言語研究の主要分野を中心に，社会言語学や心理言語学，歴史言語学などを含む言語研究の諸分野を網羅するように組まれている。またオノマトペや手話言語など，近年関心が集まっているテーマも取り入れた。その一方で，各分野・テーマのすべての事項を網羅しているわけではない。これは，本書が言語学の知識をまんべんなく伝えることよりも，言語研究の面白さを伝えることに重心を置いたことによる。

　本書を出版するにあたって，ミネルヴァ書房編集部の岡崎麻優子氏に企画から刊行まで大変お世話になった。また編集・校正作業では国立国語研究所の吉田夏也氏と溝口愛氏から全面的な協力をいただき，原稿の査読段階では東京大学の学生・大学院生の皆さん（臼井優花，松本悠哉，喜多直人，佐藤らな，塚越柚季，髙城隆一，鎌田寧々の各氏）から貴重なコメントをいただいた。ここに記してお礼申し上げる。また，編集過程では国立国語研究所共同研究プロジェクト「対照言語学の観点から見た日本語の音声と文法」の支援を受けたことを付記する。

2019年7月

編　者

もくじ

■よくわかる言語学

はじめに……………………………… i

序 言語学とは何か

1 言語研究の諸分野 ………………… 2

2 音声と形態 ……………………… 4

3 文法と意味 ……………………… 6

4 言語研究の多様なアプローチ…… 8

5 言語研究の新しい視点…………… 10

第I部 音声と形態

1 音声・音韻

1 母音と子音 ……………………… 14

2 母音の有標性 …………………… 16

3 音声素性と母音融合 …………… 18

4 子音の発音 ……………………… 20

5 子音の有標性 …………………… 22

6 音素と異音 ……………………… 24

7 連濁とライマンの法則 ………… 26

8 連濁と形態音素交替 …………… 28

9 モーラの役割 …………………… 30

10 音節構造（日本語）…………… 32

11 音節構造（英語）……………… 34

12 語の韻律構造 ………………… 36

13 アクセントの類型 …………… 38

14 アクセントの規則 …………… 40

15 音韻構造と統語・意味構造 …… 42

16 リズム ………………………… 44

2 形態論・語形成

1 複雑語のまとまり …………… 46

2 複雑語の構造 ………………… 48

3 語形成の生産性と心内辞書 …… 50

4 規則活用と不規則活用………… 52

5 新しい動詞の作られ方………… 54

6 複合名詞の意味………………… 56

7 動詞由来複合語………………… 58

8 派生名詞の多義………………… 60

9 語のまとまりを超える語形成…… 62

第Ⅱ部 文法と意味

3 機能文法

1 語彙的使役と迂言的使役 ………… 66

2 「〜ている」構文 ……………… 68

3 「〜てある」構文 ……………… 70

4 「ろくな…ない」構文 …………… 72

5 「V かけの N」構文 …………… 74

6 日英語の談話省略と情報の新旧 … 76

7 英語の命令文 ………………… 78

8 相互動詞と受身文 ……………… 80

9 any の使い方 ………………… 82

10 構成素否定と文否定 …………… 84

4 生成文法

1 統語論とは何か……………… 86

2 文の構造……………………… 88

3 文の構造と「移動」…………… 90

4 移動の制約 …………………… 92

5 繰り上げ構文 ………………… 94

6 繰り上げ構文とコントロール構文
……………………………… 96

5 認知言語学・日本語文法

1 全称量化と存在量化 …………… 98

2 世界のデフォルト状態………… 100

3 事物のカテゴリ化 …………… 102

4 文法化 ……………………… 104

5 デキゴト表現 ………………… 106

6 きもちの文法 ………………… 108

7 体験と知識 …………………… 110

8 並列標識の偏った現れ………… 112

6 語用論

1 ことばの意味と話し手の意味…… 114

2 コミュニケーションのスタート
地点………………………… 116

3 文脈によることばの意味調整…… 118

4 ことばのウラを読む ………… 120

5 発話解釈は選択的投資………… 122

6 発話解釈の鍵は関連性………… 124

7 世間話の意味 ………………… 126

8 心の理論と語用論 …………… 128

9 語用障害……………………… 130

第Ⅲ部 言語研究の多様なアプローチ

7 歴史言語学

1 動詞の活用 …………………… 134

2 動詞の複合 …………………… 136

3 主格助詞「が」 …………………… 138

4 使役文 …………………… 140

5 丁寧語 …………………… 142

8 方言・社会言語学

1 地域方言 …………………… 144

2 社会方言 …………………… 146

3 言語接触 …………………… 148

4 スタイル …………………… 150

5 インターアクション …………… 152

9 心理言語学

1 音素の特定・モーラの切り出し… 154

2 多義性とガーデンパス ………… 156

3 文法の個別性と文処理装置の普遍性 …………………… 158

4 文処理で使われる情報いろいろ …………………… 160

5 音のきまりの獲得 …………… 162

6 語の獲得 …………………… 164

7 文法の獲得 …………………… 166

8 第二言語の獲得 ……………… 168

10 実験言語学

1 実験言語学とは何か ………… 170

2 痕跡位置におけるプライミング効果 …………………… 172

3 文脈と語順 …………………… 174

4 役割語の脳内処理 …………… 176

5 ブロッキング ………………… 178

第Ⅳ部 言語研究の新しい視点

11 言語類型論

1 語族・類型・文字 …………… 182

2 言語普遍性 …………………… 184

3 語順類型論 …………………… 186

4 アラインメント ……………… 188

5 意味類型論 …………………… 190

12 オノマトペ

1 世界のオノマトペの分布 ……… 192

2	音象徴 …………………… *194*	2	NM（非手指）表現 …………… *206*
3	形態の類像性 ………………… *196*	3	手話のモダリティ表現 ………… *210*
4	オノマトペと「と」の分布 …… *198*	4	手話のバリエーション ………… *214*
5	言語のオノマトペ起源説 ……… *200*	5	手話の発達・習得 ……………… *218*

13　手話言語

| 1 | 手話単語の音韻パラメータ …… *202* |

さくいん ……………………………… *220*

やわらかアカデミズム・〈わかる〉シリーズ

よくわかる
言 語 学

序　言語学とは何か

 言語研究の諸分野

1　意思伝達の諸相

　人間は言語を使って意思伝達（コミュニケーション）を行っている。言語を使って複雑な知識や情報をお互いに伝えあうことが，人間という動物の際立った特徴となっている。

　人間による意思伝達には音声，文字，ジェスチャーの3つの主要な手段があり，これらをうまく組み合わせて意思伝達を行っているが，中でも重要なのが音声による意思伝達（音声言語）である。地球上に存在する6000とも7000とも言われる言語の中には文字を持たない言語も少なからず存在する。また電話の会話のように，相手の顔や姿を見なくても意思伝達が可能となる。音声言語が人間の意思伝達において主要な手段となっていることがわかる。

　では，この音声言語による意思伝達はどのようになされるのであろう。この全容を明らかにするのが言語研究の1つの大きな目標となっているが，これは単に音声を発するというプロセスだけで成り立っているのではない。(1)に示すように，話し手は意味（meaning）を形式（form）に記号化し，それを音波として聞き手に送る。一方聞き手は，受け取った音波を形式に変え，そこから意味を解読して話し手の意図を理解しようとする。この双方向のやりとりを行うことにより，意思伝達を達成している。

　(1)　話し手：意味→形式（単語・文→音声）→音波（）
　　　 聞き手：音波（）→形式（音声→単語・文）→意味

　話し手による記号化と聞き手による解読，この両方の過程において，人間は頭の中に蓄えた言語知識を活用している。この言語知識が，その人が頭の中に有している特定言語の文法（grammar）ということになる。

2　言語研究の諸分野と相互関係

　言語研究は，(1)に示した意思伝達のプロセスに対応する形で，(2)のような研究分野に分けられている。

▷1　Ethnologue: Languages of the World. https://www.ethnologue.com

▷2　これらの諸分野および諸言語を研究するために，日本国内だけでも日本言語学会，日本語学会，日本英語学会，日本音声学会，日本語文法学会，日本語用論学会，日本手話学会，日本認知言語学会，社会言語科学会，日本歴史言語学会など数十の学会が活動している（「言語系学会連合」ホームページ参照）。

(2) 言語研究の諸分野

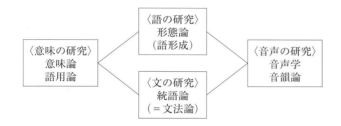

　意味，文，語，音声の4つの分野はそれぞれ独立しているように見えるが，実は密接に関係し合っている。たとえば「鶯＋鼻→鶯鼻」というのは複合語化という語形成の現象（語の研究）であると同時に，「ハナ→バナ」という発音の現象（音声の研究）でもある。また「鶯鼻」に対して「目鼻」の「鼻」が濁らないのは，両者の意味構造の違いによる。同様に，「尾白鷲」と「紋白蝶」の間で「白（ジロ，シロ）」の発音が異なるのは語内部の構造の違いによる。このように，単一に見える現象にいろいろな分野が関係している。

3 本書の構成

　本書は序章と4つの部（Ⅰ～Ⅳ）から成る。序章では各部の概要を紹介しながら，言語研究の諸分野を解説した。次に(2)で述べた4つの主要分野のうち，音声と語の研究を第Ⅰ部「音声と形態」で，文の研究と意味の研究を第Ⅱ部「文法と意味」で解説する。第Ⅱ部では特に文と意味の研究に対する複数のアプローチ（機能文法，生成文法，日本語文法，語用論）を紹介している。

　続く第Ⅲ部「言語研究の多様なアプローチ」では○○言語学という名前の付く4つの視点を解説した。このうち歴史言語学，社会言語学，心理言語学はそれぞれ言語の歴史的側面，社会的側面，心理的側面を探る分野である。実験言語学は実験という手法によって言語分析のもととなるデータを得る分野であり，脳機能や視線の測定など，手法が急速に多様化，精密化している分野である。いずれの視点も，(2)に示した広範囲な領域で研究が行われている。

　最後の第Ⅳ部「言語研究の新しい視点」では，近年の言語研究で注目されている3つの分野・テーマ（言語類型論，オノマトペ，手話言語）を取り上げる。言語類型論とは言語を歴史的系統ではなく言語特徴・構造をもとに分類する分野であり，またオノマトペとは擬音語・擬態語などと呼ばれてきた用語の総称である。最後に取り上げる手話言語は，耳が聞こえない人（ろう者）たちが手や指，顔の表情などを使って行う言語である。単なるジェスチャーとは異なり，音声言語と同じくらい精巧な体系を有しており，また日本手話とアメリカ手話が異なるように，音声言語と同じような多様性を見せる。
　　　　　　　　　　　　　　　　　　　　　　　　　　　　　　（窪薗晴夫）

▷3　Ⅰ-2-1　Ⅰ-2-2 参照。
▷4　Ⅰ-1-7　Ⅰ-1-8 参照。
▷5　「鶯鼻」は「鶯」が「鼻」を修飾するが，「目鼻」は「目の鼻」ではなく「目と鼻」という並列（同格）構造を持つ。並列構造では通常連濁は起こらない。「宛名書き」や「大食い」に対して「読み書き」「飲み食い」で連濁が起こらないのも同じ理由による（窪薗 1999）。
▷6　Ⅰ-1-15 参照。

参考文献

大津由紀雄編著（2009）『はじめて学ぶ言語学——ことばの世界をさぐる17章』ミネルヴァ書房。
窪薗晴夫（1999）『日本語の音声』岩波書店。
三原健一・高見健一編著（2013）『日英対照　言語学の基礎』くろしお出版。

序　言語学とは何か

音声と形態

1　音声学と音韻論

　人間は音声を使って意思伝達を行っているが，言語研究の中で音声そのものを研究するのが音声学（phonetics）と音韻論（phonology）の2分野である。音声学は話し手が音声を作り出す音声産出の過程と，聞き手が音声を知覚する音声知覚の過程を探る分野であり，しばしば音声実験によって詳細な音声データを収集し分析する。一方，音韻論は人間が頭の中で行っている操作を研究する分野であり，音声現象の背後にある音韻規則や原理を明らかにしようとする。

　両者は音声現象を連続的（数量的）に捉えるか（音声学），非連続的（離散的）に捉えるか（音韻論）という点でもしばしば異なる。たとえば「生」と「菓子」が結合すると「菓子」がカシからガシに濁るが，これは濁るか濁らないかという二元的（離散的）な音声現象である。一方「生菓子」のシの母音[i]はしばしば声帯（ノド）の振動を伴わない母音（すなわち無声母音）として産出される。この無声化の現象は無声化するかしないかという二元的な変化ではなく，母音が一定時間発音される中で，どのくらい長く声帯の振動が止まっているかという連続的な現象である。このように音声学は主に連続的な現象を研究対象とし，一方音韻論は主に離散的な現象を分析対象とする。あるいは同じ現象を見ても，音声学は連続的に捉え，音韻論は離散的に捉えようとする。

2　語の発音と文の発音

　音声学であれ音韻論であれ，語（word）の発音と文（sentence）の発音の両方を研究対象としている。語を作り出しているのは1つひとつの母音や子音（総称して単音，語音〔segment〕）であり，母音と子音が結合して音節（syllable）という単位ができあがる。たとえば「言語学」という語は，gengogakuという9つの単音（4個の母音と5個の子音）から成っているが，同時にgen. go. ga. kuという4つの音節によって構成されている。

　音節とよく似た概念としてモーラ（mora）という概念が用いられるが，これは単語や音節の長さを測るために用いられる概念である。「言語学」という語はge-n-go-ga-kuという5つのモーラからできている。一方，母音や子音などの単音は，音声的にはそれ以上分けることのできない単位であるが，音韻的には音声素性（phonetic feature）という成分に分解される。これは米やリンゴ

▷1　音声産出の研究は生理学や音響学と，音声知覚の研究は心理学と接点を持つ。

▷2　「語」「単語」「語彙」はほぼ同義で用いられる。
▷3　I-1-1 参照。
▷4　I-1-9 I-1-10 参照。

▷5　I-1-9 参照。

▷6　I-1-3 参照。

4

序-2 音声と形態

などの食べ物をタンパク質やビタミンなどの栄養成分に分解するのと同じ発想である。

語のまとまりをつけるのに起こる現象がアクセント[7]と呼ばれるもので，日本語では仮名文字では区別できない「雨─飴」，「神─髪」などの区別にもしばしば役立っている[8]。複数の語が結びついて文ができあがるが，この時に観察されるのがイントネーションやリズムなどの現象である[9]。イントネーションは文レベルのピッチ変動を意味し，リズムは同じ音や構造の繰り返しが作り出す現象，もしくはそこから生じる快適さを表す。

③ 形態論の諸分野

語の構造を探るのが形態論（morphology）の仕事である。「花」「髪」「言語学」「言語研究」はいずれも1語であるが，内部構造は異なっている。「花」と「髪」が1つの意味単位（形態素，morpheme）から成っているのに対し，「言語学」と「言語研究」は「言語＋学」，「言語＋研究」のように複数の意味単位の結合体である[10]。また「言語学」と「言語研究」にも違いがあり，「学」は単独ではほとんど使われない形態素であるのに対し，「研究」は独立して使われる。独立して使われる要素を「語」，独立性のない要素を「接辞（affix）」と呼ぶ[11]と，「言語学」は〔語＋接辞〕という構造に分解でき，「言語研究」は〔語＋語〕という構造に分解できる。前者は派生語，後者は複合語と呼ばれる。

このように語を形態素や接辞などに分解する見方に対し，複数の形態素が結合して新しい語を作り出すと捉えるのが語形成（word formation）の研究である[12]。「言語＋学」のような派生語や「言語＋研究」のような複合語のほかにも，「村々」や「さらさら」のように同じ形態素が繰り返してできる畳語（重複語），「ストライキ」「ポケットモンスター」が「スト」「ポケモン」と短くなる短縮語，editor から edit（編集する）という動詞が作り出される逆形成，ゴリラとクジラから「ゴジラ」が作られる混成語，「工藤淳」から「ジュンク堂」（書店名）が作り出される逆さ言葉など，語形成にもさまざまな種類がある[13]。

④ 形態論と音韻論の関係

音声の研究と形態論・語形成の研究は密接に関係しており，たとえば上述の「生菓子」は形態的には「生＋菓子」という複合語化の過程であるが，同時にカシ→ガシという音声の変化も伴っている。また日本語の五段活用は，動詞の形態的な変化である一方で，「行かない，行きます，行く，行くとき……」という配列順は音声の法則に従っている[14]。さらに，China という語に -ese という接尾辞が付く過程において，China の末尾母音が落ちて Chin-ese となるのは，語形成に音韻的な制約が働くためである[15]。このように，形態論・語形成の研究と音声の研究は不可分の関係にある。

（窪薗晴夫）

▷7 Ⅰ-1-13 Ⅰ-1-14 Ⅰ-1-15 参照。

▷8 標準語では ア̄メ（雨）─ア̄メ̄（飴），カ̄ミ（神）─カ̄ミ（髪）となる。

▷9 Ⅰ-1-16 参照。

▷10 Ⅰ-2-1 Ⅰ-2-2 ではこのように複数の形態素から成る語を「複雑語」と呼んでいる。また「言語」という語も「言」と「語」の2つの形態素から成っている。

▷11 接辞には「非常識」の「非」や impossible の im- のように，語の前に付く接頭辞（prefix），「言語学」の「学」や teacher の -er のように，語の後ろに付く接尾辞（suffix），そして「真っ青」の「っ」のように語の真ん中に挿入される接中辞（infix）がある。

▷12 Ⅰ-2 参照。

▷13 窪薗（2002）参照。

▷14 Ⅰ-1-2 参照。

▷15 Ⅰ-1-11 参照。

参考文献

伊藤たかね・杉岡洋子（2002）『語のしくみと語形成』研究社。

窪薗晴夫（1998）『音声学・音韻論』くろしお出版。

窪薗晴夫（2002）『新語はこうして作られる』岩波書店。

序　言語学とは何か

文法と意味

1 文法研究と意味研究

　言語研究の中で文を対象にして，文を構成する語の配列（語順）や結びつき，つまり文の構造を研究するのが統語論（＝文法論）である。They like the dog. なら，the と dog が結びついて名詞句，それに like が結びついて like the dog という動詞句になり，それに主語の they が結びついて，階層構造をなす文が形成される。この階層構造はしばしば樹形図を用いて視覚的に表される。文中の要素は移動して疑問文等になるが，その際たとえば(1b)は適格だが，(2b)は不適格である。

(1)　a．John made his wife happy.　⇒　b．How happy did John make his wife?

(2)　a．John ate the meat raw.　⇒　b．*How raw did John eat the meat?

　統語論研究の生成文法では，(1a)の happy は，この文の必須要素（*John made his wife.），一方(2a)の raw は，この文の任意要素（John ate the meat.）なので，文の必須要素の移動のみ適格になると説明する。
　一方，意味の研究は意味論と語用論に分けることができ，語や文の意味を探るのが意味論の仕事である。上記のような文は意味論研究でも取り上げられ，(2b)が不適格なのは，「How＋形容詞」の疑問文は程度を尋ねているのに，raw は「生の／調理されていない」（＝uncooked）という意味で，程度がないからだと説明する。このように，1つの文には文法研究と意味研究の両方からの説明がある場合が多く，両者は文の研究にとって相互補完的である。
　これに対して，実際の言語使用においては，話し手が意図した意味が発話の文字通りの意味とは異なる場合がある。このような場合の意味や解釈の研究は語用論の仕事である。たとえば親が子供に「もう10時よ」と言えば，それは単に時間を知らせるだけでなく，「もう寝なさい」という意図で発話されている。ここで子供がその意味を理解するには，推測や推論が重要な役割を果たす。

2 機能文法

　第3章の機能文法では，日英語のさまざまな表現の適格性が，句や文の意味，機能，情報構造などに依存することが示されている。たとえば II-3-6 の談

▷1　樹形図については II-4-1　II-4-2 を参照。
▷2　移動については II-4-3　II-4-4 を参照。
▷3　(2b) は Chomsky (1986：83) からの文。* は不適格を示す記号。

▷4　文の統語構造に基づいて諸現象を説明する文法理論のひとつ。

▷5　文法を広義に解釈して，この段落で述べた意味の研究が文法に含まれる場合もある。

▷6　推測，推論については II-6-1 を参照。また，文法と意味の研究に関しては，たとえば中島編(2009)，今井編(2009)を参照。
▷7　文の意味や機能（働き）に基づいて諸現象を説明する文法理論のひとつ。

話省略[8]では,「君は太郎君を「腰抜け」と呼んだのか?」に対して,「うん,「腰抜け」と呼んだ」とは言えるが,「*うん,太郎君を呼んだ」と言えないのは,「太郎君を「腰抜け」と呼んだ」が,太郎君を何と呼んだかを伝える文で,「「腰抜け」と」の部分が最も新しい情報であるからだと説明されている。

③ 生成文法

第4章の生成文法では,句や文の内部構造や文中の要素の移動現象が扱われている。たとえば次の2文は一見同じ文形式のように見える。

(3) a．John seemed to be active.　b．John tried to be active.

しかし(3a)の John は意味的には to be active だけの主語であるが,(3b)の John は tried と to be active の両方の主語である。よって(3a)は(4a)の移動により派生した繰り上げ構文[9],(3b)は主節の主語と不定詞句の主語が共に John のコントロール構文[10]であることが詳述されている[11]。

(4) a．John seemed [___to be active].　b．John tried [PRO to be active].

④ 認知言語学・日本語文法

第5章の認知言語学・日本語文法では,日英語の興味深い意味現象が8つ考察され,たとえば Ⅱ-5-5 では,デキゴトを述べる2つの表現形式が議論されている。電車に乗ると「ドア閉まります」という,あたかもドアが勝手に閉まるかのような表現に加え,「(この辺で)ドア閉めます」という,車掌がドアのスイッチに力を加え,その結果ドアが閉まるという表現も稀に耳にする。前者は「なる」的表現,後者は「する」的表現である。日本語は「なる言語」,英語は「する言語」の傾向が強く,英語では This experience taught John how to behave. のような「する」的表現が用いられるが,日本語では「このことがあって,ジョンは作法が身についた」のような「なる」的表現が自然であると論じられている。

⑤ 語用論

第6章の語用論では,会話で話し手の発話の意味が意図した意味と異なる場合,聞き手が話し手の意図した意味をどのように理解するかが明らかにされている。たとえば Ⅱ-6-6 では,聞き手は話し手の発話を理解する際,最低限の労力で最大限の価値ある情報(認知効果)を得ようとすることが述べられる。たとえば同僚同士の会話で「A:今晩飲みに行かない?　B:家内が風邪で寝ているんですよ」だと,AはBの1つの発話を処理する労力だけで,Bは自宅に帰り,夕食の準備などがあるため,今晩飲みに行けない,などの価値ある情報を得ることができる。このようなBの発話は,処理労力が少なく認知効果が高いので,Aにとって関連性の高い情報であるという。　　(高見健一)

序-3 文法と意味

▷8　会話や2文以上の談話で,文中のある要素が省略される現象。

▷9　Ⅱ-4-5 参照。

▷10　Ⅱ-4-6 参照。

▷11　(4b)の不定詞句の主語 John を PRO(発音されない代名詞)で示す。PRO は主節の主語 John にコントロールされているという。

参考文献

Chomsky, Noam (1986), *Barriers*, Cambridge, MA: MIT Press.

今井邦彦編 (2009)『言語学の領域(Ⅱ)』朝倉書店。

中島平三編 (2009)『言語学の領域(Ⅰ)』朝倉書店。

序　言語学とは何か

　言語研究の多様なアプローチ

1　言語へのアプローチ

　ことばを研究するための視点や方法には，(a)一時点におけることばの姿（体系，共時態）を捉えるものと，ことばを時間軸上に位置づけて，その変化の姿（通時態）を捉えるもの，(b)ことばそのものを研究するものと，ことばとことば以外の要素を関連づけて研究するもの，(c)分析の材料として，話し手自身の内省を活用するものや，データをさまざまな手法によって集めるものなど，多様なものがある。

　(a)について，それぞれを扱う研究は，前者は共時言語学，後者は通時言語学もしくは歴史言語学と呼ばれる。(b)について，ことばそのものを研究する分野の代表は音韻論，形態論，統語論，意味論であり，「論」を付して個別の分野名を与えられている。これに対して，ことばとことば以外の要素を関連づけて研究する分野は，「〜言語学」と言及されることが多い。(c)の分析データをめぐっては，同じく修飾要素を付した，野外調査でデータを収集するフィールド言語学，コーパスを構築して分析するコーパス言語学，実験によって必要なデータを集める実験言語学のような分野がある。

2　歴史言語学

　言語学の源流の1つは，古くから行われてきた古典研究や文献学，語源の探求など，過去のことばを探る営みにある。近代になって言語の研究が，このような他の分野に付随する立場を脱して，言語学として自立したときも，その研究は言語の系統を明らかにする比較言語学から始まった。その後歴史言語学では，個別の言語の音韻，形態，統語，語彙面に起こった変化を記述する基礎研究を重ねるとともに，その過程において，もともと語彙的要素だった形式が短くなると同時に文法的な意味を担うように性質を変え，多様な文で使用されるようになる文法化の事象などが指摘されている。言語が多様性を帯びる分岐のメカニズム（方言への分化など）や，多様な言語が1つのことばに収束していくメカニズム（標準化や他の言語との接触など）などは，方言学や社会言語学との連携のもとで研究が進められているトピックである。

3　方言学・社会言語学

　社会言語学は，ことばと社会の関係を探る分野である。方言学もことばと地

▷1　共時態，通時態というのは，あくまでも視点の問題である。たとえば「室町時代の日本語」や「平成の日本語」などは，共時的な視点をとって，ある特徴を持ったことばの体系として捉えることも（「室町時代における敬語の体系」など），通時的な視点をとってその中で起こった変化を捉えることも（「室町時代における敬語の変化」など）可能である。なお，歴史言語学は，言語の通時態を分析するのが本来の仕事であるが，湯澤幸吉郎(1981)『室町時代言語の研究』(風間書房，初刊1929)などのように，過去の日本語を共時的な視点から記述する領域をも含めることがある。

▷2　本書では，社会言語学（Ⅲ-8）と心理言語学（Ⅲ-9）を取り上げる。それぞれ，社会学と心理学との接点領域にあるが，ことばよりも社会や心理に研究の比重がシフトすると，言語社会学，言語心理学などと呼ばれることがある。

▷3　序-5 側注4参照。

▷4　風間喜代三(1973)『言語学の誕生——比較言語学小史』岩波新書を参照。

▷5　Ⅲ-7-5 参照。

序-4 言語研究の多様なアプローチ

域社会の関係に注目する領域であるため，社会言語学に含められることがある。
社会言語学の対象は，大きく分ければ，(1)1つの社会に見出される言語的多様性とその起源，その多様性がもたらす言語的・社会的問題，(2)一対一というもっとも小さな「社会」において会話が交わされるときの相互作用のあり方やそこに観察される言語的・社会的問題，(3)それらの問題への対応のあり方やとるべき方法（言語政策研究など）の3つになる。しかし，「社会」ということばが指すところは多岐にわたる。移民の受け入れ制度の変更や，スマホやSNSなどの新たなメディアやネットワークの登場に伴って新たな言語的・社会的問題が生まれ，それに応じて研究対象が広がることも多い。現在も広がり続けている分野である。

▷6 多言語・多変種。変種については Ⅲ-8-1 側注4参照。

④ 心理言語学

心理言語学は，ことばの使用者の心の問題を取り上げる領域である。言語使用者は，どのような心の中の操作を経て発話や文を産出し，また他の使用者が発した発話や文を理解するのか。母語や第二言語のシステムは，どのような心の中の過程を経て頭の中に構築されるのか。そもそも，発話の産出と理解，言語の獲得を可能にする脳の中の装置はどのようなものなのか。それは生まれながらにして備わっているものなのか，あとで身につけるものなのか。すべての言語に共通する装置なのか，個別の言語に左右されるところがあるものなのか。心理言語学が取り上げる，ことばをめぐるこのような心の問題は，外からではなかなか観察できないところである。産出されたことばのくせや言いまちがい，発話を理解する際の文の解析処理の困難さ（遅れ）や誤解，幼児や第二言語習得者のことばの特徴などに，その解明の手がかりがある。

▷7 一般に，話者が身につける最初の言語を言う。以前は「母国語」と言われることが多かったが，国と言語の関係は複雑であり，現在ではあまり使用されない。

▷8 話者が身につける2つめ以降の言語の総称として使用されることが多い。

⑤ 実験言語学

言語研究が分析のために使用するデータには，大きく分けて2つの種類がある。1つは，過去に記された文献やコーパス，研究者がその言語の使用される現地に赴いて収集する会話データなどで，研究者はこれらのデータを観察することによって問題を発見し，その問題を解明するための手がかりをあらためてデータの中から探し出して分析を加えていくといったボトムアップの手続きをとる。一方，すでに具体的に明らかにしたい事象や仮説がある場合には，研究者は，自身や話者の内省を活用するほか，実験によってデータを集めることがある。実験という手法は，④の心理言語学や，言語に関わる脳の働きについて研究する脳科学などにおいて使用されるもので，さまざまな機器を利用して話者の反応のあり方を記録し，そのメカニズムを解明することをめざすものである。機器の開発とあいまって，進展が著しい分野である。　　　　（渋谷勝己）

参考文献

大木一夫（2013）『ガイドブック日本語史』ひつじ書房。

酒井邦嘉（2002）『言語の脳科学——脳はどのようにことばを生み出すか』中公新書。

田中春美・田中幸子編著（2015）『よくわかる社会言語学』ミネルヴァ書房。

9

序　言語学とは何か

 言語研究の新しい視点

広がる言語研究の世界

　本書の第Ⅰ部から第Ⅲ部では，日本語や英語などのよく知られた言語を素材にして，言語学のさまざまな分野や理論，アプローチが紹介されている。しかし，言語研究の世界はそこにとどまるものではない。私たちのまわりを見回しても，日本語以外の言語がたくさん使われているし，その中には手話言語も含まれている。オノマトペのような不思議な存在もある。第Ⅳ部では，第Ⅰ部から第Ⅲ部ではあまり話題とならなかったこれらの諸現象について考えてみる。

言語類型論

　第11章で話題となる言語類型論は，世界の諸言語を比較し，その共通点と相違点を調べ，人間言語に共通の性質である言語普遍性を明らかにする学問分野である。言語を比較する学問と言えば，比較言語学や対照言語学という名前を聞いたことがあるかもしれないが，言語類型論では特に言語を言語特徴（たとえば，子音・母音の数や基本語順など）に注目して分類する。分類の観点には，伝統的な音声・音韻・形態・統語に関するものだけではなく，ある概念（たとえば，Ⅳ-11-5 の空間概念など）をどのように表現し分けるかという意味に関するものも最近では存在する。この分野は，世界の言語の記述言語学的研究の発展に支えられ，言語が思考に影響を与えるかもしれないという言語相対論とあいまって，１つの言語だけを観察していたのではわからない視点を言語研究に提供してくれる。

▷１　記述言語学（descriptive linguistics）とは，言語データを収集・整理し，客観的に観察・分析することに重きをおく言語学のアプローチのことである。少数言語の記述研究は言語類型論の基礎となっている。

オノマトペ

　第12章ではオノマトペを分析している。オノマトペとは擬音語と擬態語をまとめていう用語だが日本語はこのオノマトペを多用する言語として知られている。たとえば，今，この本をパラパラ読みながらワクワクしてドキドキしているかもしれないが，その「パラパラ」「ワクワク」「ドキドキ」がオノマトペである。このオノマトペが面白いのは，使用される音が何らかのイメージを喚起する音象徴と呼ばれる特徴を持つことである。サラサラした髪はうれしいが，髪がザラザラしていたら不快な気持ちになってしまう。さらに，類像性（記号表現と指示対象が似ている性質）と呼ばれる他の言語記号にはあまり観察されな

10

い特徴も持っている。そして，実は，日本語以外の世界の言語にもオノマトペは観察される。オノマトペ研究の視点からことばについて考えはじめると，日本語話者にとって身近なはずのオノマトペがとても不思議な存在に感じられてくる。

④ 手話言語

第13章では手話言語がトピックとなる。手話言語（sign language）は，音声言語（spoken language）と並んで，世界中で使用されている人間の言語である。音声言語と同じく多様性を示し，現在のところ世界で200言語以上が確認されており，日本国内にもいくつかの方言が存在する。言語学的にも，音声言語と同じような言語特徴もあれば，手話言語にしか見られない言語特徴もある。たとえば，手話というと，手や指の動きを使用するという印象があるかもしれないが，手指以外の眉，目などの非手指表現（non-manual expression）も使用し文法情報を表現することができる。一方で，手話通訳，言語獲得，地域的・社会的バリエーションとその「正しさ」をめぐる議論など新しいタイプの社会言語学的研究も重要になってくる。手話言語研究はそれ自体の面白さ・興味深さに加えて，音声言語によって築かれた伝統的言語学の枠組みを脱構築し，人間にとって言語とは何かを問い直す視点を与えてくれる。

⑤ 交差し変化し続ける新しい視点

第Ⅳ部で扱う３つのテーマにはお互いに関連した部分もある。たとえば，手話言語は言語類型論においても重要である。手話言語には非手指表現など音声言語には見られない特徴があるからだ。これまでの言語類型論は音声言語を主な対象としていたが，その「言語普遍性」も手話言語の観点から再検討され始めている。一方，オノマトペの豊富さがその言語のどのような言語特徴と結びついているのかを考えてみても面白い。オノマトペが「パラパラ」「ワクワク」のように重複という語を重ねる形態論的操作を伴いやすいことはよく知られているが，オノマトペが豊富ではないとされるヨーロッパのほとんどの言語は重複もほとんど使わない。オノマトペと重複という２つの現象に何らかの関係があるかもしれない。さらに，手話言語にオノマトペは存在するのだろうか。自分で調べてみてほしい。

重要なことに，言語類型論，オノマトペ，手話言語に関する研究においては，認知科学や文化人類学，コーパス言語学，社会学さらには言語進化学などの隣接分野との学際的研究がさかんに行われている。たとえば，言語類型の異なる言語を話す人々についての認知科学的研究はよく知られている。このように，言語研究の世界は広がっていき，私たちが言語を観る視点を常に更新し続けるのである。

（長屋尚典）

▷2　さまざまな形態論的操作（単語の形成方法）については Ⅰ-2 参照。

▷3　ヨーロッパで話されるほとんどの言語はインド・ヨーロッパ語族に属している（ Ⅳ-11-1 を参照）。たとえば，英語，ドイツ語，フランス語などである。これらの言語は互いに似通った特徴を持っており（たとえば定冠詞・不定冠詞），ベンジャミン・ウォーフはこれらの言語をまとめてStandard Average European と呼んだ。

▷4　コーパスとは電子化された言語データの集合体のことであり，そのコーパスを利用した言語研究をコーパス言語学と呼ぶ。日本語のコーパスでは国立国語研究所の『現代日本語書き言葉均衡コーパス（BCCWJ）』がよく知られている。

▷5　一昔前までは言語学において言語の起源を議論することはタブーであった。1866年のパリ言語学会で言語の起源について議論することが禁じられたことは有名だ。しかし，現在では言語の起源の問題は言語学の重要な問題の１つだと考えられている。

▷6　 Ⅳ-11-5 参照。

参考文献

トニー・マケナリー＆アンドリュー・ハーディー（2014）『概説コーパス言語学──手法・理論・実践』石川慎一郎訳，ひつじ書房。
岡ノ谷一夫（2013）『「つながり」の進化生物学 はじまりは，歌だった』朝日出版社。

第 I 部

音声と形態

1　音声・音韻

母音と子音

1つと2つ

1　倍数の法則

　日本語の数字（数詞）には「ひとつ，ふたつ，みっつ……」という和語読みと「いち，に，さん……」という漢語読みがある。前者は主に1～10の読み方に使われているが，「ひとつ（hitotu）」の倍が「ふたつ（hutatu）」となり，「みっつ（mittu）」の倍が「むっつ（muttu）」となるのは偶然だろうか。

　英語の one, two, three …はそれぞれ独立した語であり，語源的な関連性は見えない。これに対し「ひとつ，ふたつ，みっつ，よっつ……とお」という日本古来の数え方（和語読み）には，ある法則が隠されており，訓令式のローマ字で書くと次のような対応関係が見えてくる。1と2，3と6，4と8というようにある数字とその倍数が同じ構造を持っているのである。

　　　hitotu（1つ）― hutatu（2つ）
　　　mittu（3つ）― muttu（6つ）
　　　yottu（4つ）― yattu（8つ）

　上記の各ペアでは，/h_t_t_/，/m_tt_/，/y_tt_/ という基本構造が共通しており，その中に入る aiueo の部分が変化している。前者を作っている音が子音（consonant）と呼ばれるもので，その構造に付加されているのが母音（vowel）である。つまり，子音を固定して母音を変えることによって「ひとつ，みっつ，よっつ」から「ふたつ，むっつ，やっつ」という言葉が作り出されている。

　五十音図でいくと，縦軸が母音（a, i, u, e, o）を表し，横軸が子音（k, s, t, n, h, m, y, r, w）を表している。子音と母音の組み合わせによってタ（ta）やネ（ne）のような音節が作り出され，音節の組み合わせによってタネ（tane，種）やネタ（neta）といった語（単語）が作り出されることになる。子音と母音の大きな違いは，肺から流れてきた空気が声帯を通り口や鼻に抜けていく間に，どの程度妨げられるかという点にある。子音が空気の流れを大きく妨げることによって作り出される音であるのに対し，母音はそのような妨げを受けず，比較的自由に空気が流れることによって作り出される。

2　「座る」と「据える」

　1つ―2つと同じように，子音を固定して母音を変えることによって自動詞と他動詞の組み合わせもできる。この中には「座る」と「据える」，「廃る」と

▷1　日本語のローマ字表記には，日本語の音韻体系を反映した訓令式と，日本語を英語流に綴ったヘボン式の2種類がある。たとえば「辻」は訓令式で tuzi，ヘボン式だと tsuji と表記される（詳しくは I-1-6 参照）。

▷2　この対応関係（倍数の法則）が成り立つのは 4～8までであり，5（いつつ）～10（とお）の間には成り立たない。この法則がいつ頃できたのか不明であるが，初めに「発見」したのは江戸時代の学者，荻生徂徠（1666～1728年）であると言われている（窪薗 2011）。

▷3　3つ，4つ，6つ，8つはもともと「ミツ，ヨツ，ムツ，ヤツ」であり，促音の「っ」は後から入ったものである。元の形は「三つ編み，四つ角，六つ切り，八つ当たり」などの熟語に残っている。

▷4　日本語には「手（te）」や「目（me）」のように1つの音節だけから成る単語もある。また「胃（i）」や「絵（e）」のように，母音だけから成る語や音節もある。

▷5　発話の仕組みについては 序-2 参照。

▷6　「上げる，下げる」のような他動詞と「上がる，下がる」のような自動詞の

14

「捨てる」のように漢字表記が変わってしまったものもある。

上がる（aga̱ru）—上げる（age̱ru）

下がる（saga̱ru）—下げる（sage̱ru）

植わる（uwa̱ru）—植える（ue̱ru）

座る（suwa̱ru）—据える（sue̱ru）

廃る（suta̱ru）—捨てる（sute̱ru）

「植える」「据える」などはもともと uweru, suweru であったものがワ行子音の脱落（we → e）により ueru, sueru となった。この現象は子音＋母音という音節構造を目指そうとする現象とは逆の結果をもたらしているが，なぜワ行でこのような脱落が起こったか興味深い。

同様の母音交替は，次のような複合語の発音でも起こる。

風（kaze̱）—風車（kaza̱-guruma），風向き（kaza̱-muki）

胸（mune̱）—胸板（muna̱-ita），胸騒ぎ（muna̱-sawagi）

酒（sake̱）—酒屋（saka̱-ya），酒盛り（saka̱-mori）

❸ 英語の mouse と mice

母音だけを変えて関連する語を作り出す仕組みは他の言語にもある。たとえば英語では名詞の不規則変化（複数形）や自動詞—他動詞のペアに，同じような現象が観察される（［ ］は発音記号を表す）。

名詞の単複　mouse［ma̱us］— mice［ma̱is］（ねずみ）

foot［fu̱t］— feet［fi̱ːt］（足）

man［mæ̱n］— men［mɛ̱n］（人，男）

動詞の自他　lie［la̱i］（横たわる）— lay［le̱i］（横たえる）

sit［si̱t］（座る）— set［se̱t］（据える）

rise［ra̱iz］（上がる）— raise［re̱iz］（上げる）

❹ アラビア語の複数形

母音を入れ替えて関連した語を作る操作はアラビア語で生産的に行われている。たとえばアラビア語の名詞には単数（1つ）—双数（2つ）—複数（3つ以上）という3通りの数え方があるが，これらを区別しているのは母音の部分である。つまり日本語や英語の例と同じように，子音の部分を基本構造として，母音の部分を一部入れ替えて関連する語（ここでは双数形，複数形）を作り出している。

	単数形（1）	双数形（2）	複数形（3〜）
日本人（男）	yābānīyun	yābānīyani	yābānīyūna
（女）	yābānīyatun	yābānīyatāni	yābānīyātun

（窪薗晴夫）

ペアで，どちらが先にあったかはむずかしい問題である。「上げる」が aga＋iru という構造から ai → e という母音融合（I-1-3）により生じたと考えると自動詞が先で他動詞は後という解釈が出てくる。

▷7　I-1-10 I-1-11 参照。

▷8　複合語については I-1-7 I-1-8 I-1-14 I-1-15 I-2-1 I-2-2 参照。

▷9　日本語には単数と複数の区別すら明確ではないが，英語ではかつて単数—双数—複数という体系があり，双数と複数が区別されていた。その名残が both（両方）や either（2つのいずれか），neither（2つのいずれも…でない）という表現に残っている。

（参考文献）

窪薗晴夫（2011）「一つ，二つ，三つ」『数字とことばの不思議な話』岩波ジュニア新書，第1章。

1 音声・音韻

 # 母音の有標性

五段活用と五十音図

1 日本語の五段活用

日本語の動詞には五段活用のものが多く，たとえば「行く」という動詞は次のように活用する。

　　行かない—行きます—行く—行くとき—行けば—行け—行こう

　五段活用は現代日本語で基本的な活用であり，新しく作られる動詞もこの規則に従う。たとえば「タクシーに乗る」という意味の新動詞「タクる」は次のような活用を示す。

　　タクらない—タクります—タクる—タクるとき—タクれば—タクれ—タクろう

　意外なことに，五段活用は「行かない」「タクらない」という未然形（否定形）で始まっているが，これはなぜだろう。どうして終止形の「行く」や「タクる」で始まらないのだろうか。

　この疑問は五段活用を語幹（語の中核となる部分）と活用語尾（付加される部分）に分けてローマ字で書いてみると氷解する。語幹の後が a-i-u-e-o という順になるように並んでいる。つまり五十音図と同じ母音の配列順になっている。

　　ik-anai, ik-imasu, ik-u, ik-utoki, ik-eba, ik-e, ik-oo
　　takur-anai, takur-imasu, takur-u, takur-utoki, takur-eba, takur-e, takur-oo

2 五十音図の歴史

　では，「アイウエオ，カキクケコ……」という五十音図はどうやってできたのだろう。文献によると，五十音図を作ったのは日本人ではなく，その原型は古代インド人だという。古代インドで作られた五十音図が仏教と一緒に日本に入ってきて定着したのだという。では，古代インドの人たちはどのような考えで「アイウエオ」という順番に並べたのだろう。

　この謎を解いたのが1980年代のカリフォルニア大学の音声学者たちである。彼らは世界の言語の中の317言語について，どのような短母音を持っているかを調べた。その結果，次のようなことを発見した。

　①　日本語のように5つの短母音を持つ言語が一番多い。
　②　3つの母音を持つ言語（アラビア語，日本の琉球語など）はアイウとい

▷1　Ⅰ-1-10 参照。

▷2　新動詞は通常，既存の単語の語頭2モーラに「る」という語尾がついて作り出される（「モーラ」についてはⅠ-1-9 参照）。他の新動詞に，マクる（マクドナルドに行く），ビリる（ビリヤードをする），ビヨる（美容院に行く）などがある（窪薗 2002）。

▷3　馬渕和夫（1993）『五十音図の話』大修館書店。

▷4　イアン・マディソン（Ian Maddieson）を中心とするグループ。

▷5　UPSID（UCLA Phonological Segment Inventory Database）。

う母音の組み合わせが多く，5つの母音を持つ言語はアイウエオという組み合わせが多い。

この発見は，人間の言語に出てきやすい母音と出てきにくい母音があること，[a, i, u]の3つが出てきやすいこと，そして五十音図がこの出てきやすい順に並んでいることを示す結果となった。言語学ではこの出てきやすさを自然性（naturalness）あるいは有標性（markedness）と呼んでいる。つまり，[a, i, u]が一番自然で基本的（無標）な母音であり，五十音図はこの自然性・有標性の階層に従って母音を配列しているのである。

▷6　無標 ⟷ 有標
　　（基本）　（特殊）
　　a, i, u, e, o ……

3　母音の中の母音

古代インドの人たちが，どのようにしてこの自然性・有標性の法則を知っていたのか，これはいまだに謎であるが，[a]がもっとも基本的な母音であることは私たちの身近なところでも実感できる。たとえば赤ちゃんはオギャーといって生まれてくる。つまり最初に出す声がオ（オギョー）やウ（オギュー）ではなくアという母音を含んでいる。大人がとっさに叫ぶ時の声もキャーであって，キューやキョーではない。「あっという間に（＝瞬く間に）」「人をあっと言わせる（＝驚かせる）」に使われる母音も[a]である。自然に口を開けば[a]という母音が作り出される。[a]が母音の中の母音と呼ばれるゆえんである。

このことは赤ちゃんの言語発達にも現れており，ママやパパをはじめとして赤ちゃんが最初に発する単語（first word）には[a]という母音が頻出する。お父さん，お母さんを表す語が多くの言語でパパ（papa），ママ（mama）であるという事実もこのことを裏づけている。

人間の言語音が[a]という母音を出発点とすることは，「阿吽の呼吸」という仏教のことばにも現れている。上記の五十音図と同じように，阿吽とはアに始まり，ンに終わるという意味であり，これはお寺の仁王像や神社の狛犬にも見て取れる。お寺や神社の入り口に左右一対並んでいる仁王像や狛犬は，一方が口を開けてアという口の構えを，もう一方は口を閉じてンの構えをしている。

▷7　イタリア語などのヨーロッパの言語でも，アフリカのスワヒリ語でも，あるいは中国語でも，お母さんはママ，お父さんはパパと呼ばれる。ちなみにママとパパの子音（m, p）はともに唇で作り出される子音であり，これもまた赤ちゃんが発音しやすい音とされている。

▷8　阿＝口を開いて息を出すこと；吽＝息を吸って口を閉じること；阿吽の呼吸＝立ち会いの呼吸，お互いの気持ち（が一致すること）。

4　母音空間

口の中で母音が作り出される形を模したのが次の2つの母音空間である。いずれの図でも，口を大きく開いた状態が[a]，舌の前方を上げてやや口を閉じた状態が[i]，舌の後方を上げて口を閉じた状態が[u]である。

この逆台形ないしは逆三角形の3つの端に[a, i, u]の母音が位置しており，[a]と[i]の間に[e]が，[a]と[u]の間に[o]が位置している。　　　　　　（窪薗晴夫）

▷9　1-1-3 参照。

参考文献

窪薗晴夫（1999）「母音と子音」『日本語の音声』岩波書店，第2章。

窪薗晴夫（2002）『新語はこうして作られる』岩波書店。

第Ⅰ部　音声と形態

1　音声・音韻

音声素性と母音融合
「すごい」はどうしてスゲーとなるか？

1　長息と嘆き

　日本語では丁寧な発話（careful speech）とくだけた発話（casual speech）の間でしばしば単語の発音が変わる。たとえば「痛い」は丁寧に言うとイタイ（itai）であるが，くだけた発音（特に男性の発音）ではイテー（itee）となる。このように2つの母音が1つの母音に融合することを母音融合（vowel coalescence）というが，ではどうして[ai]が[e:]となるのであろうか。

　この疑問は前節（ I-1-2 ）で解説した母音空間を見ると説明がつく。口を大きく開いた[a]と口を狭くした[i]の間に[e]という母音があるから，[a]から[i]へと口の構えを変える労力を省くために，最初からその中間音である[e]という口の構えをしたのである。発音上の省エネと言える。[ai]が[e:]となる現象は他の単語でも起こっており，かつて長息（nagaiki）（「ため息」よりも大きな息）という語から嘆き（nageki）という語が出てきたことからもわかるように，[ai]を[e]に変える規則は日本語の中に長く存在している。

2　すごい→スゲー

　母音融合が起こるのは[ai]だけではない。くだけた発話では次のような変化も起こっている。

　　[oi]→[e:]　すごい→スゲー，面白い→オモシレー
　　[ui]→[i:]　熱い→アチー，寒い→サミー
　　[ae]→[e:]　お前→オメー，手前→テメー
　　[oa]→[a]　この間→コナイダ，ともあれ→とまれ（古）
　　[ea]→[(j)a:]　これは→コリャー，では→ジャー

歴史的な母音融合まで視野を広げると，次のようなパターンも見られる。

　　[eu]→[(j)o:]　てうてう→チョーチョー（蝶々），ねう→ニョー（尿）
　　[au]→[o:]　早く（→hayau）→ハヨー，ありがたく（→arigatau）→アリガトー

　いずれもくだけた発音に特徴的に見られる母音の変化であるが，これらがすべて母音空間を見ただけで説明がつくわけではない。たとえば[oi]→[e:]を例にとると，[o]と[i]の中間に[e]があるかというと必ずしもそういうわけではない。また[e]と[u]の中間に[o]という母音があるわけでもない。ではどうして[o]と[i]が融合して[e]になり，[e]と[u]が[o]に融合するのだろうか。

▷1　発音は[vául kòuə-lésns]。

▷2　旨い→ウメー，甘い→アメー，浅い→アセー，深い→フケー，粗い→アレー，暗い→クレー，辛い→ツレー，大根→デーコン，大した→テーシタ。

▷3　形容詞の場合にはイテー，スゲーのような母音融合形とならんで，語幹だけを残す短縮形もある（痛い→イタ（ー），凄い→スゴ（ー），熱い→アツ（ー））。

▷4　korewa, dewaでは[w]の脱落も起こっている。

18

③ 音声素性

　この新たな疑問は，母音を音声素性（phonetic feature）に分解して考えると解決できる。音声素性とは，母音や子音を1つの分解不可能な単位として捉えるのではなく，成分の集合体として捉える考え方である。肉や野菜がカルシウム，ビタミン，鉄分などの成分からできているように，母音や子音も音の成分からできていると考え，たとえば[a]と[i]をその成分の違いと捉えるのである。日本語の5母音[aiueo]は[high]（舌が高い），[low]（舌が低い），[back]（舌が口の後ろにいく）という3つの成分に分解できる。[5][6]

$$
\begin{array}{lll}
\text{i} & \text{u} & +\text{high, } -\text{low} & [\text{i}]=[+\text{high, } -\text{low, } -\text{back}]\\
\text{e} & \text{o} & -\text{high, } -\text{low} & [\text{u}]=[+\text{high, } -\text{low, } +\text{back}]\\
\text{a} & & -\text{high, } +\text{low} & [\text{e}]=[-\text{high, } -\text{low, } -\text{back}]\\
& & & [\text{o}]=[-\text{high, } -\text{low, } +\text{back}]\\
-\text{back} \quad +\text{back} & & & [\text{a}]=[-\text{high, } +\text{low, } +\text{back}]
\end{array}
$$

　このように母音を3つの音声素性に分解して上記の母音融合の例を分析してみると，融合してできる母音（V3）は入力となる最初の母音（V1）から[±high]の特徴を，2つ目の母音（V2）から[±low]と[±back]の特徴を引き継いでいるという知見が得られる。[7]

　　融合規則　　$[\alpha\ \text{high, } \delta\ \text{low, } \varepsilon\ \text{back}]_{V1} + [\zeta\ \text{high, } \beta\ \text{low, } \gamma\ \text{back}]_{V2}$
　　　　　　　　　　$\rightarrow [\alpha\ \text{high, } \beta\ \text{low, } \gamma\ \text{back}]_{V3}$

　この規則は上記の母音融合をすべて説明できる。たとえば[oi]→[e:]（すごい），[eu]→[o:]（蝶々），[au]→[o:]（ありがとう）の変化は次のようになる。

　　[oi]→[e:]　　[-high, -low, +back] + [+high, -low, -back]
　　　　　　　　　　　→[-high, -low, -back]

　　[eu]→[o:]　　[-high, -low, -back] + [+high, -low, +back]
　　　　　　　　　　　→[-high, -low, +back]

　　[au]→[o:]　　[-high, +low, +back] + [+high, -low, +back]
　　　　　　　　　　　→[-high, -low, +back]

　このように，母音を[±high]や[±back]という成分（素性）に分解して捉えることにより，何種類もあるように見える母音融合を1つの規則で説明できるようになる。つまり母音融合のパターンを一般化できるのである。

④ 英語の母音融合

　母音融合は英語や韓国語など多くの言語で起こっており，[ai]は[e]～[ɛ]に，[au]は[o]～[ɔ]に融合する。[8]上記の母音融合規則が他の言語にもあてはまるのか，興味深い。また日本語の中でも，母音融合がすべての単語で起こるわけではない。「すごい」はスゲーとなるが，「青い」はアエーとはなりにくい。どのような語で母音融合が起こりやすいのかも興味深い。　　　　　　　　（窪薗晴夫）

▷5　[a]は[+back]とも[-back]とも見ることができるが，ヤ行に ya, yu, yo の3つしかないといった事実から[a]は[u]や[o]と同じグループを作ることがわかる。よってここでは[+back]と見なして分析する（ただし[-back]と見ても，ここでの分析結果は変わらない）。

▷6　[+high, +low]という特徴を持つ母音はない。

▷7　窪薗（1999：4.4節）。

▷8　kubozono（2015）参照。英語では say [sai]→[se:]～[sei]，August [august]→[ɔ:gəst]）となる。

参考文献

窪薗晴夫（1999）「音の成分」『日本語の音声』岩波書店，第4章。
Kubozono, H.（2015），"Diphthongs and Vowel Coalescence," H. Kubozono （ed.），*The Handbook of Japanese Phonetics and Phonology*, Berlin: De Gruyter Mouton, pp. 215-249.

1　音声・音韻

 子音の発音

サビシイかサミシイか

1　桂馬と競馬

同じ「馬」でも競馬はケイバ，将棋の桂馬はケイマとなる。「無」も無事故ではムなのに，無事ではブと発音される。この違いはどこから来るのだろうか。

このように，同じ漢字や単語に複数の読み方・発音があるのは日本語では珍しいことではない。たとえば漢字の音読みでは，中国語から入ってきた時期によって同じ漢字に複数の発音がある。このうち[m]と[n]は主に呉音，[b]，[z]，[d]は主に漢音である。

	マ行		バ行
馬	馬塚，有馬，桂馬	馬場，馬術，競馬
万	万点，一万，億万長者	万全，万感，万歳
武	武者，武者小路，建武（元号）	武士，武道，文武両道
無	無事故，無理，無駄	無事，無難，無精ひげ
文	文科省，古文書，文盲	文書，文学，漢文
物	食物，荷物，書物	植物，怪物，名物
	ナ行		ザ行
二	二本，二月，二十世紀	二男，二郎，健二
日	日曜，日本，縁日	元日，数日，祝日
人	人間，人形，何人（なんにん）	人物，人口，何人（なにじん）
如	如実，如来，真如堂	如才，突如，欠如
	ナ行		ダ行
内	内外，内閣，園内	お内裏様，境内，参内
男	二男，老若男女	男女，男性，男色
女	女房，女人禁制，老若男女	女児，女性，女医

2　子音の発音様式

これらの例は，日本語に入った中国語（漢語）に複数の発音があることを示しているが，この発音の違いは子音の発音様式を見ると理解できる。子音は，肺から出てきた空気の流れが口や鼻から出ていく過程のどこかで大きく阻害されて作り出される。さまざまな子音を特徴づけ，またお互いを区別するのは，次の4つの基準である。

▷1　上下（うえした，ジョウゲ），寒気（さむけ，カンキ），風車（かざぐるま，フウシャ）などは訓読みと音読みの違い，明星（メイセイ，ミョウジョウ）や関西（カンサイ，カンセイ）は複数の音読み，風（かぜ，かざ（風車））や車（くるま，ぐるま（風車）），立川（たちかわ，たてかわ，たつかわ），小山（こやま，おやま）などは複数の訓読みの例である。

▷2　呉音は5〜6世紀頃に朝鮮半島を経由して入ってきた中国南方の発音を反映し，漢音は遣唐使たちがもたらした8〜9世紀頃の中国北方の発音に基づく。

▷3　「文（mon-bun）」や「物（motu-butu）」では子音だけでなく母音も変化している。

調音点……空気の流れを妨げる場所
調音法……空気の流れを妨げる程度
声………声帯（ノド）が振動するか（有声音），振動しないか（無声音）
鼻音性……空気が鼻腔で共鳴するか（鼻音），口の中で共鳴するか（口音）

この4つの視点から上記の漢字音の違いを記述すると次表のようになる。

表1　子音の発音様式

	調音点	調音法	声	鼻音性
[m]	両唇	閉鎖音	有声	鼻音
[b]	両唇	閉鎖音	有声	口音
[n]	歯茎	閉鎖音	有声	鼻音
[d]	歯茎	閉鎖音	有声	口音
[dz]～[z]	歯茎	破擦音～摩擦音	有声	口音

「万」（マン，バン）や「男女」（ナンニョ，ダンジョ）などに見られる2つの発音の違いは，[m]と[n]が鼻腔で空気が共鳴して作り出される鼻音であるのに対し，[b]や[d]，[z]が口の中（口腔）で共鳴する子音であるという点にある。つまり，子音を構成する特徴の一部だけが変化して，[m]-[b]や[n]-[d]の違いを作り出していることがわかる。

3　サビシイ人とサミシイ人

[m]と[b]の交替は漢語の発音だけに見られるわけではない。和語であっても「寂しい」という語をサビシイと発音する人とサミシイと発音する人がいる。歴史的にはサビシイからサミシイが出てきているが，[b]→[m]という同じ変化がサブライ→サムライ（侍）や，（目を）ツブル→ツムルでも起こった。その一方で，関西弁ではコムラ返りがコブラ返りとなり，他の方言でもサムイ（寒い）がサブイになるなど，[m]→[b]の変化も起こっている。

[n]と[d]の交替も，「退く」の発音や，接続詞「だのに」，「のら猫～どら猫」などの発音に見られる。

[n]退く，立ち退く　　　　[d]退く，退かす
[n]なのに　　　　　　　　[d]だのに，だから
[n]のら猫　　　　　　　　[d]どら猫

発音特徴の一部だけを変える現象は，子音に関わる数多くの音韻規則に見られる。たとえば複合語には「後部要素の初めの子音を有声化する」という連濁規則が働くが，ここで変化しているのは子音が持っている「声」の特徴だけであり，調音点や調音法などの他の特徴は影響を受けない。

棚（たな）―本棚（ほんだな），傘（かさ）―雨傘（あまがさ）
魚（さかな）―生魚（なまざかな），橋（はし）―吊り橋（つりばし）

（窪薗晴夫）

a. [b]

b. [m]

▷5　「退く」ではノク(no-ku)からドク(doku)へという変化が起こり，「だのに／なのに」では[d]から[n]への変化が起こった。

▷6　ダ行とラ行の子音が交替することもある。方言や幼児語では「うどん」がウロン，「ラーメン」がダーメンとなり，また関西弁の「しんどい」は「しんろう（心労，辛労）」から出てきた。ここに見られる[d]と[r]の交替は調音点，声，口音の3特徴を変えずに調音法だけを変えた現象である。

▷7　I-1-7　I-1-8　参照。

▷8　「橋」の例では無声摩擦音（h）と有声閉鎖音（b）が交替しており，声だけでなく調音法も変化しているが，これは現代日本語のハ行音が昔[p]の音（無声閉鎖音）であったことに起因している。[p]と[b]の交替と捉えると，声の特徴だけが変化していることになる。

参考文献

窪薗晴夫（1999）「母音と子音」『日本語の音声』岩波書店，第2章。

第Ⅰ部　音声と形態

1　音声・音韻

 子音の有標性

「象」はゾーかドーか

1　和歌山弁

　伝統的な和歌山方言ではザ行音（z）がダ行音（d）で発音されることが知られている。老年層ではザ行音が発音できず、ダ行音で置き換えるという現象である。このような現象はどうして起こるのだろうか。

　　座布団　　　ザブトン→ダブトン
　　三千円　　　サンゼンエン→サンデンエン
　　象　　　　　ゾウ→ドウ
　　銅像　　　　ドウゾウ→ドウドウ
　　象の銅像　　ゾウノドウゾウ→ドウノドウドウ

　ザ行をダ行で代用する現象は他の方言にも見られ、たとえば南九州（鹿児島県、宮崎県）では「行くぞ」がイッド、「頑張るぞ」がガンバッド、「そうだぞ」がジャッドとなる。また同様の現象は、日本各地の幼い子供たちの発音にも見られ、「象さん」をドウサン、ドウタン、「冷蔵庫」をレイドウコと発音する。

　興味深いことに、方言でも幼児発音でもザ行からダ行への変化が普通で、逆方向の変化はほとんど観察されない。「銅像」をドウドウと発音することはあっても、ゾウゾウと発音することはないのである。これもまた、なぜだろうか？

2　子音の有標性

　この謎を解くカギは、ザ行子音（z）とダ行子音（d）の調音法の違い、つまり、[z]が摩擦音（fricative）、[d]が閉鎖音（stop）という違いにある。どの言語でも、赤ちゃんにとって摩擦音は発音がむずかしい音で、閉鎖音で代用することが知られている。[z]→[d]だけでなく、[s]→[t]と変化する。たとえば「お父さん」がトータン、「のり子さん」がノンタンとなる。

　英語の幼児発音でもこの種の代用現象（閉鎖音化, stopping）が報告されており、そこでは[v] [ð] [s]などの摩擦音が同じ調音点の閉鎖音で置き換えられる。日本語の諸方言や幼児語発音でザ行音がダ行音に置き換えられるのも同じ現象である。

　　[v]→[b]　mo<u>v</u>e, <u>v</u>an　　　　[ð]→[d]　<u>th</u>at, <u>th</u>ey
　　[θ]→[t]　<u>th</u>ank you　　　　[s]→[t]　<u>s</u>un, <u>s</u>ome

---

▷1　窪薗（2017）参照。この伝統的な特徴は現在の和歌山方言話者にはほとんど見られない。

▷2　この一方向の変化は I-1-4 でみた[b]-[m]の交替（サビシイ→サミシイ（寂しい）、コムラ返り→コブラ返り）や[d]-[n]の交替（ダノニ→ナノニ、ノク→ドク（退く））が双方向に起こっているのと対照的である。

▷3　閉鎖音は破裂を伴うことが多いことから破裂音（plosive）とも呼ばれる。

▷4　たとえばYavaş(1998)参照。

このように言語音には，赤ちゃんが発音しやすい音と発音しにくい音がある。前者は無標（unmarked）の音，後者は有標（marked）の音と呼ばれているが[5]，有標な音は無標な音を前提に生起する。つまり，無標な音を獲得してから有標な音を獲得する。これはたとえば鉄棒体操で，前回りや逆上がりを前提に連続逆上がりや大車輪などの高度な技ができるようになるのと同じ理屈である。

　赤ちゃんの言語獲得にこのような順序が存在することは，人間の言語における音の分布にも現れてくる。どの言語でも，有標な子音は，対応する無標な子音の存在を前提にしている。たとえば，摩擦音[z]はあるが閉鎖音[d]はないという言語は存在しない。また同じ理由により，人間の言語には無標な音の方が有標な音よりも多く分布する。さらに歴史的な音変化においても，有標な子音を無標な子音に変える変化の方が，逆方向の変化よりも自然に観察される。方言や幼児の発音において，有標な子音（摩擦音）を無標な子音（閉鎖音）で代用しようとするのは，そのさきがけとなる変化である。

▷5　 I-1-2 参照。

❸ 無声子音と有声子音

　無標と有標の違いは，閉鎖音と摩擦音の違い（調音法の違い）だけでなく，声の特徴にも観察される。人間の言語には閉鎖音や摩擦音に有声と無声の違いが生じやすい。

	無声	有声
閉鎖音	p, t, k	b, d, g
摩擦音	f, s	v, z

　中国語（北京官話）や韓国語のように，無声子音と有声子音の対立を持たない言語が存在するが，そのような言語に存在するのは無声の閉鎖音・摩擦音である。また，日本語や英語のように無声と有声の対立を持つ言語でも，有声の閉鎖音・摩擦音は無声の閉鎖音・摩擦音を前提に生起する。このことは「か―が」や「サ―ザ」などの仮名文字を見てもわかる。

❹ 四つ仮名

　和歌山方言の話に戻ると，ザ行音とダ行音が混同されるという現象は，他の方言にも起こっている。ジ，ヂ，ズ，ヅの４つを四つ仮名と言うが，標準語でもジとヂの区別，ズとヅの区別が失われている。日本語はもともとザ行とダ行の区別を持っていたが（これが仮名文字に残っている），標準語でもイ段とウ段ではザ行とダ行の区別が失われているのである。伝統的な和歌山方言では，他の段（ア段，エ段，オ段）でも両者の区別が失われていることになる。その意味では，和歌山方言は日本語の変化を先取りしている方言，標準語より進化した方言ということもできる。

（窪薗晴夫）

（参考文献）

窪薗晴夫（1999）「母音と子音」『日本語の音声』岩波書店，第2章。

窪薗晴夫（2017）『通じない日本語——世代差・地域差からみる言葉の不思議』平凡社新書。

Yavaş, Mehmet S. (1998), *Phonology : Development and Disorders,* Singular Publishing Group.

第Ⅰ部　音声と形態

1　音声・音韻

音素と異音

コナン君と工藤新一

1　2種類のローマ字

　日本語のローマ字表記にはヘボン式と訓令式の2種類がある。ヘボン式のローマ字ではサ行に2つの子音（s と sh）を使い，サを sa，シを shi と表記する。タ行も ta, chi, tsu, te, to のように t, ch, ts の3通りに表記する。これに対し，日本の伝統的なローマ字表記（訓令式）ではこのような使い分けはなく，サ行音はすべて s で，タ行音は t で表記する。辻，淵などの名前の表記に，tsuji と tuzi, fuchi と huti の2通りが出てくるのである。この違いはどこから生じるのだろうか。またカ行やナ行などにはこのような違いはなく，前者はヘボン式でも訓令式でも ka, ki, ku, ke, ko，後者は na, ni, nu, ne, no である。サ行，タ行とカ行，ナ行の違いはどこからくるのだろうか。

	ヘボン式	訓令式
サ行	sa, shi, su, se, so	sa, si, su, se, so
ザ行	za, ji, zu, ze, zo	za, zi, zu, ze, zo
タ行	ta, chi, tsu, te, to	ta, ti, tu, te, to
ダ行	da, ji, zu, de, do	da, di, du, de, do
ハ行	ha, hi, fu, he, ho	ha, hi, hu, he, ho

2　ヘボン式とヘボンさん

　ヘボン式と訓令式の違いは両者が作られた歴史の違いを反映している。訓令式は日本語母語話者の直感に従い，日本語の音韻体系に則して作られたものである。日本語母語話者にとってサとシの違いは母音の違いであって子音の違いではない。それゆえ sa, si と表記する。一方ヘボン式は，明治初期に日本で活躍したヘボン（Hepburn）というアメリカ人が発案したものであり，英語話者の耳に聞こえた音を英語流に表記している。英語では [s] と [ʃ] が別々の子音であり表記上も s と sh と区別される。ヘボン式はこの違いを反映している。

3　音素と異音

　英語において [s] と [ʃ] が異なる子音であることは，sea（海）と she（彼女），mess（混乱）と mesh（メッシュ）がそれぞれ異なる意味を持つことから理解できる。ある2音を [_iː] や [mɛ_] などの同じ場面（環境）の中に入れて意味が異

▷1　パスポート等ではヘボン式が一般的となっている。

▷2　ヘボン式と訓令式の混同も時々見られる。たとえば野球の新庄剛志選手はユニフォームに SHINJYO と記していたが，これはヘボン式（Shinjo）と訓令式（Sinzyoo）を混同した表記である。東京の地名「新橋」にもヘボン式（Shimbashi）と訓令式（Sinbasi）が混ざった表記（Shinbashi）が見られる。

▷3　ヘボン（James Curtis Hepburn, 1815-1911）は明治学院大学を創設したことで知られるアメリカ出身の医師・宣教師。映画女優のオードリー・ヘップバーン（Audrey Hepburn）と同じ名字であるが，ヘボンは英語の発音を重視したもの，ヘップバーンは英語の綴り字に沿った読み方である。

24

1-6 音素と異音

なってくる場合，その2音を別々の音素（phoneme フォウニーム）と呼ぶ[4]。そして see — she や mess — mesh のようなペアをミニマルペア（minimal pair, 最小対）と呼ぶ。ミニマルペアがあれば，その2音はその言語において音素として対立していることがわかる。

これに対し，日本語の伝統的な体系においては[s]と[ʃ]は同一の音素であった。サとシの違いは[a]と[i]という母音の違いであり，子音は同じであると感じられていた。つまり，発音上は[sa]と[ʃi]という違いはあっても[5]，それは母音の違いから生じるものであり，[s]と[ʃ]は同じ子音音素であると感じられてきた。その直感を支えているのが，この2つの子音が同じ環境に生起せず，相補分布[6]するという事実である。五十音図のサ行を見てわかるように，[ʃ]は[i]の前でしか起こらず，一方[s]は[i]以外の母音の前で生じる。このような関係にある2音を，ある音素の異音（allophone アロフォウン）と呼ぶ[7]。つまり伝統的な日本語では，/s/という音素が[s]と[ʃ]の2つの異音となって現れる。

④ 名探偵コナン

このように，ミニマルペアがあれば異なる音素であり，一方，相補分布していたら同じ音素（の異音）である。この考え方は実は常識的なものであり，漫画やアニメでもよく現れる。たとえばテレビアニメ「名探偵コナン」では主人公のコナン君と工藤新一という高校生が相補分布を成しており[8]，コナン君が現れる場面では工藤新一は現れず，工藤新一が現れる場面ではコナン君は現れない。このことから，両者は同一人物（同一音素）であると推測できる。

名探偵コナンでは，この関係が新一の恋人（毛利蘭）に気づかれそうになるが，新一とコナン君が同一人物でないことを装うために，あるトリックを使って両者を同一場面に登場させている。つまり2人を同じ場面に登場させることによって，2人が異なる人物（音素）であることを示そうとするのである。同じ場面に出てきたら——ミニマルペアがあれば——両者は異なる人物（別々の音素）であり，相補分布の関係にあれば両者は同一の人物が持つ異なる姿（同じ音素の異音）であるという推論が根底にある。

⑤ 新しい音素

音素や異音は言語ごとに異なるものであるが，それと同時に，同じ言語の中でも時代によって変わりうるものである。たとえば[s]と[ʃ]は伝統的な日本語（和語）では相補分布を成していたが，漢語や英語などから入った単語には社会，シャツ，書類，シュート，シェルのように[ʃa]，[ʃo]，[ʃu]，[ʃe]の音も現れる[9]。つまり，[ʃ]という子音が[i]だけでなく他の母音の前でも現れるようになっている。現代日本語においてはもはや[s]と[ʃ]が相補分布を成していないと見れば，両者を独立した音素として認めることも可能となる。　　　　（窪薗晴夫）

▷4　音素は通常／　／に入れて表記される。

▷5　日本語のシと英語のシは微妙に調音点（狭めの場所）が異なるために，前者を[ɕ]という記号で表すこともある。

▷6　相補分布（complementary distribution）とはAが出てくる場面ではBは出てこず，Bが出てくる場面ではAは出てこないという状況を表す。

▷7
　　　／s／〈音素〉
　[s]　　　　　[ʃ]〈異音〉
（[i]以外の　　（[i]の前で）
母音の前で）

▷8　アニメや映画では相補分布を用いたものが数多い。東青年—エイトマン，諸星隊員（もろぼし）—ウルトラセブン，ミツ夫君—パーマン，Clark Kent（新聞記者）—Superman, Peter Parker（学生）—Spiderman など。

▷9　漢語でも[ʃa]（社，謝，者）や[ʃu]（主，朱），[ʃo]（所，書，署）などが現れる。

（参考文献）
窪薗晴夫（1999）「音の獲得」『日本語の音声』岩波書店，第3章。

第Ⅰ部　音声と形態

1　音声・音韻

7　連濁とライマンの法則
トキドキとシバシバ

1　渋柿と合い鍵

「渋柿」と「合い鍵」はともに2つの語が結合した複合語(しぶ+かき，あい+かぎ)である。ところが，「柿」はガキと濁るのに，「鍵」はガギとなることはない。同様に「鍋蓋」や「和菓子」の「蓋，菓子」は濁るのに，「値札」や「山火事」の「札，火事」は濁らない。このような違いが生じるのはなぜだろうか。

▷1　複合語については Ⅰ-1-8〜10 Ⅰ-1-14 Ⅰ-2-1 など参照。

2　連　濁

2つの語が結合してできる語を複合語 (compound) という。日本語の複合語では後部要素の最初の子音が清音から濁音に変わる現象があり，これを連濁という。2語が1語にまとまったことを示す現象であり，「山田，谷口，矢沢」など人名・地名にもよく現れる。

a.　k → g　　あま＋くつ→あまぐつ（雨靴）
b.　s → z　　あま＋さけ→あまざけ（甘酒）
c.　t → d　　ほん＋たな→ほんだな（本棚）
d.　h → b　　くつ＋はこ→くつばこ（靴箱）

▷2　清音とは五十音図に出てくるア行〜ラ行の音。濁音とはカ行，サ行，タ行，ハ行に濁点がついたガ行，ザ行，ダ行，バ行の音である。

▷3　Ⅰ-1-4 Ⅰ-1-8 Ⅰ-1-9 Ⅰ-1-15 参照。

ところが複合語の第二要素が清音で始まっても，連濁を起こさないという例は珍しくない。その中には言語学的に説明がむずかしい例も少なくないが，上記の「鍵，札，火事」のように音韻的な理由で連濁しない例も数多い。「鍵，札，火事」に共通するのは，これらの語がすでに濁音を含んでいるという特徴である。つまり，すでに濁音を含む語は複合語の中で連濁しない。図示すると次のようになる。連濁にかかるこの制約はライマンの法則（Lyman's Law）という名前で知られている（*は不適格の意）。

▷4　たとえば人名で「原田，黒田」の「田」は濁るのに，「荒田，有田，古田，垣田」などの「田」はなぜか濁らない。

▷5　ライマン（Benjamin S. Lyman）は19世紀後半に日本に滞在したアメリカ人の鉱山学者。

あい　＋　かぎ　→　あいかぎ，*あいがぎ
　　　　　　〔濁〕　　　　　　〔濁〕〔濁〕〔濁〕

ライマンの法則は複合名詞だけでなく，重複形の副詞にも観察される。「時々」がトキドキと濁るのに，「しばしば」がシバジバと濁らないのはこのためである。

▷6　「縄梯子」や「避難梯子」の「梯子」はしばしばハシゴとバシゴの両方を許容する。「……バシゴ」はライマンの法則に違反した例である。

❸ 中島と長島

「合い鍵」や「しばしば」は複合語の後部要素に濁音が存在する例であるが，前部要素の最後に濁音がくる場合も，しばしば連濁が阻止される。「中島」の「島」が濁ることができるのに対し，「長島」の「島」が濁ることができないのはこのためである。次のペアも同様である。

中田（なかた，なかだ）―永田（ながた，*ながだ）

島田（しまだ）―柴田（しばた，*しばだ）

節田（ふしだ）―藤田（ふじた，*ふじだ）

片付ける（かたづける）―傷付ける（きずつける，*きずづける）

たき火（たきび）―飛び火（とびひ，*とびび）

表示（ひょうじ）―図示（ずし，*ずじ）

❹ 異化現象

ライマンの法則は，1つの語の中に同じ（種類の）音が生じることを避けようとする一般的な原理——異化（dissimilation）の原理——が日本語の連濁現象に現れたものである。この原理は人間の言語に共通したものであり，たとえばラテン語では(A)のように[l]の子音がよく現れるが，(B)のように同一語内に複数回出現するのは阻止される。ラテン語では2つ目の[l]が，音声的によく似た音の[r]に変わる（-alis は形容詞を作る語尾）。

(A) nav-alis → navalis（海軍の），episcop-alis → episcopalis（司祭の）

(B) sol-alis → solaris（太陽の），lun-alis → lunaris（月の）

英語においても，次のような変化が起こった。ここでは[n]の子音が音節末に連続して出てくるのを阻止するために，2つ目の[n]が同じ鼻音の[m]に置き換えられている。

randon → random，ranson → ransom

英語の不規則動詞に[t]や[d]で終わる語が多いというのも異化の原理によるものと分析できる。過去形や過去分詞の語尾が[t]/[d]であるため，同じ音の連続（たとえば cut-t, build-d）を避けるために不規則な活用になったと考えられる。want-wanted-wanted も見た目は規則的な活用であるが，語幹と語尾の間に[i]という特別な母音を挿入している点では cut や build のような不規則活用と出発点を同じくしている。

a. AAA 型　cut-cut-cut, set-set-set, shut-shut-shut, spread-spread-spread

b. ABB 型　meet-met-met, sit-sat-sat, build-built-built, hold-held-held

c. ABC 型　get-got-got(ten), ride-rode-ridden, write-wrote-written

（窪薗晴夫）

▷ 7 「中島」や「中田」のように，濁る発音と濁らない発音の両方を許容する語も少なくない。この中の濁らない発音はライマンの法則によるものではない。

▷ 8 長渕（ながぶち），鍋蓋（なべぶた），窪薗（くぼぞの）のような例外も存在する。

参考文献

窪薗晴夫（1999）「連濁と音の交替」『日本語の音声』岩波書店，第5章。

佐藤大和（1989）「複合語におけるアクセント規則と連濁規則」杉藤美代子編『日本語の音声・音韻(上)』明治書院，233-265頁。

1 音声・音韻

8 連濁と形態音素交替

近藤と斎藤

1 「斎藤」と「近藤」

日本人の人名の中で「○藤」という姓は珍しくないが、「斎藤」の「藤」がトウとなるのに、「近藤」の「藤」はドウと濁る。これはなぜだろうか。

二文字名に「藤」を持つ姓を調べてみると、濁るグループ(A)と濁らないグループ(B)に分かれることがわかる。両者を比べてみると、Aの方は「藤」の前に「ん」があるのに対し、Bの方は「ん」がない。

　A　近藤、遠藤、安藤、進藤、権藤……
　B　斎藤、佐藤、伊藤、加藤、後藤、内藤、武藤、江藤……

「藤」は音読みであるから、もともと連濁しにくいはずである。にもかかわらずドウと濁るのは、直前の撥音「ん」が連濁を促進しているからである。I-1-7 で見たライマンの法則は連濁を阻止する要因であったが、「ん」は逆の効果を持っていることがわかる。鼻音の後ろで子音が有声化する現象は、日本語だけでなく他の言語でも見られるもので、post-nasal voicing（鼻音の後ろの有声化）という名称で知られている。

2 二千円と三千円

「ん」が連濁を引き起こす例は次のような例でも見られる。

　一本、二本、三本、四本、五本……
　千円、二千円、三千円、四千円、五千円……

「本（ホン）」や「千（セン）」も音読みであるから、本来は連濁しにくいはずであるが、ここでも「三（さん）」の後ろでは濁っている。ちなみに「四本」と「四千円」では「ん」の後ろでも連濁が起こらないが、これは「四」がもともと「し」であることによる。

「国（コク）」という要素も、「ん」の後ろでは濁りやすくなる。

　国（こく、ごく）：外国、祖国、異国 vs. 本国、隣国、戦国

3 形態音素交替

日本語においてトとドは異なる音であり、「トラ（虎）」―「ドラ（銅鑼）」や「トル（取る）」―「ドル」のように意味の異なる単語を作り出す。このことは、日本語において[t]と[d]が異なる音素であることを示している。にもかかわ

▷1　「○藤」という姓は平安時代の貴族「藤原氏」に由来すると言われる。たとえば伊勢に下った藤原氏は「伊藤」と呼ばれた。

▷2　「工藤」や「須藤」の「藤」は、直前に「ん」がなくても連濁を起こす。これらの語の「藤」がなぜ連濁するかはわからない。

▷3　和語（訓読み）は連濁を起こすが、漢語（音読み）は起こしにくい。同じコでも「子」（教え子、乳飲み子、みなし子）が濁るのに、「湖」（琵琶湖、宍道湖、河口湖）が濁らないのはこのためである。同様のペアに「貝」（和語）と「会、海」（漢語）がある（窪薗 1999）。

▷4　一万円には「一」がつくのに、百円や千円は「一」がつかない。この違いについては窪薗（2011）第6章参照。

▷5　イチ、ニ、サン、シ……というのは数字の音読みである。「四」は「死」と同音であることから、「四人」や「四時」をはじめとする多くの表現で訓読みのヨン（～ヨ）に置き換えられた（窪薗（2011）第2章を参照）。

▷6　I-1-6 参照。

ず，「藤」の例では「近藤」や「遠藤」の中でト (to) がド (do) と濁る。「藤」という要素（形態素）が，複数の音素として現れているのである。図示すると次のようになる。このように単一の形態素が複数の音素として実現することを形態音素交替 (morphophonemic alternation) という。「藤」の中では /t/ という音素と /d/ という音素が交替を起こしている。

藤
トウ(too)　　ドウ(doo)

形態音素交替はいろいろな語の中で起こっている。たとえば本数を数える時に使われる「本」という形態素は，「ぽん (pon)」「ほん (hon)」「ぼん (bon)」の3つの読み方を持つ。[p]-[h]-[b]は日本語において異なる音素である――たとえばパン (pan)，班 (han)，晩 (ban) は語頭子音の違いによって区別されている――から，本数を表す「本」という形態素が /p/-/h/-/b/ の3つの子音音素の間で形態音素交替を示していることがわかる。

本
ポン(pon)　　ホン(hon)　　ボン(bon)

形態音素交替は母音音素の間でも起こる。たとえば「雨」や「金」という形態素はそれぞれ ame 〜 ama, kane 〜 kana の間で交替を示す。ここでも /e/ と /a/ は日本語の中で異なる音素である――たとえば te（手）と ta（田）は異なる意味を持つ――から，/e/ と /a/ の間で形態音素交替を示していることになる。

雨：　ame 雨，雨模様，雨降り
　　　ama 雨戸，雨漏り，雨宿り
金：　kane 金持ち，金儲け，金貸し
　　　kana 金物，金具，金縛り

④ 英語の形態音素交替

形態音素交替はもちろん日本語以外の言語でも起こる。たとえば英語では数字の5を表す形態素が five では[v]，fifty では[f]という音形で現れる。英語では van [væn] と fan [fæn] が異なる意味を持つことからわかるように，[v] と[f]は異なる音素である。よって five という形態素が /v/ と /f/ の間で形態音素交替を示していることがわかる。日本語の場合と同じように，英語でも2つの要素が結合して1語を作る際にしばしば形態音素交替が起こる。

/ou/ 〜 /ɔ/　holy — holiday, go — gone, local — locative, mode — modify

/ei/ 〜 /æ/　Spain — Spanish, grade — gradual, grave — gravity, vain — vanity

/ai/ 〜 /i/　child — children, line — linear, wise — wisdom, wide — width

（窪薗晴夫）

▷7　「形態素」は意味を持つ最小の言語単位である（序-2参照）。

▷8　形態音素交替では通常，意味は変化しないが「金」の場合はその例外であり，kane は「お金」をkana は「金属」を意味する（窪薗 1999）。

（参考文献）

窪薗晴夫（1999）「連濁と音の交替」『日本語の音声』岩波書店，第5章。

窪薗晴夫（2011）『数字とことばの不思議な話』岩波ジュニア新書。

第Ⅰ部　音声と形態

1　音声・音韻

 # モーラの役割

「エロ本」と「エッチ本」

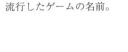 ### 詩歌のリズム

　日本語の詩歌は五七五（俳句，川柳），五七五七七（短歌）というリズムを持つと言われている。たとえば次の川柳も五七五からできているが，この五七五というのは何を数えているのだろうか。
　　日本中　あっちこっちで　たまごっち（小学生）
　　ハローから　バトンタッチで　ニーハオへ〔香港の中国返還〕（同上）
　　箸よりも　フォークが似合う　野茂選手（同上）
　　壁ドンを　妻にやったら　平手打ち（サラリーマン）
　　そっと起き　そっと出掛けて　そっと寝る（同上）
　　やせるお茶　せっせと飲んで　水太り（同上）
　　デジカメの　餌は何だと　孫に聞く（シニア）

 ### 音節とモーラ

　日本人が詩歌を作る際に指折り数えているのはモーラ（mora）と呼ばれる長さの単位である。たとえば「日本」「たまご」「ハロー」は3モーラ，「ニーハオ」は4モーラ，「あっちこっち」や「バトンタッチ」は6モーラの長さを持つ。基本的にかな文字1つが1モーラに対応する。外国人には数えにくい単位とされているが，その理由は長音（ー），撥音（ん），促音（っ），二重母音の第二要素（い）のように，語頭に立たない音までも1つとして数えるからである（このようなモーラを特殊拍と呼ぶ）。
　英語や韓国語をはじめとする多くの言語では，これらの要素が独立した長さを持たない。それゆえ「あっちこっち」を6つに数えるのは困難であり，「あちこち」と同じ長さに数えてしまう。これらの言語の話者にとっては母音の数が語句の長さを測る単位であり——この単位を音節（syllable）という——モー

表1　モーラと音節の関係

単　語	モーラ数	音節数
日　本	3（ニ・ホ・ン）	2（ニ・ホン）
あっちこっち	6（ア・ッ・チ・コ・ッ・チ）	4（アッ・チ・コッ・チ）
たまごっち	5（タ・マ・ゴ・ッ・チ）	4（タ・マ・ゴッ・チ）
ハロー	3（ハ・ロ・ー）	2（ハ・ロー）
バトンタッチ	6（バ・ト・ン・タ・ッ・チ）	4（バ・トン・タッ・チ）

▷1　「たまごっち」は1990年代に子供たちの間で流行したゲームの名前。

▷2　moraはラテン語に由来する言語で，もともとは西洋古典詩で音節の長さを測る単位として用いられた。
▷3　小さい文字でも「っ」は1モーラとして数えるが，「じゃ，じゅ，じょ」や「フォ」などの「ゃ，ゅ，ょ，ォ」は1つに数えない。

ラで数える習慣や直感がないのである。モーラと音節の関係を示すと表１のようになる。

❸ エロ本とエッチ本

モーラは詩歌のリズムを作っているだけでなく，日本語のさまざまな音声現象において重要な役割を果たしている。たとえば book を意味する「本」という語は，前に来る要素の長さによってホンかボンか発音が変わる[4]。

本（ホン）：絵本，見本，赤本，豆本，謄本，製本，エロ本
本（ボン）：文庫本，単行本，漫画本，緑本，エッチ本

つまり，「本」が連濁を起こすか否かは，「本」の前に来る要素が「絵」や「赤」のような１〜２モーラの長さか，「単行」や「緑」のような３モーラ以上の長さかという違いによって決まってくる[5]。単語全体で見ると，４モーラまでの長さであればホン，５モーラ以上であればボンという区別をしているようである。この区別が音節数によるものでないことは「エロ本」と「エッチ本」を比べてみるとよくわかる。エロもエッチも音節数は同じ（２音節）であるが，モーラで数えると２モーラか３モーラかという違いを持っている。

❹ 小次郎と金次郎

連濁だけでなく，アクセント規則にもしばしばモーラ数が関与してくる。たとえば「X 次郎（二郎）」という人名は，X のところにくる要素のモーラ数によって，次の３つのアクセント型に分かれることが知られている[6]。

X＝１モーラ → 平板アクセント（高く平らに発音）
　（例）小次郎（こ￢じろう），弥次郎，与次郎
X＝２モーラ →「次郎」の前で低くなる
　（例）金次郎（きﾝじろう），長次郎，菊次郎（き￢く￢じろう）
X＝３モーラ以上 →「次（二）」と「郎」の間で低くなる
　（例）ラーメン二郎，ウルトラマン次郎（ウﾙトラマンじ￢ろう）

短縮語などの語形成規則においてもモーラは重要な役割を果たす。複合語は各要素の頭を２つずつとる形で短縮が起こるが，この２つというのが２モーラである。下記の例（下線）からもわかるように，この規則で重要なのは２モーラというモーラ数であり，音節数ではない。モンのような１音節であっても，ポケのような２音節であってもかまわないのである[7]。

ポケット モンスター → ポケモン
デジタル カメラ → デジカメ
カー ナビゲーション → カーナビ
合同 コンパ → 合コン

（窪薗晴夫）

▷ 4 「献本」や「完本」のように「ん」に続く場合にはポンとなることもある。
I-1-8 も参照。

▷ 5 「カフェ本」「洒落本」「ネタ本」では「本」の前が２モーラでも連濁を起こす。長さだけでなく意味も関わっていることを示唆している。

▷ 6 詳しくは窪薗（1998, 1999）参照。

▷ 7 漢字からなる複合語を略す場合には，語頭の漢字１文字ずつをとることが普通であるため，模試（＜模擬試験）のような２モーラの短縮形や，私大（＜私立大学）のような３モーラの短縮形も作り出される。また外来語の場合でも，パリーグ（＜パシフィック・リーグ）やソ連（＜ソビエト・連邦），テレカ（＜テレホン・カード）のように，２モーラ＋２モーラの原則に従わないものが散見される（窪薗 2002）。

参考文献

窪薗晴夫（1998）「語アクセント」『音声学・音韻論』くろしお出版，第５章。
窪薗晴夫（1999）「日本語の特質とモーラ」『日本語の音声』岩波書店，第６章。
窪薗晴夫（2002）『新語はこうして作られる』岩波書店。

1 音声・音韻

10 音節構造（日本語）

「杏」と「銀杏」

1 杏と銀杏

杏という漢字は単独ではアン（an）と発音するのに，銀杏という語の中ではナン（gin-nan）と発音される。また皇子の皇はオー（oo-）なのに，天皇の皇はノー（ten-noo）と発音される。これはなぜなのだろう。同様に，雨（ame）が春雨，小雨，氷雨などの語においてサメ（same）と読まれるのもなぜなのだろう。

この問題を解く鍵は音節構造にある。音節とは母音（vowel，略してV）を中心とする音のまとまりであり，その前後に子音（consonant，略してC）が付いて作り出される。母音の前の子音を頭子音（onset），後ろの子音を尾子音（coda）という。頭子音と尾子音は異なる働きをしており，どの言語でも頭子音はあるべきもの，尾子音はあるべきではない（ない方がよい）ものとされている。つまりサ（sa）やメ（me）のような〔頭子音＋母音〕という構造（CV）が人間の言語にとって自然な音節構造ということになる。上記の「杏」「皇」「雨」は頭子音を持たない音節で始まっており，この有標な音節構造を是正するために頭子音を挿入したと考えられている。銀杏，天皇などの語では直前の音節に鼻音 n があるため，この子音を頭子音としてコピーした。春雨や小雨では[s]という子音を挿入して CV という無標な音節構造を作り出している。「真っ青（massao）」という語でも青（ao）の前に[s]の子音を挿入して，CV（sa）という基本形を達成している。

2 わたり音の挿入と形成

子音の挿入とよく似た現象として，わたり音（半母音）の挿入現象が起こる時もある。たとえば次の外来語では，母音と母音が隣り合う構造（hiatus）が生じた時に，母音の間にヤ行やワ行の子音を入れる。ピアノの場合には[i]の後ろにヤ行子音の[j]を入れ，コアラの場合には[o]の後ろにワ行子音の[w]を入れている。いずれの場合にも，頭子音を持たない音節に頭子音を与えて子音＋母音という基本的な音節構造を作り出している。

ピアノ（pi.a.no）→ ピヤノ（pi.y̲a.no）
コアラ（ko.a.ra）→ コワラ（ko.w̲a.ra）

これとよく似た現象として，母音を子音に変えてしまうことによって母音と母音が隣り合う構造を解消しようとする現象もある。これがよく起こるのが

▷1 pin という語の音節構造

▷2 gin（銀）＋ an（杏）→ ginnan（銀杏）

▷3 わたり音（glide）とはヤ行やワ行の子音（[j][w]）のように，母音によく似た子音（半母音，semivowel）が挿入される現象である。

▷4 ピアノやコアラは実際にピヤノ（piyano），コワラ（kowara）と発音されることが多い。このことは，両者の逆さ言葉がアノピーやアラコーではなくヤノピー（yanopii），ワラコー（warakoo）となることからもわかる。

▷5 [i]や[e]のような前舌母音の後ろでは[j]という前舌の半母音が，[u]や[o]のような後舌母音の後ろでは[w]という後舌の半母音が挿入される（I-1-3参照）。

▷6 ドット /./ は国際的に定められた発音表記（IPA）により音節境界を表す。

[iu]という母音連続を含む外来語であり，[i]がわたり音の[j]になることにより母音の連続が忌避され，ひいては頭子音のない音節が解消されている。

　　　バリウム（ba.ri.u.mu）→ バリューム（ba.ryuu.mu）

　　　カルシウム（ka.ru.si.u.mu）→ カルシューム（ka.ru.syuu.mu）

　　　マグネシウム（ma.gu.ne.si.u.mu）→ マグネシューム（ma.gu.ne.syuu.mu）

3　母音の脱落

　これまで見た例は頭子音を挿入したり，母音を子音化することによってCVという構造を達成した例であるが，母音を削除することによって無標な音節構造を作り出そうとする現象も見られる。これは母音と母音が隣り合う構造（hiatus）において一方の母音を削除することにより，CVという構造を作り出そうとする現象である。(a)のように歴史的な音変化として起こったものもあれば，(b)のように現代日本語の体系内で起こっているものもある。

　　　a．sumi＋ire（墨入れ）→ sumire（すみれ）

　　　　　ara＋iso（荒磯）→ ariso

　　　　　miti-no＋oku（道の奥）→ mitinoku（陸奥）

　　　b．tai＋iku（体育）→ taiku

同様の母音脱落現象が動詞の活用にも見られる。現代日本語では五段活用や下一段活用が代表的な活用であるが，-anai や -imasu のような共通の活用語尾を想定すると母音が隣接する状態——すなわち2つ目の母音に頭子音がない構造——がしばしば作り出される。この頭子音がない構造を避けるために，2つの母音の一方が消えてしまうという分析が成り立つ。

　　　　　　　　　　　-anai　　　　　　-imasu

　hasir-（走る）　hasir-anai　　hasir-imasu

　tabe-（食べる）　tabe-anai　　tabe-imasu

　この分析は2つの活用に最大限の活用語尾を想定した場合であるが，最小の活用語尾を想定すると，次のように母音が挿入されることになる。これは母音のない音節の発生を避けるために起こる挿入現象と解釈できる。なぜ -a や -i が挿入されるかという疑問は残るものの，子音＋母音（CV）という基本的な音節構造を作り出そうとする点ではこれまでの例と同じである。

　　　　　　　　　　　-nai　　　　　　-masu

　hasir-（走る）　hasir-anai　　hasir-imasu

　tabe-（食べる）　tabe-nai　　　tabe-masu

　母音の脱落によく似た現象として，母音融合をあげることもできる。これは隣接する2つの母音が1つの母音にまとまる（融合する）ことにより，母音の連続を避け，ひいては頭子音のない音節を避けようとする現象である。

　　　　　　　　　　　　　　　　　　　　　　　　　　（窪薗晴夫）

▷7　墨入れ（sumi-ire）や体育（tai-iku）のように隣り合う母音が同じ場合には，どちらの母音が脱落したかあいまいである。

▷8　花の形が墨入れに似ているので「すみれ」と呼ばれるようになった。

▷9　五段活用については I-1-2 参照。

▷10　詳しくは I-1-3 参照。

（参考文献）

窪薗晴夫（1999）「音節とアクセント」『日本語の音声』岩波書店，第7章。

1 音声・音韻

音節構造（英語）

a と an はどちらが先？

1 英語の不定冠詞

英語の不定冠詞に a と an の 2 つがあることはよく知られている。子音で始まる名詞の前では a book のように a が選ばれ，母音で始まる名詞には an が付く（an egg）というのは英語学習の最初の段階で学ぶことである。ではなぜこのような分布を示すのだろうか。

前節（I-1-10）において子音＋母音（CV），すなわち頭子音を持つが尾子音は持たない構造が音節の基本構造であると述べたが，これは日本語だけではなく，言語に普遍的な——つまりすべての言語に共通した——特徴である。英語の不定冠詞では an よりも a の方が基本的であると思われがちであるが，歴史的には an の方が古く，この語は数詞の one [wʌn] と同じ語源を持つ（an と one の発音が似ているのはこのためである）[*2]。つまり，an から尾子音 n が落ちて a という形が作り出された。これは，本来存在しない方がいい尾子音を消した結果である。

an book → a book

ではなぜ，egg のような母音で始まる語の前で an の尾子音（n）が生き残れたかというのと，実際の発話では，この子音が後続する音節の頭子音として機能するからである。不要な尾子音を後ろの音節の頭子音として組み込むことによって，n という子音の存在価値が保証されたと言える。実際，an egg は a negg と発音されている。

an egg → a negg

2 pianist と violinist

頭子音が必要とされることは，名詞＋ist という語形成過程にも現れている。violin や journal のように子音で終わる名詞が前にくる場合には単に ist が付加されるだけであるが，piano や cello のように母音で終わる名詞が前に来る場合には，その名詞の最後の母音が脱落する。pianoist ではなく pianist となるのである。これもまた，-ist という音節に頭子音を持たせようという力による。つまり，violin＋ist の場合に ist が直前の子音 n を頭子音として取りこむのに対し，piano＋ist では ist の直前に子音がないため，頭子音のない音節（ist）が作り出されてしまう。直前の母音を消すことによって nist という頭子音の

▷1 頭子音と尾子音

▷2 英語の不定冠詞 an と数詞の one はともに古英語の ān に由来する。英語以外の言語でも不定冠詞と数詞は語源が同じであり，たとえばドイツ語では ein [ain] が英語の a/an に相当する不定冠詞であり，同時に one に相当する数詞（eins）でもある。

34

ある音節構造が作り出されるのである。

a. violin + ist → vi.o.li.nist

journal + ist → jour.na.list

b. pian[o] + ist → pi.a.nist, *pi.a.n[o].ist

cell[o] + ist → cel.list, *cel.l[o].ist

同じ現象が国名 + ese（……人，……語）という語形成にも見られる。この場合も，語幹の名詞が子音で終わる場合には，その子音が -ese［iːz］の頭子音に組み込まれるために母音の脱落は起こらないが，名詞が母音で終わる場合には頭子音のない［iːz］という音節ができてしまうため，直前の母音を消して頭子音を作り出そうとする。

a. Japan + ese → Ja.pa.nese

Taiwan + ese → Tai.wa.nese

b. China + ese → Chi.nese, *Chi.n[a].ese

Burma + ese → Bur.mese, *Bur.m[a].ese

pian[o]-ist や Chin[a]-ese から母音が脱落する現象は，日本語で起きた次の現象と同じ性格を持つ。いずれの場合も母音が連続する構造（hiatus）を避けることにより，CV という基本的な音節構造を作り出そうとする現象である。

> 3 　 I-1-10 　参照。

a. sum[i] + ire（墨入れ）→ su.mi.re（すみれ）

ar[a] + iso（荒磯）→ a.ri.so

b. ta[i] + iku（体育）→ tai.ku

③ 韓国語の音節構造

子音 + 母音（CV）という基本的な音節構造を作り出そうとする力は，他の言語にも見られる。たとえば韓国語には日本語の「が」に相当する主格助詞としてイ（이）とガ（가）の 2 つがあり，前に来る名詞（主語）が子音で終わる場合にはイ（이）が，母音で終わる場合にはガ（가）が用いられる。

a. Bae Yong Joon（ペ・ヨンジュン）+ i → Bae Yong Joon-i（ペ・ヨンジュンが）

b. Kim Yuna（キム・ヨナ）+ ga → Kim Yuna-ga（キム・ヨナが）

逆の組み合わせをすると，尾子音で終わる音節（*Joon-ga）や，母音で始まる音節（*Yuna-i）が作られてしまう。CV という基本構造を作り出すために，このような助詞の選択がされている。

同じ現象が親しい人の名前を呼びかける時にも起こる。韓国語では名詞に呼格助詞を付けることによって呼びかけが行われるが，この助詞にア（아）とヤ（야）の 2 種類があり，子音で終わる名前にはアが，母音で終わる名前にはヤが付けられる。これもまた CV という構造を目指した選択である。

> 4 　日本語の「……君」「……ちゃん」に相当する。

a. Yong Joon + a → Yong Joon-a（ヨンジュン！）

b. Yuna + ya → Yuna-ya（ヨナ！）

（窪薗晴夫）

（参考文献）

窪薗晴夫（1998）「音節とモーラ」『音声学・音韻論』くろしお出版，第 4 章。

第Ⅰ部　音声と形態

1　音声・音韻

語の韻律構造
「バーバ」と「ババー」の違い

1　「バーバ」と「ババー」

「バーバ」と「ババー」はともに「ばば（婆）」という語から作り出されている。「じじ（爺）」から派生した「ジージ」と「ジジー」も同様である。「バーバ」と「ジージ」は赤ちゃんや幼い子供が使う幼児語であり、祖母や祖父に対する親愛の気持ちが込められているのに対し、「ババー」と「ジジー」は年寄りに対して使われる侮蔑語である。ともに同じ語から派生した語でありながら、どこを伸ばすかによって日本語では大きくニュアンスが異なっている。このニュアンスの違いはいったいどこから来るのだろう。またその違いは、日本語にどのくらい広範囲に現れるものだろうか。

2　幼児語の韻律構造

この問題を解く鍵は、語の韻律構造にある。韻律構造とは、語が持っているアクセント、リズム、音節構造などの音韻構造である。このうち「バーバ」と「ババー」の違いは、語内部の音節構造の違いを反映している。音節は母音を中心とする音のまとまりであり、「バー」や「バン」のような2モーラ（mora）の長さの音節（＝長音節）と、「バ」や「ジ」のような1モーラの長さの音節（＝短音節）の2種類がある。この分類に従うと、問題の語は次のような韻律構造を持つ（/./ は音節の境界を表す）。つまり「バーバ」と「ババー」は、〔長短〕（幼児語）か〔短長〕（侮蔑語）かという違いを持つ。

　　〔短.短〕バ.バ，ジ.ジ
　　〔長.短〕バー.バ，ジー.ジ
　　〔短.長〕バ.バー，ジ.ジー

日本語の幼児語は〔長短〕という構造を好むことが知られているが、このことは幼児語の元となった大人の言葉と比較するとよくわかる。大人の言葉がいろいろな構造を持つのに対し、幼児語は〔長短〕という構造に収束する。

　　大人の言葉　　　　　　幼児語
　　負ぶう〔短短短〕　　　オン.ブ〔長短〕
　　歩む〔短短短〕　　　　アン.ヨ〔長短〕
　　ポケット〔短長短〕　　ポッ.ケ〔長短〕
　　靴〔短短〕　　　　　　クッ.ク〔長短〕

▷1　はは→ばば→バーバ，ババー。ちち→じじ→ジージ，ジジー。
▷2　幼児語は赤ちゃん言葉、母親語（motherese）などとも呼ばれ、主に大人と幼い子供の会話で用いられる。日本語はこの種の語が豊富であり、擬音語・擬態語などのオノマトペと類似の構造を持っている（窪薗晴夫，2017，「どうして赤ちゃん言葉とオノマトペは似ているの？」窪薗晴夫編『オノマトペの謎』岩波科学ライブラリー261, 121-142頁）。
▷3　音節とモーラについては Ⅰ-1-9 〜 Ⅰ-1-11 を参照。
▷4　長音節の2つ目にくるのは「ー」「ん」「っ」「い」（二重母音の後半）である。また、長音節と短音節はそれぞれ重音節、軽音節と呼ばれることもある。これら2種類に加えて，[ain]や[e:n]のような3モーラ連続を単一の音節（超長音節，超重音節）と見なして、これを3つ目のタイプとして扱う分析もある（窪薗 1995）。
▷5　幼児語が好むもう1つの構造が〔長長〕という2音節の構造（ハイ.ハイ，ナイ.ナイ）である（前掲▷2の窪薗 2017参照）。

36

婆〔短短〕　　　　　バー.バ〔長短〕

爺〔短短〕　　　　　ジー.ジ〔長短〕

❸　発音の変化

〔長短〕という構造が好まれるのは幼児語だけではない。日本語では次のような発音の変化に，〔短短〕から〔長短〕へという変化が見られる。いずれも母音を伸ばしたり，促音の「っ」を入れることによって短音節を長音節に変え，語全体を〔短短〕から〔長短〕に変えている。[6]

詩歌（し.か→しい.か），富貴（ふ.き→ふう.き），夫婦（ふ.ふ→ふう.ふ），

杜氏（と.じ→とう.じ），三つ（み.つ→みっ.つ），四つ（よ.つ→よっ.つ），

六つ（む.つ→むっ.つ），八つ（や.つ→やっ.つ）

〔長短〕が好まれる一方で，〔短長〕は避けられる傾向がある。たとえば「女房」という語はもともと〔短長〕（にょ.ぼう）と発音されていたと推定されるが，〔長長〕（にょう.ぼう）を経て，今では〔長短〕（にょう.ぼ）と発音されることが多い。「女王」という語も〔短長〕（じょ.おう）という元の発音から，〔長長〕（じょう.おう）という発音に変化してきている。[7]

〔長短〕を好む傾向は 3 音節語でも見られ，たとえば「山茶花」は「さん.ざ.か」から「さ.ざん.か」に発音が変わり，また最近では「雰囲気（ふん.い.き）」が「ふ.いん.き」と発音される兆しを見せている。これらは，語末に〔長短〕の構造を作り出す現象と見なすことができる。[8]

❹　ネーミング

〔長短〕という韻律構造が好まれるのはこれだけではない。キャラクター名，ニックネーム，商品名でも積極的にこの構造が作り出されている（下線部）。

蜂（はち）→ みなしごハッ.チ（アニメ）

野菜（や.さい）→ サイ.ヤ人（漫画「ドラゴンボール」）

魔神ブウ → ウー.ブ（同上）

黒柳徹子（て.つ.こ）→ トッ.ト（書名『窓ぎわのトットちゃん』）

柳田（や.な.ぎ.た）→ ギー.タ（プロ野球選手 柳田悠岐）

のどに塗る（ぬ.る）→ のどぬー.る（薬品名）

（肌の）シミを取る（と.る）→ しみとりー.な（同上）

この他，「かっとばせえ……」という野球の声援でも，「阿部（あ.べ），矢野（や.の），嶋（し.ま）」など〔短短〕の名前は「かっとばせえ，あ.べえ（短長）」ではなく「かっとばせえ，ああ.べ（長短）」という構造で発音される。

このように〔短長〕を嫌い，〔長短〕という構造を好む傾向は日本語のさまざまな現象に現れている。冒頭で述べた「バーバ」と「ババー」もこのような一般的な原理によって生み出されていることがわかる。　　　　　（窪薗晴夫）

▷ 6　「三つ，四つ，六つ，八つ」の古い発音は，「三つ編み，四つ角，明け六つ，八つ当たり」などの熟語に残っている。 1-1-1 も参照。

▷ 7　長短と長長の構造を好むという日本語の傾向は元号の選択にも現れている。過去の250近い元号の大半はこの 2 つの構造のいずれかであり，また過去150年余りの元号は長長（文久，慶應，大正，平成）と長短（元治，明治，昭和，令和）が交互に選ばれている（https://kotobaken.jp/qa/yokuaru/qa-86/）。

▷ 8　山茶花（さん.ざ.か→さ.ざん.か），雰囲気（ふん.い.き→ふ.いん.き）。

（参考文献）

窪薗晴夫（1995）『語形成と音韻構造』くろしお出版。

窪薗晴夫（2017）『通じない日本語――世代差・地域差からみる言葉の不思議』平凡社新書。

第Ⅰ部　音声と形態

1　音声・音韻

アクセントの類型
高さアクセントと強さアクセント

1 「雪山讃歌」と「いとしのクレメンタイン」

日本語の「雪山讃歌」という歌は，英語の My Darling Clementine（いとしのクレメンタイン）という歌の日本語版である。ところが 2 つの曲の楽譜を比べてみると，英語の方が弱起の曲（不完全な小節で始まる曲）なのに，日本語の方はそうでないことがわかる。この違いはどこからくるのだろうか。

図 1　弱起の曲

2　2 種類のアクセント

この謎を解く手がかりは，英語と日本語のアクセント（accent）の違いにある。アクセントはそれぞれの語（単語，word）をどのようなメリハリで発音するかという言語特徴であり，そのメリハリによって語のまとまりを表そうとする。そのメリハリをどのようにつけるかは言語によって異なっており，日本語のように音の高低（ピッチ）でメリハリをつける「高さアクセント（pitch accent）」と，英語のように音の強弱（ストレス）でメリハリをつける「強さアクセント（stress accent）」に大別できると言われている。

日本語（標準語）では，たとえばカナダという語がカとナの間で急激にピッチが下がる〔高低低〕という型で発音され，単語レベルで指定されたこの型は平叙文でも疑問文でも変わらない。これに対し英語の Canada は，最初の音節が他の音節よりも強く（かつ長く）発音され，〔強弱弱〕という型で発音される。ピッチの高低が単語レベルで指定されていないため，同じ語でも平叙文か疑問文かで，ピッチパターンが大きく変わってくる。

音楽の楽譜では小節の最初の音が強く発音されるため，英語のような強さアクセントでは語のアクセント（強勢，stress）との一致が要求される。上記の曲では冒頭の In a の部分が強勢を持たない機能語であるため，この部分を小節の頭に出すことができず，前の小節に押し出す形となる。これが弱起の曲である。これに対し，高さアクセントの日本語にはこのような強弱の指定がないため，楽譜とアクセントとの間に英語のような制限がなく，歌詞の最初が小節の

▷1　英語の方は雪山登山の歌ではなく，恋人の死を悼む内容となっている。

▷2　高さアクセントは「高低アクセント」「ピッチアクセント」とも呼ばれる。強さアクセントは「強弱アクセント」「ストレスアクセント」とも呼ばれる。

▷3　Canada が疑問文（Canada ?）として発話されると〔高低低〕ではなく〔低低高〕のように聞こえる。

▷4　機能語（function word）とは冠詞，前置詞，代名詞などのように実質的な意味を持たない語であり，英語の文では通常弱く発音される。機能語の反対は名詞や動詞，形容詞などのように実質的な意味を持つ実質語（content word）である。

38

頭と一致する基本的な構造を持っている。

③ 高さアクセントの特徴

　弱起の曲が生じるかどうかが強さアクセントと高さアクセントを見極める1つの基準となるが，両者はそれ以外にもいくつか顕著な違いを見せる。高さアクセントの特徴として現れてくるのが，平板アクセントと方言差である。平板アクセントとは高低のメリハリがないアクセントの型で，日本語（標準語）では語頭で上がったピッチが語末まで下がらずに続く。この方言では名詞の約半数がこの型で発音される（横線は高く発音される部分）。英語にはこのような平坦に発音されるアクセント型はなく，必ず語のどこかが強く，長く発音される。

　わた̄し（私），あ̄ね（姉），ア̄メリカ，とう̄きょう（東京），い̄く（行く）

　アクセントに方言差があるのも高さアクセントの特徴である。たとえば上記の語が鹿児島方言（鹿児島県西部）では次のように発音される。このような地域差は他の方言にも見られ，ところ変わればアクセントの型も変わるのが高さアクセントの特徴となっている。▷5

　わ̄たし（私），あ̄ね（姉），ア̄メリカ，とう̄きょう（東京），い̄く（行く）

④ 強さアクセントの特徴

　一方，強さアクセントによく見られるのが，あいまい母音（schwa, [ə]），第二強勢，リズム規則の3つの特徴である。

　英語などの強さアクセントの言語では，語の中の特定の音節が強勢を持って強く発音されるが，強勢を持たない音節は弱く短く発音されるため，Japan の Ja や China の na のように音質が不明瞭になってしまう。これがあいまい母音である。たとえば Japan [dʒəpæn] の2つの母音は，日本語話者には同じアの音に聞こえても，実際の音質は大きく異なる。これに対し高さに依存する日本語のアクセントは母音の音質には直接影響せず，5母音とも明瞭な音質で発音される。

　第二強勢（secondary stress）とは強勢のない音節が連続する構造（強勢の空き）を避けるために生じる二次的な際立ちであり，強勢音節より前の位置に生じることが多い。▷7

　còn.sti.tú.tion, ìn.ter.nát.ion.al, ù.ni.vér.sal, fùn.da.mén.tal

　最後に，リズム規則とは語と語の強勢が衝突する際に生じる現象で，通常は前の語の強勢が消える（下線部が強勢の衝突）。

　thìrtéen mén → thìrteen mén, Nèw Yórk Cíty → Nèw York Cíty
　Jàpanése péople → Jàpanese péople, Wàterlóo Státion → Wàterloo Státion

（窪薗晴夫）

▷5　英語にはこのようなアクセントの地域差がほとんどなく，たとえば síster, América のアクセント型は英語圏（イギリス，アメリカ，オーストラリア……）のどこに行っても変わらない。

▷6　1-1-14 参照。

▷7　アメリカ英語では第二強勢が主強勢の後ろに生じることもある。sécondàry, cústomàry, dórmitòry, láboratòry など。

（参考文献）
窪薗晴夫（1998）「語アクセント」『音声学・音韻論』くろしお出版，第5章。

1 音声・音韻

14 アクセントの規則

バナナと banána

① 日本語と英語のアクセント

英語話者は日本の地名や人名を発音するとき，nagasáki（長崎），yamamóto（山本），suzúki（鈴木）のように後ろから2つ目にアクセント（ストレス，強弱アクセント）を置いて発音する。これはなぜだろうか。逆に日本語（標準語）では英語の banána と Cánada をバナナ（バ￣ナナ），カナダ（カ￣ナダ）というように，後ろから3つ目にアクセント（高低アクセント）を置いて発音する。これもなぜだろうか。

② 英語と日本語のアクセント規則

どの言語・方言にも独自のアクセント体系やアクセント規則がある。英語では，(a)のように名詞の後ろから2つ目の音節にアクセントを置くのが原則であり，その音節が短い音節であれば，(b)のように1つ前の音節にアクセントを移す傾向がある。英語話者が na.ga.sá.ki, ya.ma.mó.to, su.zú.ki のように発音するのは(a)のアクセント規則を適用した結果である。

 (a) ba.ná.na, ve.rán.da, ho.rí.zon, A.ri.zó.na, O.hí.o, Chí.na …
 (b) rá.di.o, bál.co.ny, Cánada, A.mé.ri.ca, Í.da.ho, Í.o.wa …

これに対し日本語の標準語では，名詞の後ろから3つ目のモーラにアクセントを置こうとする。特に人名や地名などの固有名詞は，ほとんどこのアクセント規則に従っており，語末から数えて3つ目と2つ目のモーラの間でピッチが落ちる。

 アオ￣モリ（青森），ア￣キタ（秋田），イ￣ワテ（岩手），ミ￣ヤギ（宮城）
 フク￣シマ（福島），ヤマ￣ガタ（山形），トク￣シマ（徳島）…

日本人が英語の banána と Cánada をバナナ，カナダと発音するのも，あるいは Los Ángeles をロサンゼ￣ルスと発音するのも，この規則による。

このように標準語では語末から3つ目のモーラにアクセントを置く傾向が強いが，もう1つ平板アクセントと呼ばれる平坦なアクセント型（つまりピッチを落とさない型）も存在する。これは日本語に特徴的に現れるメリハリのないアクセント型で，日本語を学ぶ外国人が苦手とするものである。

 平板アクセント：トウキョウ（東京），オオサカ（大阪），ヨコハマ（横浜），
 ヒロシマ（広島），カゴシマ（鹿児島），アメリカ，イギリス，アリゾナ…

▷1 /￣/は日本語のアクセントを表す記号で，ピッチが急激に下がる位置を示す。たとえばバナナはバ￣ナナという発音を示す。

▷2 名詞と動詞では（つまり品詞によって）アクセント規則が若干異なる（窪薗 1998）。

▷3 「短い音節」とは短母音で終わる音節，つまり長さを数えたときに1モーラの長さしか持たない音節である。

▷4 モーラと音節の違いについては I-1-9 参照。

▷5 窪薗（2006）参照。2モーラの名詞にも同じ規則が適用されるが，語が短いためにチ￣バ（千葉）やパ￣リのように最初のモーラ（語末から2つ目のモーラ）にアクセントが置かれる。

▷6 I-1-13 参照。どのような語がこのアクセント型となりやすいかについては窪薗（2006）の第3章を参照。

40

3 日本語の方言

　このように，英語の名詞は語末から数えて2つ目の音節に，日本語の名詞は語末から数えて3つ目のモーラにアクセントを置こうとする。前者が音節で数え，後者がモーラで数えるという違いは興味深いが，日本語には，アクセントの体系が方言ごとに異なるという特徴がある。たとえば鹿児島県西部で話されている鹿児島方言では，語末から数えて2つ目の音節か語末の音節が高く発音される。この2つのアクセント型はA型，B型と呼ばれている。[7]

　　　A型　ナツ（夏），ナツヤスミ（夏休み），アカ（赤），アカシンゴウ（赤信号）

　　　B型　ハル（春），ハルヤスミ（春休み），アオ（青），アオシンゴウ（青信号）

　標準語と同じく高低アクセントであり，また語末から数えるという点も同じでありながら，この方言はモーラではなく音節を使ってアクセントを決めようとする。日本語の多様性を示す例と言える。[8]

4 複合語のアクセント

　以上述べてきた規則は主に1つの意味要素から成る名詞（単純語）のアクセント規則であるが，多くの言語がこれとは別に複合語アクセント規則を持つ。複合語とは語（単独で発音される要素）が複数結合してできるもので，[9]英語であれば blackboard（黒板）や White House（大統領官邸），日本語であれば「京都＋大学」や「日本＋銀行」などの例がある。英語の複合語は，最初の要素のアクセントを生かす形で2語をまとめようとし，この結果〔強弱〕というアクセント型を示す。[10]

　　　bláckboard, Whíte House, gréen house（温室），Énglish teacher（英語教師）

　これに対し日本語（標準語）では，前の要素のアクセントを消し，後ろの要素のアクセントを残すことによって1語としてのまとまりを示そうとする。

　　　サッカー＋クラブ　→　サッカークラブ

　　　ヤマト＋ナデシコ　→　ヤマトナデシコ（大和撫子）

　一方，後ろの要素が平板アクセントの場合には，その要素の最初に複合語アクセントを置いて2要素をまとめようとする。

　　　キョウト＋ダイガク　→　キョウトダイガク（京都大学）

　　　ニホン＋ギンコウ　→　ニホンギンコウ（日本銀行）

　鹿児島方言の場合には標準語と異なり，最初の要素のアクセント型（A型またはB型）を複合語に残そうとし，たとえば上記の例では，「夏休み」と「春休み」はそれぞれ「夏」と「春」のアクセント型を継承する。[11]このように日本語の場合，複合語アクセント規則にも方言差が顕著である。　　　　（窪薗晴夫）

▷7　窪薗（2006）。

▷8　英語のアクセントにはこのような方言差は小さく，アメリカ英語とイギリス英語の間に若干の違い（たとえば mágazine〔米〕と magazíne〔英〕）が見られる程度である。

▷9　序-2 参照。

▷10　2語が1語化しない状態を句構造（phrase structure）といい，英語ではアクセントもまとまらず〔強強〕となる。たとえば bláck bóard（黒い板），whíte hóuse（白い家），gréen hóuse（緑の家），Énglish téacher（イギリス人教師）など。

▷11　鹿児島方言では「夏」は語末から2つ目の音節が高く，「春」は語末が高くなる。「夏休み」と「春休み」はそれぞれこのアクセント特徴を受け継いでいる（窪薗 2006）。

参考文献

窪薗晴夫（1998）「語アクセント」『音声学・音韻論』くろしお出版，第5章。

窪薗晴夫（2006）『アクセントの法則』岩波科学ライブラリー118。

第Ⅰ部　音声と形態

1　音声・音韻

 音韻構造と統語・意味構造
「紋白蝶」はシロかジロか？

1　「尾白鷲」と「紋白蝶」

「尾白鷲」と「紋白蝶」は真ん中に「白」という要素を含んでいるが，前者の「白」はジロと濁るのに，後者の「白」は濁らない。これはなぜだろうか。また同じ「玉」で終わっていても，「お年玉」と「お手玉」ではアクセントが異なる。これもなぜだろう。さらに「紅白饅頭」が1つのアクセント単位にまとまるのに，「紅白歌合戦」が2つの単位（紅白＋歌合戦）に分かれてしまうのはなぜだろう。

2　枝分かれ構造

▷1　連濁については序-1　Ⅰ-1-7　Ⅰ-1-8　参照。

「尾白鷲」と「紋白蝶」は「白」が連濁するかどうかという違いを示す。「尾白鷲」は「尾が白い鷲」，つまり（尾白＋鷲）という構造を持つのに対し，「紋白蝶」は「紋が白い蝶」ではなく，「紋がついた白蝶」（紋＋白蝶）である。つまり両者は下図のように内部構造が異なる。「尾白鷲」が語の左側が枝分かれした構造（左枝分かれ構造）を持つのに対し，「紋白蝶」は右側が枝分かれした構造（右枝分かれ構造）を持っているのである。後者では連濁という音韻規則が阻止されており（(b)の点線部分），連濁の有無によって語の内部構造が示されている。この制約を（右）枝分かれ制約という。

▷2　窪薗（1995）。

(a) 左枝分かれ構造　　(b) 右枝分かれ構造

尾　白　鷲　　　　　紋　白　蝶

3　「お年玉」と「お手玉」

▷3　Ⅰ-1-13　Ⅰ-1-14　参照。

「お年玉」と「お手玉」のアクセントの違いも語内部の構造の違いを反映している。「玉」は平板アクセントを作り出す要素であり，「シャボン玉，隠し玉」のように語全体を平たく発音させる働きを持つ。「お年玉」はまさにこのアクセント効果が表れた例である。これに対し「お手玉」の方はオテ＼ダマと発音され（つまりテとダの間でピッチが下がり），「玉」が持っている平板化効果が阻止されている。この違いもまた両者の内部構造の違いを反映している。「お年玉」が（お年＋玉）という(a)の構造を持っているのに対し，「お手玉」は

（お手+玉）ではなく（お+手玉）という(b)の構造を有している。

　枝分かれ構造の違いは，複合語を1つのアクセント単位にまとめるか，2つに分けるかという違いにも表れてくる。「紅白饅頭」は「紅白」が「饅頭」を修飾するだけの単純な構造であり，複合語アクセント規則によってアクセントが1つにまとまる。これに対し「紅白歌合戦」は下記のように右枝分かれの構造を有しているため（つまり「紅白」が「歌」を修飾していないため）この2要素間で複合語アクセント規則が阻止され，その結果，2つのアクセント単位に分かれてしまうのである。

　同じように枝分かれ構造の違いとして説明できる例は数多い。いずれも(b)の右枝分かれ構造が2つのアクセント単位に分かれてしまう。

(a) 左枝分かれ　　　　　　(b) 右枝分かれ
ニュー　ヨーク　ヤンキース		ボストン		レッド　ソックス
秋田　沖　地震		関東		大　震災
全　日本　空輸		東亜		国内　航空

　あるいは次のように，表記上同じに見えても，枝分かれ構造の違いによって意味と発音（アクセント構造）が異なってくる複合語もある。

(a) |日本　舞踊　協会|　　(b) |日本|　|舞踊　協会|
　　|ドイツ　文学　協会|　　　|ドイツ|　|文学　協会|
　　|中国　文化　大学|　　　　|中国|　|文化　大学|

❹ 英語の枝分かれ制約

　面白いことに，音韻規則が右枝分かれ構造によって阻止されるというのは日本語だけに見られる現象ではない。たとえば英語の複合語は最初の要素が強い〔強弱〕というアクセント構造を持ち，たとえば「黒板」は bláckboard となる。3要素から成る複合語の場合，左枝分かれ構造の複合語(a)は予測通り〔強弱弱〕という発音を持つが，右枝分かれ構造(b)では，右枝分かれする部分で〔強弱〕という規則が阻止され，結果的に〔強〕〔強弱〕という構造を持つ。このような右枝分かれ制約が，人間の言語においてどのくらい広範囲に観察されるか，興味深いところである。

(a) évening class instructor （夜間授業の先生）
(b) évening compúter class （夜間のコンピューター授業）

（窪薗晴夫）

▷4　同様のアクセントの違いが「神学科―新学科」「東海道線―東海道本線」「作曲家―大作家」「新生党―新政党」「英語科―英語学科」などのペアにも見られる（窪薗1995）。

▷5　同様の違いが「京都大学―京都外国語大学」「日米安保―日米安保条約」「名古屋地裁―名古屋地方裁判所」「地方団体―地方公共団体」「短期留学―短期海外留学」などのペアにも見られる。

▷6　|日本舞踊協会|
ニ/ホン\ブ/ヨウキョ\ウカイ
=日本舞踊の協会
|日本|　|舞踊協会|
ニ\ホン\ブ\ヨウキョ\ウカイ
=日本の舞踊協会

▷7　 I-1-14 参照。

▷8　(b)は〔弱強弱〕だとする見方もある。

参考文献

窪薗晴夫（1995）「複合語形成と音韻構造」『語形成と音韻構造』くろしお出版，第2章。

第Ⅰ部　音声と形態

1　音声・音韻

リズム

Mickey Mouseはどうしてミッキーか？

1　ミッキーマウスとミニーマウス

　ディズニーランドの主人公といえばミッキーマウスと，その彼女のミニーマウスである。2人とも世界的な人気キャラクターであるが，どうしてミッキー，ミニーという名前なのだろう。この命名は偶然なのだろうか，あるいは何か必然性があるのだろうか。

　この謎を解く鍵は名前の発音にある。アルファベットで書くとわかるように，姓のマウス（Mouse，ネズミ）と同じ子音で始まるように名前がつけられている。

　　Mouse → Mickey Mouse, Minnie Mouse

　この技法を頭韻（alliteration，アリタレーション）というが，英語にはこのようにして命名されたキャラクターは数多い。

　　Duck → Donald Duck, Daisy Duck
　　Street → Sesame Street（子供番組「セサミストリート」）
　　Bird → Big Bird（「セサミストリート」に出てくる大きな鳥）
　　Reindeer → Rudolph, the Red-nosed Reindeer（赤鼻のトナカイのルドルフ）

　映画名や映画の中の人名も同様である。Clark Kentの例からもわかるように，頭韻は文字ではなく音の繰り返しを求める発音上の法則である。

　　Fist of Fury（映画「ドラゴン怒りの鉄拳」）
　　The Way We Were（映画「追憶」）
　　The Strawberry Statement（映画「いちご白書」）
　　Clark Kent（映画「スーパーマン」の主人公）
　　Peter Parker（映画「スパイダーマン」の主人公）

2　頭韻と早口言葉

　ではなぜ単語の出だしに同じ子音を入れようとするのであろうか。その答えは人間の間違いやすさにある。日常生活においてもことばの世界でも，人間は出だしの部分で間違いを起こしやすい。大学に入ったばかりの学生が五月病にかかりやすいように，発音では単語の出だしの部分（語頭）で言い間違いを犯しやすいのである。間違いを犯しやすい位置に同じ音を入れることにより，規則的な繰り返し（リズム）を作り出す。それが頭韻の背景にある原理である。

　頭韻と対極の関係にあるのが早口言葉（tongue twister）である。早口言葉は，

▷1　詳しくは窪薗（2008）の第2章，第3章を参照。

人間が発音を間違いやすい位置（語頭）に，間違いやすい音（よく似た音）を意図的においで作り出される。

　　隣の客（kyaku）はよく柿（kaki）食う（kuu）客（kyaku）だ。
　　東京特許許可局許可局長（tookyoo tokkyo kyokakyoku kyoka kyokutyoo）
　　She sells seashells by the seashore. [ʃ..s..s..ʃ..s..ʃ]

▷2　日本語ではカ（ka）とキャ（kya），ト（to）とチョ（tyo）などの区別が特にむずかしい。

3　脚　韻

　英語の言語文化で，頭韻と並んでよく使われるのが脚韻（rhyme, ライム）である。これは強勢の置かれた母音から後ろの部分が繰り返される現象で，Seven Eleven [sévən ilévən]（セブンイレブン）などの命名に使われている。また英詩の世界でも多用されており，たとえば Humpty Dumpty（ハンプティ・ダンプティ）という英語の童謡では，この歌の題名（Humpty Dumpty）自体が [ʌmpti] という脚韻を踏んでおり，歌詞も行末の単語が2行ずつ脚韻を踏んでいる。

　　Humpty Dumpty sat on a wall. [ɔːl]
　　Humpty Dumpty had a great fall. [ɔːl]
　　All the king's horses and all the king's men [ɛn]
　　Couldn't put Humpty together again. [ɛn]

同様に，日本でも流行した「千の風になって」という歌の原詩 I am not there も2行ずつ，行末の単語が脚韻を踏んでいる。

　　Do not stand at my grave and weep. [iːp]
　　I am not there. I do not sleep. [iːp]
　　I am a thousand winds that blow. [ou]
　　I am the diamond glints on snow. [ou]
　　……………

▷3　コンビニ名。もともと朝7時から夜11時まで（from seven a.m. until eleven p.m.）という意味である。

▷4　日本語訳は「ハンプティ・ダンプティが塀に座った。ハンプティ・ダンプティが落っこちた。王様の馬と家来が全部かかっても，ハンプティを元に戻せなかった」。

▷5　日本語の詩は「私のお墓の前で泣かないでください。そこに私はいません。眠ってなんかいません。千の風に，千の風になって，あの大きな空を吹きわたっています……」（新井満訳）。

4　頭韻・脚韻と音節構造

　頭韻と脚韻を合わせると，英語の音節は次のような階層構造をしていることになる。全体が頭子音（onset）と韻（rhyme）に分かれ，韻が核（＝母音）と尾子音（coda）から成るという構造である。母音が前の子音ではなく，後ろの子音とより強く結び付いていることを含意しているが，このことは英語の言い間違い（speech error）や言葉遊びなど数多くの現象に現れてくる。

▷6　I-1-10　I-1-11　参照。
▷7　窪薗・本間（2002）第Ⅰ部第2章「音節の機能」参照。

（参考文献）

窪薗晴夫（2008）『ネーミングの言語学——ハリー・ポッターからドラゴンボールまで』（言語・文化選書8）開拓社．
窪薗晴夫・本間猛（2002）『音節とモーラ』（英語学モノグラフシリーズ15）研究社．

（窪薗晴夫）

2　形態論・語形成

複雑語のまとまり
「青写真」は「青い写真」ではない

1　複雑語とは

　言語は，音素から文や談話までのさまざまな単位から成るが，その中でも語は基本となる単位だといえる。ではそもそも，「語」とは何だろうか。「花」や「カラス」という語では，ある音の組み合わせ（ha-na, ka-ra-su）が特定の意味と結びついている。その結びつきには必然性がなく恣意的であり，これ以上分解すると同じ意味をなさない。さらに，語の中には2つ以上の要素から成る複雑語もあるが，複雑語も同様に語としてのまとまりを持つ。たとえば，「青写真」という複合語は「青」（形容詞「青い」の語幹）と「写真」に分解できるが，統語レベルで同じ形容詞と名詞から作られる「青い写真」という句と，どのように違うのだろうか。

2　意味のまとまり

　「青い写真」が青い色の写真を指すことは，形容詞「青い」が名詞「写真」を修飾するという句の構造から完全に予測できる。対照的に，「青写真」は元は青地に白い字や図が浮き出る印刷技法を指したが，今は「引退後の青写真を描く」のように「計画」を表す語としても使われ，この意味は形容詞「青（い）」と名詞「写真」を足し合わせても得られない。複合語には，「青空＝青い空」のようにパーツを足して全体の意味が得られるものもある一方で，「甘酒」や blackbird（ツグミ）のようにそのパーツから全体の意味が計算できないものが多く存在するため，話者は複合語を1つの語としてその形に対応する特定の意味を覚える必要がある。

3　音形のまとまり

　「青い写真」に含まれる名詞は「しゃしん」と発音されるが，「青写真」では連濁によって「じゃしん」と発音される。他にも「パン皿（ざら）」，「流れ星（ぼし）」のように複合語の右側（＝後部）要素は連濁しやすい。連濁は複雑語の内部で起こるが，句の中では起こらないので，いわば語と語を1つの単位にまとめる糊のような役割を持つ。連濁以外に複雑語に特徴的なものとして複合アクセント規則があり，「あ/おじゃ\しん」（cf.「あ/おい\しゃ/しん」）のように，複合語には1語として1つのアクセントが置かれる。

▷1　複雑語を作ることを「語形成」と呼ぶ。複雑語には，語と語を合わせた複合語（筆-箱），語と接辞から成る派生語（高-さ，不-真面目），語の形が変化せずに品詞が変わる「転換」（英語 clean/to clean）などがある。接辞とは「-さ」や「不-」のように独立して使えず語よりも小さな単位を指し，語の前につく「接頭辞」と後ろにつく「接尾辞」に分かれる（影山 1993；Ingo Plag, 2003, *Word Formation in English*, Cambridge Textbooks in Linguistics）。

▷2　語の形と意味の対応は，話者の頭の中の「辞書（レキシコン）」（私たちが普段使う辞書と区別するため「心内辞書」，「メンタルレキシコン」などと呼ばれる）に登録されている（伊藤・杉岡 2002）。

▷3　I-1-7 参照。

▷4　I-1-14 参照。

❹ 統語規則は立ち入り禁止

次の(1a)のように，先に出た語を繰り返すときに代名詞に置き換えることを「照応」と呼ぶが，(1b)からわかるように，語が複雑語の一部である場合は代名詞に置き換えられない。(2)は同じ種類の制限を示す英語の例である。

(1) a．マスを釣って，それを河原で焼いて食べた。

b．*マス池で釣りをして，それを焼いて食べた。

(2) a．I made a pot of **tea** and poured it into a cup.

b．*I took a **tea**pot and poured it into a cup.

つまり，統語規則である照応の適用範囲は文のレベルに限られ，語の内部には入り込めない。このように語というレベルが統語規則から独立していることを，「語彙的緊密性」と呼ぶ。

語彙的緊密性を示すもう1つの現象は，(3a)と(3b)の対比で示すように語の内部に動詞の過去形などの屈折語尾や助詞といった統語的な要素が現れないということである。連濁を含む(3b)は語としては容認されないのに対して，(3c)は問題のない句であることに注意しよう。

(3) a．干し柿（がき），石橋（ばし）

b．*干した柿（がき），*石の橋（ばし）

c．干した柿（かき），石の橋（はし）

同様に，英語の複合語でも名詞の複数形が現れないのが普通である。

(4) a．shoe box, tooth brush

b．*shoes box, *teeth brush (cf. box for shoes, to brush teeth)

靴箱には2足（あるいはそれ以上）の靴が入るし，歯ブラシは複数の歯を磨くものだが(4b)，複合語では単数形である(4a)。

最後に，語の内部に句を入れ込むことができないことも語彙的緊密性の印だとされる。

(5) a．*とても高窓　cf. とても高い窓

b．*幼い子供グツ　cf. 幼い子供（用）の靴

これらの例の「とても高い」や「幼い子供」といった句は統語規則によって作られるので，語のレベルで起こる語形成の内部に入り込めない。

❺ 文法モデルにおける語形成

以上見てきた語という単位の性質（語彙的緊密性）から，語形成を統語規則と独立したものとして考える言語理論がある。その一方で，語の構造と文の構造（統語構造）を同じ原理で捉えようとする理論もあり，文法モデルの中で語形成や複雑語をどう位置づけるかという問題は，まだまだ結論が出そうにない問いである。

（杉岡洋子）

▷5 Ⅱ-4-1 参照。

▷6 屈折語尾や助詞などは語につく要素であるが，その働き（時制を表す，動詞と補語の関係を示す，など）は文のレベルに属するので統語的である。これらの要素は，それ自体では意味を持たないので「機能範疇」と呼ばれ，名詞や動詞や形容詞といった実質的な意味を持つ「語彙範疇」と区別される。

▷7 この制限への反例については，Ⅰ-2-9 で取り上げる。

▷8 Ⅰ-2-2 参照。

▷9 語形成を統語規則から独立させて辞書（レキシコン）部門に所属させる考え方は，生成文法理論の中では「語彙論」と呼ばれる。語形成を統語規則の一部とする考え方は，古くは生成意味論，最近では分散形態論などで主張される（漆原朗子編，2016，『形態論』朝倉日英対照言語学シリーズ，朝倉書店）。

（参考文献）

伊藤たかね・杉岡洋子(2002)『語のしくみと語形成』（英語学モノグラフシリーズ16）研究社。

影山太郎(1993)『文法と語形成』ひつじ書房。

2 形態論・語形成

複雑語の構造
「みつばち」と「はちみつ」の違い

1 複雑語の階層構造

複雑語は，それぞれの要素の意味のまとまりに沿った階層構造を持つ。たとえば「ガス瞬間湯沸かし器」という複合語の「ガスを使った瞬間で湯を沸かす器具」という意味の成り立ちは次のような枝分かれ構造で示すことができる。

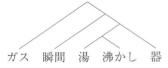

複雑語の構造は，このように常に2つの要素のまとまりが積み重なってできていて，二又枝分かれ構造を持つ。複雑語の構造はその意味（たとえば「みつばち」と「はちみつ」の違い）とどのように関わるのだろうか。

2 複雑語の主要部

「みつばち」も「はちみつ」も「蜜」と「蜂」という2語から成る複合語だが，前者は蜂，後者は蜜の一種を表す。この違いは複合語内の語順から導かれ，右側要素が「主要部」として語全体の意味範疇を決めている。「土壁―壁土」，「窓ガラス―ガラス窓」や英語の horse race（競馬のレース）― race horse（競争馬）も同じように説明できる。語の構造で2つの要素が合わさるとき，両者は対等ではなく右側要素が優位なのである。この法則は「右側主要部の規則」と呼ばれる。次の複合語では右側要素が品詞も決定している。

(1) a．名詞（N）：長$_A$-イス$_N$，折り$_V$-鶴$_N$，cold$_A$-war$_N$
b．動詞（V）：旅$_N$-立つ$_V$，baby$_N$-sit$_V$
c．形容詞（A）：情け$_N$-深い$_A$，読み$_V$-づらい$_A$，tax$_N$-free$_A$

さらに，派生語で語の左側につく接頭辞は品詞を変えないものが多いが(2a)，右側につく接尾辞は品詞を変えるものが多い(2b)。

(2) a．お-金（名詞），お-若い（形容詞），真-新しい（形容詞），真-横（名詞），ex-wife（名詞），re-write（動詞），un-happy（形容詞）
b．歩き-方（動詞→名詞），若-さ（形容詞→名詞），行き-たい（動詞→形容詞），子供-っぽい（名詞→形容詞），act-ion（動詞→名詞），kind-ness（形容詞→名詞），global-ize（形容詞→動詞）

接辞に見られるこの左右の非対称性も，右側要素が主要部なので接尾辞が品詞

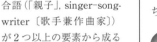

▷1 複雑語は，枝分かれ構造の方向性（左枝分かれと右枝分かれ）によって，連濁やアクセントなど異なる性質を示す（Ⅰ-1-15 参照）。

▷2 例外として，並列複合語（「親子」, singer-song-writer〔歌手兼作曲家〕）が2つ以上の要素から成る場合（「松竹梅」，「大中小」，「東西南北」，actor-writer-director〔俳優兼脚本家兼演出家〕）などは，三又や四又構造だと考えられる。

▷3 品詞の記号は次のとおりである。名詞（N: Noun），動詞（V: Verb），形容詞（A: Adjective）。

を決定すると考えれば説明できる。

③ 主要部のない複雑語

　日本語や英語の複雑語の多くは右側主要部の規則に従うが，側注2で見た並列複合語（「親子」など）は両者が対等の関係なので例外になる。それとは逆に，主要部が語の内部に見当たらない次のような複合語もある。

　　(3)　a．pickpocket（スリ），scarecrow（かかし），魔法使い，ネジまわし
　　　　　b．loudmouth（口うるさい人），new face（新顔），石頭，早耳

(3a)の pickpocket と scarecrow は［動詞 - 名詞］の複合で，文字通りの意味は「ポケットから取る」「カラスを脅す」だが，これらはその動作を特徴とする人やモノを指す名詞で，「魔法使い」と「ネジまわし」も同じである[4]。(3b)の loudmouth は文字通りには「うるさい口」だが，やはりそれを特徴とする人を表し，「石頭」は「頭が固い」人を表す[5]。これらに共通するのは，語全体が指す人やモノを表す要素が語の内部に存在しない点である。このような複合語は「外心複合語」と呼ばれ，「石橋」（＝石の橋）や tea cup（＝茶碗）のように主要部を内に持つ「内心複合語」と区別される。

④ 左側が主要部？

　右側主要部の規則のもう1つの例外として，左側要素が主要部となっていると考えられる派生語や複合語がある。上記の(2)で，接頭辞は品詞を変えないことを見たが，以下の接頭辞は例外となる。

　　(4)　a．en-courage, be-friend, de-bug（バグをとる）（名詞→動詞）[6]
　　　　　b．無 - 関心（な），不 - 規則（な），非 - 常識（な）（名詞→形容名詞）[7]

　さらに，漢語二字熟語の動詞には「読書（する）」「消火（する）」のように［動詞 - 目的語］という左側主要部の例が多く見られるが，これらは元の中国語の語順を保持したものである。しかし，和語が要素として含まれる複合語にもこれらと類似した［動詞 - 目的語］の語順を持つ次のような例が見つかる。

　　(5)　a．置き勉，打ち水，くわえタバコ，利き酒，入れ知恵，告げ口，すり足
　　　　　b．置き傘，書き物，願い事，焚き火，忘れ物，盛り土，張り紙

これらの複合語は，ある動作や行為を表し「〜をする」という形で使われる（「置き勉をする」＝「勉強道具を学校に置いておく」）。このタイプの複合語には，動作の解釈のみを持つもの(5a)と動作とその結果や対象であるモノの両方を表すもの(5b)があるが，特に前者については，少なくとも意味上は左側要素である動詞が主要部だと考えるのが自然だと言える[8]。このことから，複雑語の主要部の決定には，品詞という統語上の情報と，複合語が何を表すかという意味の観点の両方が必要になることがわかる。

　　　　　　　　　　　　　　　　　　　　　　　　　　　　　（杉岡洋子）

▷4　 I - 2 - 7 参照。

▷5　このように身体部分の特徴を使ってその所有者全体の特徴を表す表現方法は比喩の一種であり，メトニミー（換喩）と呼ばれる（ II - 5 - 3 も参照）。

▷6　これらの接頭辞は生産性（ I - 2 - 3 ）が高くない。また，(4a)の右側要素は転換（ I - 2 - 1 側注1）による派生動詞であるため接頭辞が主要部とは言えないとする分析もある（長野明子，2017，「現代英語の派生接頭辞 en- は本当に RHR の例外か？」『現代言語理論の最前線』開拓社，77-93頁）。

▷7　「無関心（な）」は国語文法では「形容動詞」と呼ばれる一方，生成文法などでは述語として用いるときに「だ」を伴う点で名詞に近いとして，「形容名詞」と呼ばれる（影山1993）。

▷8　(5b)のような例については，右側の名詞が主要部で動作の解釈は意味拡張によるとする分析もある（Takayasu Namiki & Taro Kageyama, 2016, "Word Structure and Headedness," *Handbook of Japanese Lexicon and Word Formation*, De Gruyter-Mouton, pp. 201-235).

参考文献

影山太郎（1993）『文法と語形成』ひつじ書房。
Lieber, Rochelle (2016), *Introducing Morphology*, 2nd edition, Cambridge University Press.

第Ⅰ部　音声と形態

2　形態論・語形成

③ 語形成の生産性と心内辞書
「厚み」と「広み」と「ヤバみ」

① 語形成の生産性

　形容詞から名詞を作る接辞のうち，「-さ」は形容詞と形容名詞の語幹にほぼもれなくつくが，「-み」は30ほどの形容詞にしかつかない。

▷1　以下の例で「#」はありそうだが実際には使われない語を表す。

(1)　a．高さ，低さ，重さ，広さ，厚さ，暑さ，静かさ，適切さ

　　　b．高み，#低み，重み，#広み，厚み，#暑み，#静かみ，#適切み

また，「-さ」は語全体が形容詞か形容名詞になっていれば，さまざまな接辞や受身の語尾などを含む語，複合語，外来語，新語などにもつくのに対して，「-み」はこれらにつくことはできない。

(2)　a．男らしさ，大人っぽさ，だまされやすさ，暑苦しさ，罪深さ，計
　　　　算高さ，骨太さ，気弱さ，タフさ，リッチさ，マッチョさ，ダサさ

　　　b．#子供っぽみ，#暑苦しみ (cf. 苦しみ)，#気弱み (cf. 弱み)，
　　　　#タフみ，#リッチみ，#マッチョみ，#ダサみ

　このように，語形成には多くのアウトプットを産み出す「生産的」なプロセスとそうではないものがある。動詞から名詞を作る語形成で，動詞連用形に「-方」という接辞をつける方法と動詞連用形をそのまま名詞として使う方法にも，やはりこの生産性の違いが見られる。

(3)　a．笑い方，泳ぎ方，生き方，食べ方，組み立て方，押し倒し方，作
　　　　られ方，働かせ方，事故り方

　　　b．笑い，泳ぎ，#生き，#食べ，組み立て，押し倒し，#作られ，
　　　　#働かせ，#事故り

▷2　動詞連用形の名詞用法は，複合動詞の方が単純動詞より起こりやすい傾向が見られる（伊藤・杉岡 2002）。

「-方」は派生語や受身形・使役形の動詞についてかなり自由に名詞を作れるが，連用形の名詞用法が可能な場合は一部に限られる。このように，「あるはずなのに使われない複雑語」が存在するのはなぜだろうか。

② 心内辞書の穴（語彙的ギャップ）

　本来あってもおかしくないのに実在しない語（(1b)や(3b)の #印の例）は，「語彙的ギャップ」と呼ばれる。言い換えれば，心内辞書の穴である。英語の否定を表す接辞 un- は happy, kind, interesting など多くの形容詞につくが，#un-sad, #un-nice, #un-right などの「穴」が存在する。このことは，un- がどの形容詞につくかを覚えなければならないことを意味する。つまり，語形

▷3　Ⅱ-3-1では「偶然の空白」として説明している。

▷4　「心内辞書」についてはⅠ-2-1側注2参照。

50

成では可能な語がすべて実在するとは限らないため，実在する語（たとえば(1b)と(3b)の#がついていない語）は心内辞書に登録されている必要がある。

それに対して，語ではなく文のレベルで否定の意味を表す句（not sad, not nice, not right など）にはこのようなギャップは存在しない。つまり，語形成とは異なり，文のレベルの統語規則による派生には生産性による違いがないと言える。したがって，文のレベルで作られる表現（句や文）は，慣用表現などの意味が予測できない場合を除いて，心内辞書に登録される必要がないのである。

③ ルール違反の接辞

接辞「-さ」は形容詞と形容名詞に，「-み」は一部の形容詞に，そして「-方」は動詞連用形につくことを見た。このように接辞の多くは，それがつく語の品詞が決まっていて，それ以外の品詞につくことはできないという性質を持つ。日本語では，生産性が高い接辞ほどそのルールを守る傾向があり，次のように「-さ」と「-方」を異なる品詞につけることはまったく不可能である。

(4) a.（名詞-さ）*真実-さ，*病気-さ，（動詞語幹-さ）*優れ-さ，*成熟-さ
    b.（名詞-方）*旅-方，*子育て-方，（形容詞語幹-方）*早-方，*ダメ-方

したがって，「-さ」と「-方」という2つの接辞が示す生産性は，つく相手の語の品詞という統語的な条件を厳密に守った上に成立する。

(1)と(2)で見た「-さ」と「-み」の生産性の違いから，接辞「-み」が作る名詞は「-さ」が作る名詞の部分集合にすぎないと考えられるかもしれない。ところが，数こそ少ないが「-み」（味）には次のような品詞の制限を破るアウトロー的な用例が見られる。

(5)（名詞-み）人間-味，野性-味，真実-味，現実-味
    （熟語ではない漢語）新味，妙味　（擬態語）とろみ，ザラみ

このように，生産的ではない接辞の方が品詞の枠を超えることは，興味深い。

④ ギャップの活用──異なる「生産性」

「-み」は，最近の若者ことばでの新たな用法が報告されている。

(6) a．今年の花粉はやばみを感じる。
    b．ラーメン食べたみある。
    c．その気持ち分かる分かる！　分かりみしかない。

ネット上のツイッターなどには，「それ，つらみー！（それはつらいね！）」のような感嘆表現も見られる。なぜ「-さ」ではなく「-み」が一部の話者の間で新用法を獲得したのか？　これは側注7に述べた「-み」が持つ具体的感覚の意味に加えて，②で見たギャップ，つまり心内辞書にない語だからこその新鮮なインパクトが好まれるためと言える。アウトロー的存在であることを逆手に取った，別の意味での生産性（創造性）がここにある。　　　　　　（杉岡洋子）

▷5　一方，(2a)や(3a)のような生産的な語形成による派生語が心内辞書に登録されるかどうかについては，研究者によって意見が分かれる（伊藤たかね・杉岡洋子，2016，「語の処理の心内・脳内メカニズム」『形態論』朝倉日英対照言語学シリーズ，朝倉書店，113-140頁）。

▷6　対照的に，英語の-ness（happy→happiness）は，例外的に名詞にもつく（thing-ness, us-ness, Valerie Adams, 2001, *Complex Words in English*, Pearson）。ドイツ語やオランダ語にも同様の例がある（杉岡洋子，2005，「名詞化接辞の機能と意味」『現代形態論の潮流』くろしお出版，75-94頁）。

▷7　「-み」は具体的な感覚（旨み＝旨い味）を表し，「人間味」等も同じ接辞を含むと考えられる（杉岡2005同上）。

▷8　茂木俊伸（2018）「若者ことばの「やばみ」と「うれしみ」の「み」はどこから来ているものですか」ことば研究館（2018. 6. 11）国立国語研究所　https://kotobaken.jp/qa/yokuaru/qa-34/

（参考文献）

伊藤たかね・杉岡洋子（2002）『語のしくみと語形成』（英語学モノグラフシリーズ16）研究社。

Bauer, Laurie, Rochelle Lieber & Ingo Plag (2013), *The Oxford Reference Guide to English Morphology*, Oxford University Press.

2 形態論・語形成

 規則活用と不規則活用
なぜ sing の過去形は singed ではないのか？

 規則活用の性質

英語の動詞や名詞には(1)に示したように規則活用と不規則活用がある。では規則活用と不規則活用は，どのように違うのだろうか。

(1) a．規則活用 （動詞）walk‒walked （名詞）girl‒girls
b．不規則活用（動詞）run‒ran, fly‒flew （名詞）man‒men, mouse‒mice

(1a)の規則活用は，英語話者の頭の中で規則として実在すると考えられる。まず，子供が動詞の活用に習熟する前の時期に，不規則活用動詞 hold の過去形を held ではなく holded とする事例が報告されている。正しい過去形 (walked) は子供が聞いたままを使っている可能性があるが，間違った過去形 (holded) を子供が聞くことはないので，これは動詞に -ed をつけるという活用規則を子供が知っている証拠となる。さらに，実験として新語 wug をある物体の絵と共に提示して，複数の場合に何と呼ぶかを被験者にたずねたところ，wugs という回答が得られた。これも，名詞に -s をつけて複数形を作る操作が英語話者にとって「使える」規則であることを示している。

▷1 この holded のような言い間違いは，規則を本来は使えない対象にまで広げて適用しているため，「過剰一般化」と呼ばれる（Steven Pinker, 1999, *Words and Rules,* Basic Books；伊藤・杉岡 2002, Ⅲ-9-7 も参照）。

 不規則活用のしくみ

一方，(1b)の不規則活用は母音が変化するものが多く，元の語から結果を完全に予測することは難しいため，それぞれの活用形が心内辞書に登録される。外国語としての英語の学習者も，個々の不規則動詞の辞書項目に活用形が記されているのを覚えるわけである。ただし，不規則活用にルールらしきものの手がかりが全くないわけではない。確かに，go～went や be～were のように過去形が原形と全く異なる形（「補充形」）になる場合は，そのまま記憶する以外にないが，多くの不規則活用には次のような一定のパターンが見られる。

(2) a．(Xing～Xang) sing～sang, spring～sprang (cf. sink～sank)
b．(Xow～Xew) grow～grew, blow～blew (cf. draw～drew)
c．(Xeep～Xept) sleep～slept, keep～kept (cf. feel～felt)

これらの活用のパターンは厳密な形の定義に基づくものではなく，cf. に示したように少し形が違うものも含めて，緩やかな類似性でつながっている。話者の心内辞書には不規則活用する動詞の活用形が(2)に示したような不規則活用の

パターンと共に入っていると考えられる。そのため，たとえば bring の過去形は brought だが，(2a) の Xing 〜 Xang パターンに基づくアナロジーによって brang という言い間違いが可能になる。^{▷2}

③ 心内辞書とブロッキング

規則活用は上で見たように，新語 wug から wugs という複数形を作るほど強力なルールだが，なぜ実在語で mans という規則活用形が不規則形 men を淘汰しないのだろうか。実は，規則活用形と不規則活用形は対等ではない。なぜなら，不規則活用の men が心内辞書に登録されていてそのまま使える以上，わざわざ -s をつけて規則形 mans を作る必要がないからである。sing の過去形 sang を知っていれば singed とは言わないのも同じ理由である。このようにすでに心内辞書に登録されている形が規則によって作られる形を排除することを「ブロッキング」と呼ぶ。^{▷3}

ブロッキングは活用以外でも見られる。接辞 -er は動作主名詞（teacher, singer）を作るが，cooker が「調理器」であって「調理人」ではないのは，-er のつかない名詞 cook が「調理人」を表すからである。日本語でも「夜遊びする」に対して「#遊びする」と言わないのは，動詞「遊ぶ」があるためである。ブロッキングが働くためにはブロックする側の語が心内辞書に登録されている必要があり，英語で使用頻度の最も高い動詞（be, do, have, come, make, find, know, give, fly など）に不規則活用が多いことは，自然なことだと言える。^{▷4}

④ 派生語の「デフォルト」活用

規則活用は，心内辞書に不規則活用形が登録された語以外のすべてに「デフォルト」規則^{▷5}として適用される。したがって，新語や借用語は規則活用する：spam 〜 spammed（スパムメールを送る），chief 〜 chiefs（チーフ，仏語からの借用，cf. leaf 〜 leaves）。さらに，接辞なしで品詞が変わる転換^{▷6}や，外心構造の複合語も規則活用となる。^{▷7} fly は「飛ぶ」という本来の用法では不規則活用 fly 〜 flew だが，いったん「フライボール」を意味する名詞（hit a fly）となってから「フライを打つ」という意味の動詞に転換すると，fly 〜 flied と規則活用する。内心構造の複合語 businessman は右側主要部 man の複数形が不規則活用なので businessmen となるが，商品名の walkman（ウォークマン）は man が主要部ではないため walkmans と規則活用する。

日本語の動詞の活用については，一般に規則活用と不規則活用に分けるという考え方はないが，名詞に「る」をつけて動詞を派生する場合に必ず五段活用になる：事故る〜事故らない，コピる〜コピらない（cf. 媚びる〜媚びない），写メる〜写メらない（cf. 冷める〜冷めない）。^{▷8}このことから，五段活用がデフォルト規則であると考えることができる。 (杉岡洋子)

▷2 このように一定のパターンに基づく記憶を「ネットワーク記憶」と呼ぶ。アナロジーについては I-2-5 を参照。brang のような言い間違いは，不規則活用のパターンを間違った対象に適用しているため，「過剰不規則化」と呼ばれる（伊藤・杉岡 2002）。

▷3 III-10-5 参照。

▷4 不規則活用と語の使用頻度の関係については，上記 Pinker（1999）および伊藤・杉岡（2002）を参照。

▷5 「デフォルト」とは特に指定（たとえば特定の不規則活用の指定）がないことを指す。II-5-2 側注2も参照。以下の例は，上記 Pinker（1999）から取ったもの。

▷6 I-2-5 参照。

▷7 I-2-2 参照。

▷8 I-1-2 I-2-5 参照。

参考文献

伊藤たかね・杉岡洋子（2002）『語のしくみと語形成』（英語学モノグラフシリーズ16）研究社。

2　形態論・語形成

新しい動詞の作られ方
「ググる」と「映(ば)える」

1　派生動詞

日本語では「カフェ」から「カフェる」という新しい動詞が生まれ，英語では名詞 jail が「牢屋に入れる」という意味の動詞としても使われる。動詞は他の品詞からどのように作られるのだろうか。

日本語の動詞は終止形が -u で終わるが，英語の動詞には形の決まりがないため，名詞や形容詞をそのまま動詞として使う「転換動詞」が多い。形容詞からの転換動詞は「(ある状態)になる／にする」という変化を表し(1a)，名詞からの場合は元の名詞の意味によって(1b-e)のパターンに分けられる。◁1

(1)　a．(形容詞) dry (乾く／乾かす), warm (温める), empty (空にする)
　　　b．(道具) mop (モップで拭く), glue (糊で貼る), pen (ペンで書く)
　　　c．(対象) salt (塩をつける), water (水をまく), peel (皮をむく)
　　　d．(場所) bottle (瓶に詰める), jail (牢屋に入れる)
　　　e．(様態「～のように振る舞う」) nurse (看護する), boss (威張る)

日本語では，上述の理由から形容詞は「強-まる／強-める」や「楽し-む」のように，名詞は「曇-る」や「野次-る」のように接辞をつけて動詞が作られる。これらの接辞は生産性が低く実例は限られるが，名詞に「-る」をつけて「カフェる」，「きょどる」，「ファボる」，「バズる」などの新語を作る動きは，若者ことばやネット上など限られた範囲で見られる。◁2

2　「逆形成」による動詞の派生

英語の edit「編集する」という動詞は，より古くから存在した editor「編集者」という名詞から派生したもので，Oxford 英語辞典によると18世紀後半から使われるようになった。これは，動詞に -er/ar/or をつけて act → actor のような動作主名詞を作る語形成を逆方向に使い，editor から語尾の -or を取り去って動詞ができたもので，このような語形成を「逆形成」と呼ぶ。他に次のような動詞が逆形成によって生まれたとされる。◁4

(2)　escalator → escalate, beggar → beg, hijacker → hijack,
　　 evaluation → evaluate, television → televise, injury → injure

さらに，英語では動詞由来複合語から逆形成によってできた次のような動詞もよく使われる。◁5

▷1　名詞転換動詞の用法は，たとえば(1b)のモップは床などを拭くために存在するという知識，つまり個々の名詞のクオリア構造(I-2-6)から導くことができる(由本 2011)。

▷2　これらの新語は，2モーラか3モーラの名詞に「る」がつくものが多く，名詞を2モーラに縮めた形(コピー→コピ，写メール→写メ)に「る」がつくことも多い(窪薗 2002)。

▷3　I-2-8 参照。

▷4　英語の逆形成については多くの研究がある (Akiko Nagano, 2008, *Conversion and Back Formation in English*, 開拓社)。

▷5　I-2-7 参照。

第I部　音声と形態

54

(3) baby-sitter → baby-sit, air-conditioner → air-condition, brain-washing → brainwash, hand-painted → hand paint

③ アナロジーによる造語

逆形成による語の派生は，アナロジー（analogy）というプロセスに基づく。アナロジーは，既知の特定のものの性質や構造を他の類似したものにあてはめることによって，新しいものの性質や構造を推し量ることで，人間のさまざまな認知活動を支える重要なプロセスである。

先に見た editor → edit の場合で見ると，まず，actor や visitor などの動作主名詞の語尾および意味（「〜をする人」）と editor の類似性に着目して，act + -or という語の構造を editor にあてはめる（edit + or）。そして接辞 -or を除いた edit が動詞として解釈される。このアナロジーには，act と actor の関係，つまり接辞による動詞からの名詞の派生という語形成の知識が活用されている。[6]

動詞由来複合語からの逆形成による動詞の派生(3)も，同じくアナロジーによる。右側要素（baby-sitter の sitter）は実在する動作主名詞（sit + -er）そのものなので，複合語全体から -er を取り去って複合動詞 baby-sit を作ることは，文字通りの逆形成である。sit は不規則活用動詞のため，複合動詞の過去形も baby-sat となる。英語には動詞を右側要素とする複合語がもともとは存在しないため，(3)のような「X + 動詞」の複合語は，英語の語形成における構造的ギャップを埋めるために逆形成が働いたものだと言える。[7]

④ 「ググる」と「映（ば）える」

日本語の派生動詞は，「ミスる」「メモる」のように「る」をつけて作られるが，外来語でたまたま語尾が「ル」であるものは，「ググる（＝グーグルで検索する）」「トラブる」「ダブる」のようにそのままの形で使われる。これらは，外来語の語尾「ル」を日本語動詞の語尾「る」として捉え直しているという点で，やはりアナロジーを使った造語だと言える。

日本語の動詞由来複合語には「薄切りする」のように「する」をつけて動詞として使われるものがあり，英語に比べて逆形成（#薄切る）の必要性は低い。その中で，新語「インスタ映え」（写真がインスタグラムに映えること）の右側要素である動詞連用形「映え」を動詞に逆形成した「映える」が新たに使われ始めていることは注目に値する。「映える」は，元の複合語の連濁を保持しているだけではなく，一般の派生動詞の五段活用ではなく一段活用をするので（否定形「映えない」），名詞「（インスタ）映え」に「る」をつけた派生動詞ではないと考えられる。[8]

逆形成を含むアナロジーによる語形成は変則的だが，話者が語の成り立ちについての知識を創造的に使うことを示す現象として興味深い。　　　（杉岡洋子）

▷6　アナロジーを使った造語は複合語においても見られる：chain-smoke → chain-drink, sea-sick → car-sick, air-sick, ななめ読み→ななめ聞き，共働き→片働き（伊藤たかね・杉岡洋子，2002，『語のしくみと語形成』研究社）。

▷7　Elizabeth Selkirk, 1982, *The Syntax of Words*, MIT Press.

▷8　「映える」は筆者の使用語彙にはないため，この例を教示してもらった慶應義塾大学の言語学の授業で確認したところ，学生全員が否定形として「映えらない」ではなく「映えない」を選んだ。派生動詞の活用については，[I-1-2] [I-2-4]を参照。

参考文献

窪薗晴夫（2002）『新語はこうして作られる』岩波書店。

由本陽子（2011）『レキシコンに潜む文法とダイナミズム』開拓社。

第 I 部　音声と形態

2　形態論・語形成

複合名詞の意味

「象バス」ってなんだろう？

複合語の意味

　複合語はさまざまな品詞を組み合わせて作られるが，形容詞や動詞は文のレベルで(1)のように述語として文法的な関係を名詞と結ぶため，複合語においてもその関係が意味の基礎を成す。
　(1)　a．形容詞と名詞：丸顔＝丸い顔，色白＝色が白い
　　　 b．動詞と名詞：煮魚＝煮た魚，豆まき＝豆をまく，筆書き＝筆で書く
　それに対して，名詞と名詞の複合語（複合名詞）ではそのような基礎となる文法関係が明らかではないため，2つの要素の意味関係が予測しにくい。たとえば「象バス」という新しい複合語を作ってその意味を考えてみると，
　(2)　a．象の形のバス，象の絵が描かれたバス
　　　 b．象が運転手であるバス（子供の絵本などで）
　　　 c．象を運ぶためのバス
　　　 d．象が引っぱって動くバス
といった多様な解釈ができる。これらの解釈の基礎になっているのは何だろうか。その答えは名詞の意味を深く考えることで見えてくる。

2　名詞のクオリア

　私たちが「象」や「バス」のような個々の名詞の意味について持つ知識には，単にその語が何を指すかということにとどまらず，その名詞が他の語と結ぶ関係や，その名詞が表すモノが関わる出来事といったさまざまな側面が含まれると考えてみよう。語についてのこのような知識の多様な側面をクオリア構造と呼び，次のように整理できる。
　(3)　a．それは何であるか。（形式クオリア）
　　　 b．それは何でできているか。（構成クオリア）
　　　 c．それは何のためにあるか。（目的クオリア）
　　　 d．それはどうやって成立するか。（主体クオリア）
形式クオリアは，そのものが属するカテゴリー（人工物か自然物か，生物か無生物か，人間か人間以外の生物か，動物か植物か，など）や，それがどのような形状かを示す。「象」は「動物」，「バス」は「人工物，交通手段」である。「構成クオリア」はそれがどのような部分や材質から成り立っているか，あるいはどの

▷1　生成語彙論という理論では，心内辞書に登録されるすべての語についてこのような考え方を提唱している（James Pustejovsky, 1995, *The Generative Lexicon*, MIT Press；小野 2005）。
▷2　クオリアは，ものごとの在り方の要因についての哲学的な概念で，もとはアリストテレスにまで遡ることができる（小野尚之，2008，「クオリア構造入門」『レキシコンフォーラム No. 4』ひつじ書房，265-290頁）。生成語彙論における語彙情報は，クオリア構造以外にも複数の種類の構造が組み合わさっている（小野 2005）。

ようなものの部分であるかについての情報で，「象」は「長い鼻，手足，体」などから成り，「バス」には「車体，運転手，乗客」などが含まれる。目的クオリアは主に人工物に限られ自然物は持たないことが多いが，「象」が家畜として使われる国の話者の心内辞書にはその情報が入っているだろう。「バス」の目的クオリアは「乗客を運ぶ」ことである。最後に，「主体クオリア」はそのものの成立過程で，「象」は「自然界で誕生」，「バス」は「人間が製作する，運行する」も含む。

「象バス」という語に対して思い浮かんだ解釈(2a-d)をあらためて見ると，

(2)′　a．バスの形式クオリア（象の形のバス，象の絵が描かれたバス）

　　　b．バスの構成クオリア（象が運転手であるバス）

　　　c．バスの目的クオリア（象を運ぶためのバス）

　　　d．バスの主体クオリア（象が引っぱって動くバス）

という風に，主要部である「バス」のそれぞれのクオリアを左側要素である「象」と関係づけることで生まれたものであることがわかる。つまり，個々の名詞について私たちが心内辞書に蓄えている語彙情報が，複合名詞の解釈を可能にしていると言える。

3　複合名詞の代表的な関係

「象バス」は新造語だが，既存の複合名詞の中でどのような意味関係があるのかをクオリアによって分類してみると次のように整理できる。

(4)　形式クオリア

　　　a．女主人，子犬，外国人横綱，child actor（性別や年齢，国籍）

　　　b．板ガラス，粉薬，輪ゴム，筋雲，顔文字，cotton candy（形状）

(5)　構成クオリア

　　　人文字，綿布団，泥だんご，砂山，ゴム輪，ガラス板，brick wall（素材）

(6)　目的クオリア

　　　花バサミ，目薬，パソコン机，パン皿，鳥かご，馬小屋，本棚，胃カメラ，シチュー鍋，衣装箱，日傘，金魚鉢，虫網，ごみ袋，butter knife

(7)　主体クオリア

　　　a．ゴマ油，りんご酢，芋焼酎，麦茶，olive oil（材料）

　　　b．火山灰，蟻塚，刀傷，ペンだこ，bullet hole（原因）

もちろん，複合名詞が表しうる関係は非常に多岐にわたり，クオリアによって説明できない例も多く見つかる（「山ガール」，「億ション」など）。しかし，これら4つのクオリアに表される関係を持つ複合語は，特殊な文脈がなくても比較的理解されやすい。それは私たちがその名詞が表すものについて共有している知識に基づいた解釈であるからだと言えるし，これらの意味関係をもとにした新しい複合語が作られる可能性は高いと考えられる。　　　　　　　　（杉岡洋子）

▷3　(5)の「素材」と(7a)の「材料」はまぎらわしいが，「ゴマ油」（材料）はゴマを絞って作るのでゴマの殻を含めた全体が入っているわけではない点で，構成クオリアが示す「素材」とは区別される（影山1999）。

▷4　「山ガール」は「山男」からの類推で作られた複合語だが，元となる「山男」自体もクオリアによる説明は難しい。「億ション」は「マンション」が「万-ション」と再分析されて「高価なマンション」の意味で作られた新造語である（窪薗晴夫，2002，『新語はこうして作られる』岩波書店，36頁）。

（参考文献）
小野尚之（2005）『生成語彙意味論』くろしお出版。
影山太郎（1999）『形態論と意味』くろしお出版。
由本陽子（2011）『レキシコンに潜む文法とダイナミズム』開拓社。

2 形態論・語形成

 動詞由来複合語

「レポート書き」と「ペン書き」

1 2種類の動詞由来複合語

動詞が名詞と合わさって作られる「レポート書き」や「ペン書き」のような複合語を「動詞由来複合語」と呼ぶ。これらは I-2-6 で見た複合名詞とは異なり、動詞連用形とその項（主語や目的語）または付加詞（副詞的要素）から成り、その意味関係は文レベルでの関係をもとに解釈できる。まず、項は動詞と組み合わさって出来事や行為を表すので、項と動詞を合わせた複合語も出来事や行為の名前として、「～が起こる、～をする」という表現をとる。

(1) a. ［項＋自動詞］崖崩れ、耳鳴り、ガス漏れ、心変わり、手あれ
cf. 崖崩れ（＝崖が崩れる）が起こる、耳鳴り（＝耳が鳴る）がする

b. ［項＋他動詞］ゴミひろい、人減らし、雪かき、豆まき、野菜作り、募金集め、石けり、場所とり、水やり、子育て、芝刈り、ペンキぬり、cf. レポート書き（＝レポートを書くこと）をする

一方、付加詞は動詞を修飾するので、付加詞を含む複合語全体も行為または状態を表す述語として、それぞれ「～する」または「～だ」と共に使われる。

(2) a. ［行為（～する）］ペン書き、手作り、水洗い、早歩き、若死に、早食い、がぶ飲み、船酔い、所帯やつれ、仕事疲れ、霜枯れ、飢え死に
cf. 字をペン書き（＝ペンで書く）する、客が船酔い（＝船に酔う）する

b. ［状態（～だ）］黒こげ、びしょ濡れ、厚切り、二つ割、白塗り、木彫り、石造り、ガラス張り、cf. パンが黒こげ（＝黒く焦げた状態）だ

これら2種類の動詞由来複合語は、どのように違うのだろうか。

2 動詞由来複合語の意味と用法

項の複合（レポート書き）と付加詞の複合（ペン書き）は、表面上は「名詞（または形容詞）＋動詞連用形」という同じ形をしているが、異なる意味と用法を持つ。上記(1)の項と動詞の複合では、複合語全体は出来事の名前であり、名詞として使われる。そのため、「耳鳴りがする、レポート書きをする」のように助詞の「が」や「を」が必要となり、「*耳鳴りする、*レポート書きする」は助詞を省略した口語的な表現以外では不適切となる。

これに対して、上記(2)の付加詞と動詞の複合は、名詞ではなく2種類の述語を形成する。まず、(2a)では、付加詞が表す道具（ペン書き：ペンで書く）や様

▷1 項と動詞の複合は、出来事の名前に加えて、それを行う動作主や道具、それに基づく属性を表す場合もある：（動作主）借金とり、魔法使い、（道具）爪切り、汗拭き、（属性）うそつき、大酒飲み（伊藤・杉岡 2002）。

▷2 ここにあげたように変化を表す自動詞の主語は複合できるが、活動を表す自動詞の主語は複合できない：*犬吠え、*子歩き（影山 1993）。

▷3 項と動詞から成る動詞由来複合語には、これ以外に述語として使われるケース（ごぼうをアクぬきする）や産物を表すもの（梅干し、注意書き）も存在する（伊藤・杉岡、2002；由本陽子、2014、「名詞＋動詞型複合語が述語名詞となる条件」『複雑述語研究の現在』ひつじ書房、179-203頁）。

態（早食い：早く食う）は行為を修飾，原因（船酔い：船に酔う）は変化という出来事の種類を特定して，複合語自体は述語として「（ランチを）早食いする」のように使われる。(2b)では，付加詞は結果状態（黒焦げ：焦げた結果が黒い）または素材（石造り：石でできている）を特定し，複合語全体は状態を表すため，「（パンが）黒焦げだ」に対して「*（パンが）黒焦げする」とは言えない。つまり，付加詞が行為を修飾する場合には複合語は行為を表す述語（～する）となり，結果状態を特定する場合には状態を表す述語（～だ）となる。

③ 動詞由来複合語の2種類の構造

項と動詞の複合語（「レポート書き」）が全体として名詞の用法しか持たないことは，複合語の右側要素である動詞連用形（「書き」）が主要部ではない可能性，つまりこの複合語が主要部を持たない外心複合語であることを示唆する。一方，付加詞と動詞の複合の場合は，行為を表す述語（「ペン書き」）か状態を表す述語（「黒焦げ」）の違いはあれ，両者は述語として機能することから，右側要素である動詞連用形を主要部とする内心複合語であると考えられる。

▷4 I-2-2 参照。

(1)と(2)の複合語には，この構造の違いに由来すると考えられる音韻上の違いが見られる。つまり，付加詞の複合では複合名詞に代表される内心複合語で広く見られる連濁が起こるのに対して，項の複合では連濁が起きにくい。

▷5 I-2-1 参照。
▷6 項の複合で連濁する例も存在する：米づくり，人ごろし，店開き，咳止め，など。この種の「例外」は，右側要素が3モーラの複合語に多く，動詞連用形が名詞として解釈されて，複合名詞の構造になっているためと考えられる（[[米ₙ-づくりₙ]ₙ]）。これに対して，付加詞の複合はほぼ例外なく連濁する。
▷7 ただし，動詞が受動態になると目的語をとらなくなるため，付加詞の複合が可能となる：pen-written, thin-sliced。英語の動詞由来複合語の詳細については，伊藤・杉岡（2002）の概説と参考文献を参照されたい。

(3) 項の複合（連濁なし）　　　　付加詞の複合（連濁あり）

　　a．レポート書き，小説書き，絵かき　　ペン書き，走り書き，下書き
　　b．パン切り，腹切り，缶切り　　　　　薄切り，手切り，四つ切り，
　　c．汗ふき，窓ふき，お手ふき　　　　　手ぶき，空ぶき，雑巾ぶき，
　　d．魚釣り，イワナ釣り　　　　　　　　竿釣り，一本釣り，
　　e．ねずみとり，借金とり　　　　　　　生けどり，横どり

連濁は一般に右側主要部の語に見られるため，項の複合では外心構造が連濁を起こりにくくしていると考えられる。

④ 英語との比較

英語には動詞の -ing/-er 形と目的語が複合して行為および動作主や道具の名前を表す動詞由来複合語（beer drinking, dish washer）が数多く存在する。しかし，日本語の「ペン書き」や「薄切り」のように付加詞と他動詞が複合して述語の意味を表すタイプは存在しない：*pen-writing, *thin-slicing。英語の動詞由来複合語では動詞の必須の項（目的語）は必ず複合しなければならないため，付加詞は自動詞としか複合できない：fast-walking vs. *fast-making。このような付加詞の複合語についての日英語の違いは，英語では右側要素が -ing/-er で終わる派生名詞であるのに対して，日本語では動詞連用形という名詞にも述語にもなりうる要素であるためだと考えられる。　　　　　　（杉岡洋子）

（参考文献）

伊藤たかね・杉岡洋子（2002）『語のしくみと語形成』（英語学モノグラフシリーズ16）研究社。
影山太郎（1993）『文法と語形成』ひつじ書房。

2 形態論・語形成

派生名詞の多義
出来事の解釈とモノの解釈

❶ 事象名詞とモノ名詞

名詞は一般にモノを表す（「机」，「野菜」など）が，出来事を表すこともある（「旅」，「事故」など）。では，動詞から作られた派生名詞は何を表すのだろうか。この疑問を解くために，まず英語の動詞 translate（翻訳する）に対応する派生名詞 translation（翻訳）の例を考えてみよう。

(1) a. The <u>translation</u> of the novel took a long time.
b. I bought a new <u>translation</u> of the novel.

(1a)の translation は，後に続く動詞句 took a long time（時間がかかった）からわかるように元の動詞 translate が表す行為を指す。(1b)の translation は bought の目的語であり，翻訳という行為の産物，つまり翻訳本を指す。このように，派生名詞は元の動詞が表す出来事を指す場合と，モノを表す場合がある。前者(1a)は「事象名詞」，後者(1b)は「モノ名詞」と呼ばれる。

❷ 事象名詞とモノ名詞の種類

事象名詞の意味は，(1a) translation のように行為の全体を表す以外に，元になる動詞の種類によって次のように変わる。

(2) a.（活動）walk, sleep, cry, bite, 走り，笑い，泳ぎ，踊り，押し
　　　　cf. take a swim, have a bite, ひと泳ぎする，ひと押しする
b.（変化・移動）growth, expansion, arrival, 育ち，疲れ，乱れ，戻り
c.（状態・結果）resemblance, (strong) build,（刀の）反り，造り，出来

(2a)の継続可能な活動を表す動詞に対応する派生名詞は，cf. のように英語では軽動詞構文（take a walk, have a bite など），日本語では「ひと～」という表現でひとまとまりの行為を表すことができる。それに対して，(2b)の変化や移動，および(2c)の状態や結果を表す派生名詞には，そのような用法はない（*take a growth, *ひと育ちする，*ひと造りする）。

次に，動詞由来のモノ名詞がどのような意味を持つかを見よう。

(3) a.（行為の産物）cry, painting, 叫び（声），建物，堀，包み
b.（変化の産物）happening, congregation, 集まり，焦げ，残り
c.（所有変化の対象）gift, offering, donation, 差し入れ，贈り物
d.（思考伝達の内容）question, hope, 考え，問い，思い，悩み

▷1　具体物を指す派生名詞は「結果名詞」とも呼ばれるが，実際には下記の(3)からもわかるように結果産物以外も含まれる（影山太郎，2011，「モノ名詞とデキゴト名詞」『日英対照 名詞の意味と構文』大修館書店，36-60頁）。

▷2　日本語には動詞から事象名詞を派生する接辞はないが，動詞連用形を名詞として使う用法が一部の動詞で可能である（ I-2-3 参照）。

▷3　影山太郎（1993）『動詞意味論』くろしお出版。「ひと～」の多様な用法については，由本陽子・伊藤たかね・杉岡洋子（2015）「「ひとつまみ」と「ひと刷毛」──モノとコトを測る「ひと」の機能」『語彙意味論の新たな可能性を探って』開拓社，432-462頁を参照。

2-8 派生名詞の多義

  e．（場所）dwelling, end, 住まい, はて, 通り, 突き当たり

  f．（原因・手段）protection, transportation, 支え, 囲い, 妨げ

  g．（動作主）cook, coach, guide, 見張り, すり, 付き添い

モノ名詞が表す対象は, 行為や変化の産物や対象（3a-d）に加えて, 行為を引き起こすモノや動作主（3f, g）も含まれるなど, 実に多様である。また, 日本語の動詞連用形の名詞用法は生産性が高くなく[4], (3a)の「叫び-声」や「建て-もの」のように右側に名詞を加えた複合語の形をとることもある。

> 4 I-2-3 参照。

  さらに, 日本語には動詞から名詞を作る接辞として「-方」がある（走り方, 泣き方）。「-方」は生産性が高く, 受身形や使役形, 新語動詞にもつく（遊ばせ方, 叱られ方, バズり方）。「-方」がつく名詞は様態（（大学の）あり方）や方法（（ピザの）作り方）を表すことが多いが, 次の例のように「～をする」を伴うと, 事象の意味を表すこともある。

  (4) チームは残念な負け方をした＝残念な形で負けた

③ 動作主名詞の種類

  上記の（3g）の動作主を表す派生名詞は接辞がつかない例だが, 英語にも日本語にも動作主を表す接辞がある。中でも-er（teacher）と「-手」（話し手）はかなり生産的な接辞だが, 次に示すように変化や状態を表す自動詞にはつかない。

  (5) a．（活動）walker, worker, jumper, 働き手, 泳ぎ手, 踊り手

    b．（変化・状態）*arriver, *dier, *exister, *倒れ手, *飢え手

これは, 「動詞＋-er/-手」は動作主（出来事への主体的関わりがある人）を表すためである。(5b)の変化や状態の自動詞では, 主語は対象（出来事や状態・変化を被る人やモノ）であるため, 「動詞＋-er/-手」で表すことができない。

  「動詞＋-er/-手」が他動詞につく場合には, 元の動詞の目的語が派生名詞と複合語を作ったり, 外側に修飾要素として現れることができる。

  (6) mystery writer, publisher of the book, ミステリーの書き手

ただし, 日本語の「-手」がつく動作主名詞は英語とは異なり, 目的語との複合を許さない（*ミステリー書き手）。その理由の1つは, 動作主を表す名詞の意味解釈に次の2種類があるためと考えられる[5]。

  (7) a．個体解釈（職業など恒常的性質）violinist, painter, 作曲家, 登山家

    b．事態解釈（出来事への参加者）visitor, passenger, 通行人, 登山者

英語の-er がつく動作主名詞は両方の解釈が可能だが, 複合語になると個体解釈を持ち[6], (6)の mystery writer は職業を表す。しかし, 日本語の「-手」や「-者」のつく名詞は一般に事態解釈のみを持つため, 複合語が表す個体解釈と相容れず（*ミステリー作者）, 複合語を作れるのは個体解釈である職業などを表す「-家」のつく名詞である（ミステリー作家）。

  派生名詞の意味の多様性には, 多くの要因が関わっている。　　　（杉岡洋子）

> 5 (7a)の violinist はヴァイオリンを弾いていないときも violinist と呼べるが（個体解釈）, 「通行人」は道を通っている間だけの名称である（事態解釈）（影山 1999）。
> 6 -er 名詞は cutter（カッター）など道具を表すこともあるが, 道具名詞が元の動詞の目的語を伴う場合は, 複合語のみで句は使えない：coffee maker vs. *maker of coffee（動作主の意味なら可）。道具の機能は恒常的性質であるため, 個体解釈を持つ複合語の形が選ばれる。

参考文献

伊藤たかね・杉岡洋子（2002）『語のしくみと語形成』（英語学モノグラフシリーズ16）研究社。
影山太郎（1999）『形態論と意味』くろしお出版。

第Ⅰ部　音声と形態

2　形態論・語形成

9 語のまとまりを超える語形成
「アメリカへ出張-中」

1　出来事を表す句につく接辞

　語形成は常に「語」という単位の中にとどまるのだろうか。実は，語形成の中には，語ではなく句が含まれると考えられるために Ⅰ-2-1 で見た「語彙的緊密性」の例外とされるケースがある。たとえば，日本語で時間の概念を表す接辞のつく表現がそれにあたる。

(1)　a．アメリカへ出張-中の社員
　　　b．事件が発覚-後に，建物を封鎖した。
　　　c．優勝を未-経験のチーム
　　　d．レポートを提出-済みの学生

これらの接辞は形の上では漢語動詞について「出張-中」のような語を作るが，(1a)の「アメリカへ」という場所を表す名詞句は動詞「出張」が選択する補語なので，意味の上では「-中」は「アメリカへ出張（する）」のように出来事を表す句（動詞句）についている（[アメリカへ出張]-中）。

　同じことが出来事の起こる頻度を表す接辞にも見られる。

(2)　a．新生児は風邪をひき-にくい。
　　　b．高齢者は詐欺にだまされ-やすい。

(2)の下線部は，形容詞につく接辞「-さ」をつけて名詞にできる（だまされ-やす-さ，ひき-にく-さ）。このことからこれらが1つの語となっていることがわかるが，ここでもやはり意味上は動詞句に接辞がついていると考えられる（[風邪をひき]-にくい，[詐欺にだまされ]-やすい）。

2　句と語の融合

　(1)や(2)のような句につく接辞が日本語で見られる理由として，日本語では句のレベルと語のレベルの両方で右側要素が主要部であることがあげられる。つまり，動詞句の主要部である動詞に接辞がつくことで，接辞が句全体を取り込む形でその意味作用が動詞句全体に及ぶことが可能になるのである。

　英語では句の主要部は一般に左側なので，上記の(2a)のような構造は作りにくい（*catch-a-cold-easy）。英語で句に接辞がつくように見える例（do-it-yourself-er「何でも自分でやる人」，matter-of-fact-ness「割り切っていること」）は，句として辞書に登録されている場合が多い。これらの例では，接辞のすぐ左側の

▷1　接辞については Ⅰ-2-1 側注1，Ⅱ-3-5 側注1参照。

▷2　(1)の接辞は，正確には「する」を伴って動詞となる「動名詞」につき，普通の動詞の連用形にはほとんどつかない（*書き中，*出し済み）。ただし，「考え中」，「悩み中」などの例外がないわけではない（杉岡洋子，2009，「「-中」の多義性——時間を表す接辞をめぐる考察」『語彙の意味と文法』くろしお出版，85-104頁）。

▷3　 Ⅰ-2-3 参照。

▷4　英語では easy と to 不定詞が合わさった easy-to-read（book）「読みやすい（本）」のような表現はあるが，easy-to-catch a cold のように動詞句につく表現は不可能である。

語 (fact, yourself) が句の主要部ではなく，特定の意味を持つ句全体 (do it yourself, matter of fact) に接辞がついている。

3 形と意味のミスマッチ

ただし，英語でも形容詞が名詞を修飾する場合は big car のように右側 (car) が主要部となるため，事情が異なる。たとえば，generative grammarian という複合語の左側要素 generative は，grammarian と複合しているものの実際には grammar を修飾している。そのため，複合語の意味は「生成文法の学者」であって「生成的な文法学者」ではない。このように形の区切り（[generative][grammarian]）と意味のまとまり（[generative grammar]-ian）が一致しない現象は bracketing paradox（括弧づけの矛盾）と呼ばれ，nuclear scientist（核科学者），South African（南アフリカ人）など多くの例がある。

次のタイプの複合語でも，形と意味のミスマッチが起こっている。

(3) kind-hearted（心優しい），four-legged（四つ足の），blue-eyed
　　　（青い目の）　cf. talented（才能ある），gated（門のある）

これらの例では，cf. に示したようにもともと名詞について人やモノの特徴を表す接辞 -ed が形容詞と名詞から成る句についていて，やはり形（[kind][hearted]）と意味（[kind heart]-ed）が異なる区切りを持つと言える。

4 句を含む複合語

複合語の非主要部である左側要素に句が入る例は，日本語でも英語でも観察されている（下では句を [ ] で表示）。

(4) a．[赤い羽根] 募金，[トイレに行けない] 症候群
　　 b．[look at me] syndrome, [who's the boss] wink
　　 c．[殺人事件の犯人] 探し，[美しく清潔な町] づくり

(4ab)は，左側の句が右側の名詞の内容を示す働きをしているケースである。(4c)は項を含む動詞由来複合語の例だが，どのような句でも動詞と複合できるわけではなく（cf. *[汚れた皿] 洗い），句に含まれる修飾要素と名詞が密接なつながりを持つ場合が多いと言える。

さらに，日本語では複合語の非主要部である左側要素の補語が複合語の外側に現れることも可能であり，英語と対照的である。

(5) 児童の保護計画（cf. *protection plan of children），アジアとの貿易港

このような例も，日本語が英語と異なり，句と語の主要部がともに右側にあることによって可能になっていると考えられる。

ここで取り上げた例は，語形成全体から見ると周辺的な現象だが，語形成がある部分では統語規則と密接に関わっていることを示している。（杉岡洋子）

▷5　Andrew Spencer (1991), *Morphological Theory,* Blackwell.

▷6　影山 (1993)；Lieber (2016).

▷7　I-2-7 参照。

▷8　たとえば(4c)の「犯人」は何かの犯罪を犯した人を表すため，犯罪を表す名詞「殺人事件」と密接なつながりを持つ（杉岡洋子・影山太郎，2011，「名詞化と項の受け継ぎ」『日英対照 名詞の意味と構文』大修館書店，209-239頁）。

▷9　杉岡洋子 (1989)「派生語における動詞素性の受け継ぎ」『日本語学の新展開』くろしお出版，167-185頁。

参考文献

影山太郎（1993）『文法と語形成』ひつじ書房。
Lieber, Rochelle (2016), *Introducing Morphology*, 2nd edition, Cambridge University Press.

第 II 部 文法と意味

第Ⅱ部　文法と意味

3　機能文法

 語彙的使役と迂言的使役
「寝かせる」と「寝させる」の違い

1　「立てる」と「立たせる」

「立てる」は，「立つ」という自動詞に対応する他動詞であり，一方，「立たせる」は，自動詞「立つ」の語幹 tat- に使役の助動詞「―させる」(-sase-ru)がついた使役形である。その際，日本語の活用の一般原則として，子音が連続すると，(1)のように後ろの子音が落ちるので，-sase-ru の最初の s が落ちて，「立たせる」となる。

　(1)　tat-sase-ru → tat-ase-ru「立たせる」

他動詞の「立てる」は，たとえば，看板がホールの入口に立つようにする使役過程と，看板がホールの入口に立つという出来事の両方を含んでいるので，使役形の「立たせる」と同様に，使役表現である。このような他動詞は，使役過程と出来事の両方がその「語彙」に含まれているので，語彙的使役動詞と呼ばれる。一方，「立たせる」のような「―させる」使役動詞は，「立つ」という出来事を表す動詞と，使役を表す「―させる」を分けることができ，迂言的使役動詞と呼ばれる。

さて，「立てる」と「立たせる」は，共に使役動詞ではあるが，決して同じ意味を表すわけではない。次の例を見てみよう（*は，それが付された表現が不適格であることを示す）。

　(2)　a．先生は遅れてきた生徒を廊下に {*立てた / 立たせた}。
　　　 b．店長はマネキンをショーウインドウに {立てた / *立たせた}。
　　　 c．店長はモデルをショーウインドウに {*立てた / 立たせた}。

「立てる」と「立たせる」はどこが違うのだろうか。語彙的使役動詞と迂言的使役動詞の意味の違いは何だろうか。

2　直接使役と間接使役

(2a-c)で気づく点は，(2a, c)の目的語「生徒，モデル」は人間であり，自らの意志や力である行為（被使役事象）を行うことができるが，(2b)の目的語「マネキン」は，自らの意志を持たない無生物であり，自らは何も行うことができないということである。そのため(2b)では，マネキンがショーウインドウに立つという出来事は，店長がマネキンを抱えてショーウインドウに持って行き，自ら立てるというように，店長が自らの力で一方的に引き起こしたもの

▷1　使役の助動詞にはもう1つ，「―さす」があり，「立つ」に対して，「立たす」という使役形がある。ただ，「―さす」使役は，関西の話しことばで広く用いられ，標準語や書きことばでは「―させる」使役が一般的である。

▷2　「迂言的」とは，直接的でなく，遠回しな回りくどい言い方をするという意味。「迂回路」の「迂」を思い出すとわかりやすい。

▷3　他に，たとえば「倒す，燃やす，集める」などが語彙的使役動詞（他動詞）で，「倒れさせる，燃えさせる，集まらせる」などが迂言的使役動詞である。

である。言い換えれば，店長がもっとも直接的な方法でこの事象を引き起こしており，このような場合に他動詞の語彙的使役動詞が用いられる。一方，迂言的使役動詞は逆に，先生が生徒に，店長がモデルに，指示などをするだけで（つまり，間接的な方法で），生徒やモデルが自らの意志で立つ場合に用いられる。

以上から次の仮説を立てることができる。

 (3) 語彙的使役と迂言的使役の意味の違い：語彙的使役は，主語（使役主）が当該事象を直接的に引き起こすのに対し，迂言的使役は，使役主がその事象を間接的に引き起こすことを表す。

この仮説により，次の違いも説明できる。

 (4) 救助隊員は，意識のない負傷者をベッドに ｛寝かせた／*寝させた｝。

「寝かせる」は，自動詞「寝る」に対応する他動詞（語彙的使役動詞）であり，「寝させる」は，「寝る」の語幹 ne- に使役の助動詞「—させる」（-sase-ru）がついた迂言的使役動詞である[4]。そして(4)では，前者のみ適格で，後者は不適格である。なぜなら，目的語（被使役主）の「負傷者」は意識がないため，自らの意志や力ではベッドに寝ることができず，救助隊員が自らの力で一方的に負傷者を抱きかかえてベッドに移したからである[5]。

さて，無生物には自らの意志や力がないので，(2b)と同様，次に示すように，迂言的使役の目的語（被使役主）には用いられないことがわかる。

 (5) a．手紙を ｛燃やす／*燃えさせる｝
    b．答案を ｛集める／*集まらせる｝

❸ 自動詞に対応する他動詞がない場合

しかし，(2b)や(5a, b)と違って，次のように無生物でも迂言的使役で用いられる場合がある。

 (6) 鏡を光らせる／藁を腐らせる／花を咲かせる

どうして(6)は適格なのだろうか。それは，「光る，腐る，咲く」という自動詞に対して，「*ヒケル（hik-e-ru），*クセル（kus-e-ru），*サケル（sak-e-ru）」という他動詞が，「止める（tom-e-ru），立てる（tat-e-ru）」などと同様に，日本語の語彙にあってもよさそうなものであるが，実際にはないためである[6]。そのため，「*鏡をヒケル／*藁をクセル／*花をサケル」のようには言えず，このような他動詞が表す意味は，迂言的使役を用いて表すしか方法がないからである。つまり，迂言的使役が，存在しない他動詞の代役をしているのである。

「*ヒケル，*クセル，*サケル」のように，ある言語の音韻や形態の上からは当然存在していいはずの語彙が，偶然，その言語に存在しないことを，言語学では偶然の空白（accidental gap）と呼んでいる[7]。 （高見健一）

▷4 自動詞「寝る」に対応する他動詞には，「寝かせる」だけでなく，「寝かす」もあり，(4)ではこの他動詞（寝かした）を用いることもできる。

▷5 一方，「保健の先生は，頭が痛いと言って保健室にやってきた生徒をベッドに寝させた」だと，先生が生徒に寝るように指示するだけで，生徒はベッドに寝ることができるので，「寝させた」が適格となる。

▷6 「転ぶ，泣く，太る，走る，降る，働く，飛ぶ」のような自動詞にも，対応する他動詞がない。

▷7 Ⅰ-2-3 では「語彙的ギャップ」と呼んでいる。

参考文献

高見健一（2011）『受身と使役——その意味規則を探る』開拓社。

第Ⅱ部　文法と意味

3　機能文法

 「〜ている」構文
　　　　　「桜の花が散っている」の2つの意味

　「〜ている」の2つの意味

次の文を見てみよう。
(1) 　a．花子がピアノを弾いている／火が勢いよく燃えている。
　　　b．子供が千円札を握っている／荷物が届いている。

これらの文はすべて，動詞に「〜ている」がついているが，(1a)では，花子がピアノを弾く動作や，火が勢いよく燃える動作が，現在進行していることを表す。一方(1b)では，子供が千円札を握ったのや，荷物が届いたのは過去のことで，その後の結果状態が現在まで続いていることを表す。前者を動作継続，後者を結果継続と呼ぼう。しかし，同じ「〜ている」表現なのに，どうしてこのような違いが生じるのだろうか。▷1

さらに次の文を見てみよう。
(2) 　a．この滝はすごいね！　水がたくさん落ちている。[動作継続]
　　　b．あれ，あそこに財布が落ちている。[結果継続]

(2a)は動作継続を表し，(2b)は結果継続を表しているが，同じ「落ちている」なのに，どうしてこのような違いが生じるのだろうか。▷2

　「〜ている」形の表す意味と動作／結果継続

(1a, b)，(2a, b)の解釈から，「〜ている」形は次の意味を表すことがわかる。
(3) 「〜ている」形の表す意味：「〜ている」形は，ある動作，あるいはその後に生じる結果状態が，「〜ている」形が指し示す時点において進行し，連続・継続していることを表す。

(3)を踏まえて(1a)を考えると，話し手は，人がピアノを弾き，火が燃える継続的・反復的動作を発話の時点で容易に観察できるが，(1b)では，話し手は，子供が千円札を握り，荷物が届く瞬間的事象を発話の時点で観察することが通例，できないことに気づく。同様に(2a, b)でも，話し手は，水が滝から落ちる反復動作を発話の時点で容易に観察できるが，財布が人のポケット等から落ちる瞬間的動作を発話の時点で観察することは普通できない。したがって，これらの違いから次の制約を立てることができる。

(4) 「〜ている」構文の動作・結果継続の解釈に課される制約：話し手が，動詞の表す動作の過程・経過を発話の時点で観察できれば，動作継続の

▷1　従来，「(ピアノを)弾く，(火が)燃える」は，継続動詞（＝ある時間内に継続する動作を表す動詞）なので動作継続を表し，「(千円札を)握る，(荷物が)届く」は，瞬間動詞（＝瞬間的動作を表す動詞）なので結果継続を表すと説明された（金田一1950参照）。しかし，動詞にのみ焦点を当てるこのような分析では，たとえば，以下の(5b)，(7b)，(9)の解釈が説明できない。

▷2　標準語では，動作継続と結果継続がともに「〜ている」で表されるが，関西や四国・九州の話しことばでは，両者が区別される。兵庫県西部（筆者の出身地）では，動作継続は「水がたくさん落ちよる」のように「〜(し)よる」，結果継続は「あそこに財布が落ちとる」のように「〜(し)とる」を使う。

解釈となり，話し手が動詞の表す動作の後に生じる結果状態を発話の時点で観察できれば，結果継続の解釈となる。

③ さらなる例

(4)の制約を踏まえて，次の例を考えてみよう。

(5) a．人が倒れている／電気が消えている。[結果継続]

b．花が咲いている／彼の頭ははげている。[結果継続]

話し手は普通，人が倒れ，電気が消える瞬間的動作を発話の時点で観察できない。また，花が咲き，頭がはげる過程も発話の時点で通常は観察できない。話し手が観察できるのは，人が倒れており，花が咲いている結果状態のみなので，(5a, b)は結果継続の解釈となる。

ただ，「倒れている」や「咲いている」でも，次のような文脈で発話されると動作継続の解釈となる。

(6) a．[花火大会で爆発が起き，人が将棋倒しに倒れる様子を見て]

あー，人が（次々と）倒れている！ [動作継続]

b．[花の開花を早送りにしたテレビ放送を見て]

あー，花が咲いて（い）る，咲いて（い）る！ [動作継続]

なぜなら，(6a, b)の文脈が与えられると，話し手は人々が次々と倒れていく動作の連続体や，花が咲きつつある動作の連続体を発話の時点で観察できるからである。よって(5a, b)，(6a, b)の解釈は，(4)の制約で説明できる。

(4)の制約は，次の文の解釈も説明できる。

(7) a．雪がしんしんと降っている。[動作継続]

b．雪が10センチは降っている。[結果継続]

(8) a．風が吹いている。[動作継続]

b．生徒が廊下に立っている。[結果継続]

(9) 桜の花が散っている。[動作／結果継続]

(7a, b)で話し手は，雪が降りつつある進行状態も，雪が降った後の積もっている結果状態も，発話の時点で観察できる。よって，「雪が降っている」自体は2つの解釈を持ち，そのどちらになるかは，「しんしんと」と「10センチは」が決定づけている。(8a)が動作継続なのは，話し手は発話の時点で風が吹いている進行状態を観察できるが，風は吹いた後に何も残さないので，話し手は結果状態を観察できないからである。また(8b)が結果継続なのは，話し手は，生徒が廊下に立っているという結果状態は観察できるが，立つという瞬間的動作は，通例，発話の時点では観察できないからである。さらに(9)では，話し手は桜の花が散りつつある動作の連続も，散って地面に落ちている結果状態も観察できるので2つの解釈が許される。

(高見健一)

▷3 文脈を与えなくても，動作継続と結果継続の2つの解釈が可能である文は多い。たとえば，「太郎が木に登っている，水がこぼれている，子供が部屋を散らかしている」など。この点については，以下の(9)とその説明を参照。

（参考文献）

金田一春彦（1950）「国語動詞の一分類」『言語研究』15，48-63頁（金田一春彦編，1976，『日本語動詞のアスペクト』むぎ書房，5-26頁に再録）。
高見健一・久野暲（2006）『日本語機能的構文研究』大修館書店。

第Ⅱ部　文法と意味

3　機能文法

 「〜てある」構文
「*子供が褒めてある」はなぜ不適格か

1　「〜てある」がつく場合とつかない場合

　日本語には，「窓を開ける，おやつを買う」のような他動詞表現の目的語を主語にして，その他動詞に「〜てある」をつけた次のような表現がある。
　(1)　窓が開けてある / おやつが買ってある。
　しかし，どのような他動詞にでも「〜てある」がつくわけではなく，(2)は不適格である。
　(2)　*子供が褒めてある / *花子が愛してある。
ただ，(2)の「褒めてある」でも，次のように用いられれば，適格である。
　(3)　［生徒たちのリサイタルの後で］
　　先生：子供たちみんなに，「よく頑張って偉かったね」と褒めてやらなければなりませんが，褒め忘れた子供はありませんか。
　　助手：太郎君と夏子さんはもう褒めてありますが，花子さんはまだ褒めてありません。
　(2)と(3)の「褒めてある」は何が違うのだろうか。「〜てある」構文は一体，どのような場合に適格となるのだろうか。

2　話し手は行為者か，観察者か？

　「〜てある」構文を説明するには，話し手が，ある行為を行った行為者本人か，あるいは，誰かがある行為を行い，その後の様子を見た観察者かを考慮する必要がある。(1)で，誰かが窓を開ければ，話し手（＝観察者）は，開いた状態の窓が観察できるので，「窓が開けてある」と言える。同様に，誰かがおやつを買ってくれば，話し手はそのおやつを観察できるので，「おやつが買ってある」と言える。一方，(2)の「子供が褒めてある」では，誰かが子供を褒めても，子供は変化しないので，観察者には誰かが子供を褒めたことは不明である。しかし，話し手が行為者本人で，自分が子供を褒めておれば，子供に褒めた結果状態が残らなくても，子供を褒めたことがわかっており，褒めていない場合でも，話し手はそのことがわかっているので，(3)のように言える。
　次の文は，話し手が行為者か観察者かによって適格性が異なる。
　(4)　弾があの虎に撃ってある。
(4)の話し手が虎に弾を撃った行為者本人なら，自分がそうしたことを知ってい

▷ 1　主語は，格助詞の「ガ」((1))，または副助詞で主題または対照を表す「ハ」((3))でマークされる。

▷ 2　「〜てある」構文はこれまで，ある対象 ((1)の「窓，おやつ」等) が状態変化や位置変化を受け，その後に生じる結果が現在において残っていることを表す表現であると説明されてきた (たとえば，寺村 1984: 4.2.2節を参照)。しかしこの説明だと，(3)やたとえば「先方にはもうこの件は話してあります」などを誤って不適格と予測してしまう。

▷ 3　(3)で助手は，自分が褒めなかったとしても，先生が子供たちを褒めたかどうかを観察している。よって，「〜てある」構文が適格になるには，話し手が，ある動作が過去に行われたことを示す証拠を持っていなければならない。

るので，(4)は適格である。一方，(4)の話し手がたとえばサファリ観光のバスから降りた観光客（観察者）なら，虎に弾が撃ち込んであるのを観察できず，誰かがそうしたことも不明なので，(4)は不適格である。[4]

③ 「〜てある」と「〜した」（過去形）の違い

「〜てある」は，「過去の行為がもたらす現在（発話時）の状態が有意義であることを述べる表現」であると言える。そのため次のような文脈では，過去形の(5a)は用いられず，(5b)の「〜てある」構文を用いなければならない。

(5) ［先生が校舎管理人に携帯電話で］

　生徒たちを連れてコンピューター室に来たのですが，

　ａ．*誰かがドアに鍵をかけました。

　ｂ．ドアに鍵がかけてあります。

(5a)のように過去の出来事だけを述べても，先生と生徒たちが直面している現在の窮状とつながらない。それに対し(5b)だと，先生と生徒たちが発話時において困っていることを表明しているので，適格である。

④ 意図的行為かどうか？

「〜てある」構文には，何らかの目的でなされた意図的行為のみ用いられる。そのため(6a)は適格であるが，通常，人は自分の家を意図的に焼いたりはしないので，(6b)は不適格である。しかし(6c)では，家を焼くというのが，放火犯人の意図的行為なので適格である（(2)の「*花子が愛してある」が不適格なのも，「人を愛する」のが意図的行為ではないためである）。

(6)　ａ．魚が焼いてある。　　ｂ．*家が焼いてある。

　　　ｃ．［放火犯人の独り言］

　　　　あいつの家はもう焼いてあるから，出張から帰ってきても住む所はないぞ。ざまあ見ろ！

以上の議論から次の制約を立てることができる。

(7)　「〜てある」構文に課される制約：「〜てある」構文は，動詞が表す意図的行為が，過去において誰かによって何らかの目的でなされたことが話し手に明らかで，その行為に起因する状態が発話時において話し手にとって有意義であることを主張する表現である。

(7)は，次の自動詞の場合の適格性の違いも説明できる。

(8)　ａ．*星が出てあるから，外に来てごらん。

　　　ｂ．もう十分遊んでありますから，今後は仕事に精進します。

(8a)は，「星が出る」というのが非意図的事象なので，(7)に違反して不適格となる。一方(8b)は，話し手自身が遊んでいるので，話し手はそのことを知っており，(7)を満たして適格となる。　　　　　　　　　　　　　（高見健一）

▷4　ただ，(4)の「弾」が，アニマルコントロールに使われる催眠銃の羽根付きの矢のことであれば，観察者の話し手はその矢が観察できるので，(4)は適格となる。

▷5　「〜てある」構文には，たとえば「私はその本をもう読んであります」のように，他動詞の目的語が「ヲ」格でマークされ（その本を），そのままの形で現れる場合もある。

（参考文献）

高見健一・久野暲（2014）『日本語構文の意味と機能を探る』くろしお出版。

寺村秀夫（1984）『日本語のシンタクスと意味II』くろしお出版。

第Ⅱ部　文法と意味

3　機能文法

 「ろくな…ない」構文
「*地震でろくな物が壊れなかった」はなぜ不適格か

1 「ろくな…ない」表現の不思議

　日本語の「ろくな…」という表現は，その後ろに名詞を，文末に否定辞「ない」を伴って，「満足できるような，まともな」という意味を表すが，(1a)，(2a)は適格であるものの，(1b)，(2b)は不適格である。[1]
　(1)　a．学生がろくな論文を書かない。（他動詞文）
　　　　b．*ろくな学生が論文を書かない。（他動詞文）
　(2)　a．ろくな物が落ちてなかった。（自動詞文）
　　　　b．*ろくな俳優がふざけなかった。（自動詞文）
なぜこのような違いが生じるのだろうか。
　(1a, b)の違いから，他動詞文では，「ろくな」が目的語（論文）にはつくが，主語（学生）にはつかないと思われるかもしれない。一方，(2a, b)の違いは，(2a)の動詞「落ちる」が主語の非意図的事象を表す自動詞であり，[2] (2b)の動詞「ふざける」が主語の意図的行為を表す自動詞である。[3] そのため，「ろくな」は意図的行為を表す自動詞の主語にはつかないと思われるかもしれない。
　しかし，(3a, b)の適格性が示すように，「ろくな」は他動詞文の主語（学生）にも，意図的行為を表す自動詞（泳ぐ）の主語にもつくことができる。
　(3)　a．このままではろくな学生が我が校を受験しない。改革が必要だ。
　　　　b．魚を捕ろうと海にもぐったけれど，ろくな魚が泳いでいなかった。
(1a)，(2a)，(3a, b)の適格性と(1b)，(2b)の不適格性の違いは何だろうか。

2 「ろくな…ない」構文の含意と断定

　(1a)の話し手は，「学生がいい論文を書くと良い」（含意）と思っていたが，[4] 実際には，「学生がいい論文を書かず，レベルの低い論文ばかり書く」（断定）と述べている。話し手のこの含意と断定は，社会常識的に考えて自然なものである。ここで，次の(4a, b)の適格性の違いを考えてみよう。
　(4)　a．*昨夜，私の店が火事になったが，ろくな物が焼けず，ほっとした。
　　　　b．昨夜，腹いせにあいつの家に火をつけてやったが，ろくなものが焼けず，残念だった。
(4a, b)の含意は，「いい物（貴重で高価な物）が焼けると良い」である。自分の店が焼けたのに，このような含意を持つ人はいないが，放火犯人にとっては自

▷1　「ろくな…（ない），〜しか…（ない），めったに…（ない）」のように，常に否定辞「ない」を伴う表現を否定対極表現（negative polarity items）という。

▷2　「落ちる，凍る，焼ける，転ぶ，着く」のように，主語の非意図的事象を表す自動詞を非対格動詞（unaccusative verbs）という。

▷3　「ふざける，走る，泳ぐ，遊ぶ，踊る」のように，主語の意図的行為を表す自動詞を非能格動詞（unergative verbs）という。非対格動詞文と非能格動詞文の文構造に関しては，高見・久野 (2006) を参照。

▷4　含意は，その文が前提として暗に示す意味。一方，断定は，その文の表す明示的意味。

然な含意である。ゆえに(4a)は不適格, (4b)は適格である。[5]

次に(1b)の含意は, 「優秀な学生が論文を書くと良い」であり, この含意自体は特に問題はない。一方(1b)の断定は, 「優秀な学生が論文を書かず, 出来の悪い学生ばかりが論文を書く」である。しかし, このような状況は常識的にありえない。よって不適格である。

ただ, 次のような特殊な状況を想定すれば, (1b)は適格となる。大学4年生対象の期末試験で, ほぼ全員が合格したものの, 5名が不合格となり, 教師は苦肉の救済策としてその学生たちに論文を書かせ, その論文が提出されたとする。教師はその際, 次のように言うことができる。

(5) ろくな学生が論文を書かなかったので, いい内容のものはないだろうが, 読んでみよう。

なぜなら, 上記の状況では, 優秀な学生は(試験に合格したので)論文を書かず, 出来の悪い学生だけが論文を書いたからである。

以上から次の制約を立てることができる。

(7) 「ろくな…ない」構文に課される制約:「ろくな…ない」構文は, その文の含意が私たちの社会常識や文脈と適合し, その文の表す意味(断定)が, 私たちの社会習慣から考えて容易に想起されるものであれば, 適格となる。

この制約により, (2a, b)の対比も説明できる。(2a)で話し手は, 「いい物が落ちていれば良い」(含意)と思っていたが, 実際には, 「いい物は落ちておらず, つまらない物ばかり落ちていた」(断定)と述べている。この含意と断定に何ら問題はない。一方(2b)の含意は, 「いい俳優がふざけると良い」である。しかしこの含意は, 俳優がふざけることとその俳優の良さとは普通無関係で, 次のような特殊な文脈が与えられない限り考えられず, (2b)は不適格である。

(8) [?]あるテレビ番組で, 「有名俳優ふざけ大会」というのがあったので見てみたが, ろくな俳優がふざけなかったので, 面白くなかった。

(8)では, 問題となる文に先立って, 話し手が「有名俳優ふざけ大会」という番組を見たという状況が設定されている。そのため話し手が, 有名でいい(と話し手が考える)俳優がふざければ良い(含意)と思って番組を見たとみなすことが可能であり, 適格性が(完全ではないものの)(2b)よりはるかに高い。

最後に(3a)の含意は, 「優秀な学生が我が校を受験すれば良い」, 断定は, 「優秀な学生は我が校を受験せず, 出来の悪い学生ばかりが受験する」, (3b)の含意は, 「いい魚が泳いでいると良い」, 断定は, 「いい魚は泳いでおらず, つまらない魚だけが泳いでいた」である。これらの含意と断定は社会常識と適合し, 容易に想起されるため, 何ら問題がなく, (3a, b)は適格である。

(高見健一)

▶5 本節の副題にある「*地震でろくな物が壊れなかった」が不適格なのも, (4a)と同様に説明できる。

参考文献

高見健一・久野暲(2006)
『日本語機能的構文研究』
大修館書店。

第Ⅱ部　文法と意味

3　機能文法

5　「V かけの N」構文
「歩きかけの赤ちゃん」と「*歩きかけの人」の違い

1　「V かけの N」構文の不思議

　日本語では(1a, b)のように，動詞の連用形に名詞化接辞の「かけ」と格助詞の「の」がついた名詞句表現がよく用いられるが，(2)は同じパターンであるものの，不適格である。

(1)　a．倒れかけの木 / 沈みかけの夕日
　　　b．飲みかけのコーヒー / 読みかけの本
(2)　*働きかけの作業員 /*叫びかけの人 /*踊りかけのダンサー

　なぜこのような違いが生じるのだろうか。この表現を「V かけの N」構文（V は動詞，N は名詞）と呼ぶが，(1a)の動詞「倒れる，沈む」は，木や夕日の非意図的事象を表す自動詞（非対格動詞），(1b)の動詞「飲む，読む」は他動詞，一方(2)の動詞「働く，叫ぶ，踊る」は，作業員，人，ダンサーの意図的行為を表す自動詞（非能格動詞）であるため，「V かけの N」構文は，動詞が非対格動詞か他動詞の場合に適格となり，非能格動詞の場合は不適格になると思われるかもしれない。

　しかし，次の(3a)の「落ちる」は，看板，鉛筆の非意図的事象を表す非対格動詞，(3b)の「歩く」は，赤ちゃん，人の意図的行為を表す非能格動詞であるが，同じ動詞でも適格性に違いがあるため，非対格動詞と非能格動詞の違いが原因ではないことがわかる。

(3)　a．落ちかけの看板 /*落ちかけの鉛筆
　　　b．歩きかけの赤ちゃん /*歩きかけの人

一体，この構文はどのように説明されるのだろうか。

2　「V かけの N」構文に課される制約

　この構文の適格性を決定づけている要因は，動詞自体ではなく，動詞句や文全体の表す事象が成立（達成）するまでに，時間的経過を伴う前兆や途中の過程を私たちが観察したり，その前兆や過程に注目するかどうかである。(1a)の「倒れかけの木」とは，まだ倒れてはいないが，傾いた状態でそのままサスペンド（抑制）された状態の木という意味である。つまり，倒れるまでの前兆があり，私たちはその前兆に注目する習慣がある。夕日も，沈むまでの前兆があり，私たちはその前兆に注目する。

▷1　接辞とは，単独では用いられず，常に他の語について，それにある意味を付加する働きを持つもの。日本語には接頭辞（たとえば「真水，真顔」の「真」）と接尾辞（たとえば「苦み，渋み」の「み」）がある。動詞の連用形に「かけ」をつけることで，「食べかけ，壊れかけ」など，名詞を作るので，「かけ」は名詞化接尾辞（序-2 側注11も参照）。

▷2　他動詞でも(1b)と異なり，たとえば「*見つけかけのおやつ」は不適格である。

（1b）の「飲みかけのコーヒー」は，コーヒーを飲み終えるという終了点に向かってその過程がすでに始まっており，その過程が途中でサスペンドされているコーヒーという意味である。そして私たちは，その過程の途中に注目する。「読みかけの本」も同様である。

一方，（2）の人が働いたり，叫んだり，踊ったりする場合は，通例，その前兆がなく，一瞬にしてこれらの動作が成立し，その動作成立に至る過程がない。そのため，それらの事象が押しとどめられたり，引き止められたりしているというサスペンドの意味合いもない。

以上から，「V かけの N」構文に関して次の制約を立てることができる。

(4) 「V かけの N」構文に課される制約：「V かけの N」構文は，「（主語＋）N＋V」が表す動作，出来事の成立に導く過程，前兆がすでに始まっていて，私達はその過程，前兆に注目する習慣があり，V が表す動作，出来事の成立が途中でサスペンドされていることを表す場合に適格となる。

(4)の制約は(3a)の対比も説明できる。看板が掛かっていた所からずれたり動いて，今にも落ちそうになっているが，その状態でサスペンドされている様子は，容易に観察される。そして私たちは，そのような状態に注目する習慣がある。一方，鉛筆が机などから落ちるのは，一瞬の出来事で，その出来事に至る過程や前兆は，通例，観察されない。よって，前者は適格，後者は不適格となる。

(3b)の歩きかけの「赤ちゃん」とは，一人前に歩けるという終点に向かって，まだその途上にある赤ちゃんを指す。そのため，完全に歩ける状態に至るまでの過程，前兆が観察される。そして，赤ちゃんが完全な一人歩きができる状態に到達するのをサスペンドしているのは，足の骨がまだ十分に発達していないとか，身体のバランスをとることをまだ体得していない，というような外的要因である。一方，普通の人が歩く場合は，そのような途中段階がなく，少しでも歩けば，もう歩くという行為が完全に成立する，一瞬の動作である。そのため，その前兆やそれに至る過程が存在しない。この違いのため，前者は(4)の制約を満たして適格，後者はそれを満たさず不適格となる。

次の対比も(4)の制約で説明できる。

(5) 止まりかけのバス／*止まりかけの生徒

止まりかけのバスは，速度を徐々に落とし，最終的に静止状態に至る。そして私たちは，バスが止まるまでのこのような前兆に注目する。一方，人が歩いて止まる場合は，その前兆がなく，一瞬に静止する。よって前者は(4)を満たして適格，後者は(4)に違反して不適格となる。 (高見健一)

▷ 3　前掲，▷ 2 の「*見つけかけのおやつ」が不適格なのも，おやつを見つけるのが一瞬の出来事であるため。一方，同じ「見つける」でも，「見つけかけの定年後の生きがい」とすれば適格となる。それは，定年後の生きがいを見つけるまでに，時間のかかる過程があり，その発見の過程は注目に値し，見つけるのが難しいために途中でサスペンドされうるからである。

(参考文献)

高見健一・久野暲（2006）
『日本語機能的構文研究』
大修館書店。

第Ⅱ部　文法と意味

3　機能文法

 日英語の談話省略と情報の新旧
Was he killed in 2010？—*Yes, he was killed φ. はなぜ不適格か

省略できる場合とできない場合

次の2組の会話を考えてみよう（φは要素の省略を表す）。

(1)　A: Was he still alive in 2010?
　　 B: Yes, he was still alive φ.
(2)　A: Was he killed in 2010?
　　 B:*Yes, he was killed φ.

(1B)は，in 2010 を省略して答えることができるが，(2B)は，in 2010 を省略して答えることができない。どうしてこのような違いが生じるのだろうか。

さらに次の日本語の会話を見てみよう。

(3)　A: 君は太郎君を「腰抜け」と呼んだのか？
　　 B₁: うん，φ　　　　φ　　　呼んだ。
　　 B₂: うん，φ　「腰抜け」と呼んだ。
　　 B₃:*うん，太郎君を　　φ　　呼んだ。

(3A)の質問に対して，(3B₁)のように，(主語の「僕は」に加えて)「太郎君を」と「「腰抜け」と」の両方を省略したり，(3B₂)のように，「太郎君を」のみ省略することはできるが，(3B₃)のように，「太郎君を」を残して，「「腰抜け」と」を省略することはできない。なぜだろうか。

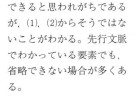 新情報と旧情報

話し手が聞き手に伝達する文は，多くの場合，聞き手がすでに知っていたり，文脈から予測できる旧情報と，聞き手が知らなかったり，文脈から予測できない新情報の2つから成る。たとえば次の会話を見てみよう。

(4)　A: Who does John like?
　　 B:(He likes)　　　Mary.
　　　　より旧い情報　より新しい情報
(5)　A: Who likes Mary?
　　 B: John　　　　(likes her).
　　　　より新しい情報　より旧い情報

(4A)の質問に対して，(4B)の He likes は旧情報（より旧い情報），Mary は新情報（より新しい情報）である。(4A)の話し手にとって，(4B)の答えで重要な

▷1　省略は一見，先行文脈にある要素なら，何でもできると思われがちであるが，(1),(2)からそうではないことがわかる。先行文脈でわかっている要素でも，省略できない場合が多くある。

▷2　言い換えれば，(4B)の He likes は Mary より重要度が低い情報，逆に Mary は He likes より重要度が高い情報である。このように，「より旧い情報」は，重要度がより低い情報，「より新しい情報」は，重要度がより高い情報と言い換えられる。

76

のは Mary だけなので，より旧い情報の He likes は省略できる。一方(5A)の質問に対して，(5B)の John は，likes her より新しい情報なので，likes her を省略して，John とだけ答えることができる。

③ 省略順序の制約

以上をもとに，(1B)と(2B)の適格性の違いは次のように説明される。

(1)′ A: Was he still alive in 2010？（彼は2010年にはまだ生きていたか？）

B: Yes, he <u>was still alive</u>　　　<u>in 2010.</u>
　　　　　より新しい情報　　　より旧い情報
　　　　　　　　　　　　　→φ

(2)′ A: Was he killed in 2010？（彼は2010年に殺されたのか？）

B: Yes, he <u>was killed</u>　　　　<u>in 2010.</u>
　　　　　より旧い情報　　　より新しい情報
　　　　　　　　　　　　　→*φ

(1A)′は，彼が2010年にはまだ生きていたかどうかを尋ねているため，in 2010 は was still alive より旧い情報である[3]。よって in 2010 を省略して，was still alive を残すことは可能である。一方，(2A)′は，彼が殺されたのが2010年かどうかを尋ねているため，in 2010 は was killed より新しい情報である[4]。よって in 2010 を省略して，was killed を残すことはできない。

以上から，省略に関して次の制約があることがわかる。

(6) 省略順序の制約：省略は，より旧い情報を表す要素から，より新しい情報を表す要素へと順に行う。

次に，(3B₁)は次のように説明できる。

(3)′ A: 君は太郎君を「腰抜け」と呼んだのか？

B₁: うん，僕は太郎君を「腰抜け」と　　　呼んだ。
　　　<u>より旧い情報</u>　　　　　<u>より新しい情報</u>
　　　　　　→φ

(3A)′は，(3B₁)′が太郎君を「腰抜け」と呼んだかどうかを尋ねている。よって，「呼んだ」がもっとも新しい情報で，これを残してあとを省略できる。

次に，(3B₂)と(3B₃)は次のように説明できる。

(3)′ B₂/₃: うん，<u>僕は</u>　　　　<u>太郎君を</u>　　<u>「腰抜け」と</u>　呼んだ。
　　　　もっとも旧い情報　　　より旧い情報　　　より新しい情報
　　　　　→φ　　　　　　　→φ　　　　　　　→*φ

「呼んだ」を除いた３つの要素の新旧度は，上記のようになり，「僕は」と「太郎君を」を省略した(3B₂)の会話は(6)の制約に合致して適格，一方，「「腰抜け」と」を省略した(3B₃)の会話は，(6)に違反して不適格となる。　　　（高見健一）

▷ 3 (1A)′の in 2010 は「2010年には」と訳され，主題副詞として機能している。主題副詞とは，この in 2010 のように，その文で旧情報を表す副詞。

▷ 4 (2A)′の in 2010 は「2010年に」と訳され，焦点副詞として機能している。焦点副詞とは，その文でもっとも新しい（重要度がもっとも高い）情報を表す副詞。

（参考文献）
久野暲（1978）『談話の文法』大修館書店。
久野暲・高見健一（2015）『謎解きの英文法──副詞と数量詞』くろしお出版。

第Ⅱ部　文法と意味

3　機能文法

7　英語の命令文
*Have a brother. と Have a nice day. の違い

1　同じ動詞なのになぜ？

英語の命令文は，(1a-c)のように，話し手が聞き手に何かをするよう指示，依頼，提案，助言などを与える文型で，主語である聞き手 You が一般に省略されて，動詞の原形が用いられる。

(1)　a．Be quiet!　　　b．Don't work too hard.
　　　c．Brush your teeth after every meal.

ただ，このような命令文が常に適格というわけではなく，次の3組の文では，同じ動詞が用いられているのに，適格性が異なる。

(2)　a．*Have a brother.　　b．Have another helping of dessert.
(3)　a．*Love this fruit.　　b．Love me tender, love me sweet.
(4)　a．*Understand French.　b．Understand that I will not be there next month.

どうして(a)は不適格なのに，(b)は適格なのだろうか。

さらに，次の(a)は不適格なのに，それを否定文にした(b)は適格である。

(5)　a．*Be lonely.　　b．Don't be lonely.
(6)　a．*Trip on holes or bricks（*穴やレンガにつまずきなさい）
　　　b．Don't trip on holes or bricks.（穴やレンガにつまずかないように）

肯定命令文と否定命令文でどうしてこのような違いが生じるのだろうか。

2　動詞句全体が自己制御可能な事象を表すか？

命令文が適格となるのは，動詞とその後ろの要素，つまり動詞句全体が，自己制御可能な（self-controllable）事象を表す場合である。命令文は，話し手が聞き手に「〜しなさい」と言うものなので，その内容は，聞き手が自らの意志で，意図的に行うことができるものでなければならない。

そうすると(1a-c)では，人は静かにしたり，働き過ぎないようにしたり，毎食後に歯を磨くことを自らの意志でできる。よって(1a-c)の動詞句は，聞き手が自己制御可能な事象を表すので，これらの命令文は適格である。

次に，(2a)の have は，「（家族・友人などを）持っている，〜がいる」，(2b)の have は「食べる」という意味で，人は自分の意志で兄弟を持つことはできないが，デザートは自分の意志で食べることができる。(3a)では，ある果物を

▷1　主語が You ではなく，明示される命令文（たとえば Somebody call the police immediately!）もある。この文の call は原形で，calls ではないことに注意。

▷2　ある動作や状態が，自らの意志で制御（コントロール）できるかどうかを自己制御性（self-controllability）という。

▷3　本節の副題にある Have a nice day. の have は「過ごす」という意味で，人は楽しいことをして，よい一日を過ごすことができる。よってこの命令文も適格。

好きになるかどうかは，自分の意志では制御できないが，(3b)では，人を優しく（思いやりを持って）愛することは自らの意志でできる。さらに(4a)の understand は「わかる，理解できる」という意味で，フランス語が理解できるかどうかは，人がコントロールできる事象ではない。一方(4b)の understand は「気づく，心に留めておく」という意味で，話し手が来月そこにいないということに気づき，心に留めておくのは，聞き手が自己制御可能な事象である。よって(2)-(4)の(a)は不適格，(b)は適格となる。

　以上から，命令文の適格性に関して次の制約を立てることができる[4]。

　(7) 命令文に課される意味的制約：命令文は，その動詞句全体が自己制御可能な事象を表す場合にのみ適格となる。

　(7)の制約は，(5a, b)，(6a, b)の肯定命令文と否定命令文の適格性の違いも説明できる。(5a)で，人が寂しく思うのは，非意図的事象で，自ら制御できないが，(5b)では，人は映画を見たりして，寂しくならないように努めることができる。同様に(6a)で，穴やレンガにつまずくのは非意図的事象で，自らの意志ではできないが，そうしないように気をつけることは，自らの意志でできる。よって(5a)，(6a)は不適格であるが，(5b)，(6b)は適格である[5]。

③ 受身形命令文

　命令文は一般に能動文であり，次のような受身形の命令文は不適格であるが，(7)の制約はこの事実も説明できる。

　(8)　a．*Be fired.　　　　b．*Be praised by your teacher.

　　　 c．*Be taken to Disneyland some day.

首にされる，先生に褒められる，ディズニーランドへ連れて行ってもらうという受動的行為は，聞き手が自らの意志で行うことができない。首にするのは社長や経営陣であり，褒めるのは先生であり，ディズニーランドへ連れて行ってくれるのは，たとえば親であり，聞き手はそのような行為を「～されなさい」と言われても，何もすることができない。よって(8a-c)は不適格である。

　ただ，次のような受身形の命令文は適格である。

　(9)　a．Be reassured by what Sam told you.

　　　 b．Don't be fooled by substitutes.

　　　 c．Don't be tricked out of your money.

なぜなら，(9a)は，「サムが言ったことで安心しなさい」，(9b)は，「類似品にご注意」（広告文），(9c)は，「お金をだまし取られないように」という意味で，これらは聞き手が自らの意志で行うことができるからである。人は，誰かのことばで安心したり，類似品に注意して，だまされないように気をつけることができる。よって(9a-c)は(7)の制約を満たして適格となる。　　　　　　（高見健一）

▷4　(7)の意味的制約は，日本語の命令文にも当てはまる（久野・高見 2017 参照）。

▷5　(6a, b)の日本語訳からもわかるように，肯定命令文と否定命令文の対比は日本語でも観察される。

（参考文献）

久野暲・高見健一（2013）『謎解きの英文法——省略と倒置』くろしお出版。
久野暲・高見健一（2017）『謎解きの英文法——動詞』くろしお出版。

3 機能文法

 # 相互動詞と受身文
*Mary was married by John. はなぜ不適格か

 meet, marry の不思議

多くの他動詞が受身形でも表現されるのに対し，meet（〈人に〉偶然出会う），marry（…と結婚する）は，次のように受身形では用いられない。(1b)，(2b)はなぜ不適格なのだろうか。

(1) a. John met Bill in Harvard Square today.
　　b. *Bill was met by John in Harvard Square today.

(2) a. John married Mary just a year ago.
　　b. *Mary was married by John just a year ago.

これに対し，meet が「出迎える」，marry が「（司祭などが）結婚式を執り行う」という意味では，次のように受身形で用いられる。なぜ(3a, b)の受身文は適格なのだろうか。

(3) a. At the airport in Rome we were met by an Italian lady who was an official licensed guide.
　　b. Dick and I were married by the priest on March 30, 2010.

② 相互動詞と受身文

meet が「〈人に〉偶然出会う」，marry が「…と結婚する」という意味の場合，A {met/married} B. は，B {met/married} A. と同義（意味が同じ）なので，このような動詞は相互動詞（または対称動詞）(reciprocal verbs) と呼ばれる。そのような動詞を次にあげよう。

(4) 相互動詞：meet, encounter, run into（〈人に〉偶然出会う），
　　　　　　marry（…と結婚する），date（…とデートする），
　　　　　　resemble, look like（…と似ている）

(1a)で話し手は，ジョンを主語位置に，ビルを目的語位置に意図的に置いているが，相互動詞の特性のゆえに，話し手は主語と目的語を入れ替えて，次のように言うこともできる。

(5) Bill met John in Harvard Square today.

(1a)と(5)の表す事実上の意味（論理的意味）は同じであるが，(1a)は話し手が主語のジョン寄りの視点から当該の事象を述べた文，(5)は話し手が主語のビル寄りの視点からその事象を述べた文という違いがある。

▷1　話し手はさらに，meet を自動詞として用い，John and Bill (Bill and John) met in Harvard Square today. と言うこともできる。

▷2　ある出来事を描写する際に，話し手が占めている空間的，時間的，心理的な立場，位置を視点という。

80

相互動詞ではない(6a)のような文の場合，話し手がこの事象をメアリー寄りの視点から述べれば，(6b)の受身文になる。

(6) a．John loves Mary.（≠ Mary loves John.）

　　 b．Mary is loved by John.

しかし，相互動詞の場合は，(1a)の事象を話し手がビル寄りの視点から述べようとすれば，わざわざ受身文を用いなくても，(5)のようにビルを主語にした他動詞文を用いればよいことになる。(2b)も同様に，話し手がメアリー寄りの視点から述べようとすれば，メアリーを主語にして，Mary married John just a year ago. と言えばよい。よって，(1b)，(2b)の受身文は用いられないことになる。

3 受身文が満たすべき基本条件

それでは，(1b)，(2b)の受身文はなぜ不適格なのか。ここで，受身文が満たさなければならない基本条件を考えてみよう。受身文の by 句は，次に示すように，受身文の主語に対して何かを行う行為者（人間，動物）や準行為者（無生物），さらに主語に対してある気持ちを抱く経験者を表す。

(7) a．John was advised by his doctor not to smoke anymore.（行為者）

　　 b．Many houses were destroyed by the typhoon.（準行為者）

　　 c．She is respected/admired by her students.（経験者）

つまり，受身文は（準）行為者や経験者がある対象に何かを行う場合や，ある気持ちを抱く場合に，話し手がその対象者を主語にして述べる文である。

そうすると，(1b)のジョンは，ビルにたまたまハーバードスクエアで出会っただけで，ビルに対して何も行っておらず，(2b)のジョンは，メアリーとの同意のもとに結婚しており，メアリーに一方的に何かをしたわけではない。よってこれらの受身文は不適格となる。一方(3a, b)で，人が誰かを出迎えたり，司祭が人の結婚式を執り行う場合は，その人や司祭が相手の人に対して働きかけ，ある行為を行っている。よって(3a, b)は適格であり，ここの meet, marry は相互動詞ではない。

Divorce（離婚する）も相互動詞のように見えるが，受身形が可能である。

(8) He was divorced by his wife after only six months of marriage when she tired of his womanizing.（他の女性と遊んでばかりいたので妻にうんざりされ，彼は結婚後わずか半年で離婚された。）

これは，結婚は当事者双方の同意のもとに成立するが，離婚は片方が一方的に言い出し，その手続きを起こして，相手がそれを最終的に認めるという場合もあるからである。(8)はまさにこの場合に当たるので適格である。つまり，妻が夫に対して働きかけており，受身文の基本条件を満たしている。したがって，divorce は相互動詞とは言えない。　　　　　　　　　　　　　　　（高見健一）

▷3　ジョンがメアリーを愛していれば，話し手は受身文を使わない限り，ジョンを主語位置に，メアリーを目的語位置に自動的に置かざるを得ない。一方，ジョンがメアリーと結婚した場合は，John married Mary. とも Mary married John. とも言え，主語をどちらにするかは，話し手の意図的な選択による。この違いが，通常の他動詞と相互動詞の重要な違いである。

（参考文献）
久野暲・高見健一（2005）
『謎解きの英文法──文の意味』くろしお出版。
久野暲・高見健一（2017）
『謎解きの英文法──動詞』くろしお出版。

第Ⅱ部　文法と意味

3　機能文法

9　anyの使い方
I doubt he has any money. は肯定文なのになぜ適格か

▷1　肯定文で用いられるsome（他に a few, a little, already, too〔～もまた〕等）は肯定対極表現（positive polarity items），否定文で用いられる any（他に at all〔少しも…でない〕, ever〔決して…でない〕, either〔～もまた…でない〕等）は否定対極表現（negative polarity items）と呼ばれる。

1　any は肯定文でも用いられる

　中学・高校では一般に，some は肯定文で用いられ，否定文では any が用いられると教えられる。しかし，次の(1), (2)の any を含んだ肯定文では，(a)は確かに不適格であるが，(b)は何の問題もない適格文である。

(1)　a．*He has any money in the bank.
　　　b．I doubt he has any money in the bank.
(2)　a．*He has any sense of humor.
　　　b．It's amazing that he has any sense of humor.

(a)と(b)は何が違うのだろうか。

　さらに any は，疑問文や条件文でも用いられる。

(3)　a．Do you have any money in the bank？（疑問文）
　　　b．If you have any money in the bank, please lend me some.（条件文）

(1)-(3)の事実を包括的に説明するには，any はどんな文脈で用いられると規定すれば良いのだろうか。

▷2　否定対極表現の any は「少しも…でない」という意味であるが，You can choose any book you like. のように，「どんな～でも」という意味で，肯定文に用いられる any もある。この any の用法は，「与えられたもののどれを選んでも良い」というような意味から，フリーチョイス（自由選択）の用法と呼ばれる。

2　否定文，疑問文，条件文の共通要素は何か？

　肯定文は，その内容を「～である」と肯定する文であるが，否定文は「～ではない」と否定するものである。また，疑問文はある内容が正しいかどうかを問いかける文，条件文は「もし～ならば」のように仮定を表すだけで，内容が正しいかどうかを断言するものではない。つまり，否定文，疑問文，条件文は，その表す内容を肯定していない《非肯定》を表すという点で共通している。そして，この《非肯定》の文脈で any が用いられると考えられる。

　そうすると，(1a), (2a)は《肯定》文脈なので，some が用いられる。一方(1b)は，「私は，彼が銀行にお金を持っているとは思わない」の意味なので，《非肯定》である。また(2b)は，「彼にユーモアのセンスがあるなんて驚きだ」の意味で，話し手は彼にユーモアのセンスがないと思っているので，《非肯定》文脈である。よって any が適格となる。

　このように，「疑い」や「驚き」を表す文は，意味的には《非肯定》で，doubt(ful), amazed, stupid, astonish, shock, surprise, absurd, silly などの動

82

詞，名詞，形容詞は，肯定文でも any を伴うことができる。

「禁止，回避，否認」を表す文も同様である。

(4)　a．The police kept him from calling anyone before he was released.

　　　b．My teacher carefully avoided any mention of race, class or gender.

　　　c．The criminal denies that he ever said anything like that.

(4a)は，警察が彼に釈放されるまで電話をかけさせないようにしたという，禁止を表す《非肯定》文脈である（keep … from に加え，stop, ban, hinder, prevent, prohibit なども同様）。(4b)も，「先生は，人種，階級，性については言及しないようにした」という，回避を示す《非肯定》である（avoid に加え，decline, fail, refuse, forget, neglect, refrain, omit なども同様）。また(4c)の否認を示す文も《非肯定》文脈である（reject も同様）。よって，(4a–c)は any（や ever）を伴うことができる[4]。

以上の考察から次の制約が導かれる。

(5)　some/any に課される意味的制約：some（などの肯定対極表現）は，話し手が，その文の表す内容（命題）が真であると述べる《肯定》文脈で用いられ，any（などの否定対極表現）は，話し手が，その文の表す内容（命題）が真であるとは想定しない《非肯定》文脈で用いられる。

❸ さらなる例の考察

(5)の制約は，次の対比も説明できる。

(6)　a．John left the party before anyone talked to him.

　　　「誰かが話しかける前にジョンはパーティーを退席した。」

　　　b．*John left the party after anyone talked to him.

　　　「誰かが話しかけた後でジョンはパーティーを退席した。」

(6a)の before 節は，「誰もジョンに話しかけなかった」という《非肯定》の意味を持つ。一方(6b)の after 節は，「誰かがジョンに話しかけた」という《肯定》の意味を持ち，someone が用いられる。よって(6a, b)の適格性の違いが生じる。

《肯定／非肯定》という概念は意味的なものであり，話し手がどのように思っているかに影響を受ける。たとえば，次の2つの疑問文は，話し手の期待によってどちらであるかが決まる。

(7)　a．Do you have any questions？《非肯定》

　　　b．Would you like some more wine？《肯定》

(7a)は，単に質問があるかどうかを尋ねているだけで，相手が必ず質問があるとは想定していないので，《非肯定》となり，any が用いられる。一方(7b)は，相手がもっとワインを飲みたいと話し手が想定した《肯定》文脈なので（そう想定した方が，丁寧な質問となるので），some が用いられる。　　（高見健一）

▷3　さらに，She recited the poem without any difficulty. / I argued against planting any trees there. なども肯定文であるが，any が用いられる。それは，without（〜もなく），against（〜に反する）が《非肯定》文脈を示すからである。

（参考文献）

久野暲・高見健一（2007）『謎解きの英文法――否定』くろしお出版。

第Ⅱ部　文法と意味

3　機能文法

 10 構成素否定と文否定
No pets is not allowed. の意味

1 否定文の不思議

次の2文はどちらも，副詞句の中にnoがあり，否定を表している。
(1) a．He was fired for no reason.
　　b．Time and tide wait for no man.

しかし，これら2文はさまざまな点で異なっており，たとえば，さらなる否定を表すnotを次のように(1a)では挿入できるが，(1b)ではできない。
(2) a．He was not fired for no reason.
　　b．*Time and tide don't wait for no man.

さらに，(1a, b)を付加疑問文にすると，次のように付加される疑問文の肯定・否定が逆になる。
(3) a．He was fired for no reason, {wasn't/*was} he?
　　b．Time and tide wait for no man, {do/*don't} they?

(1a)と(1b)は，同じような形をしているのに，どうして(2), (3)のような違いが生じるのだろうか。両者の否定はどこが違うのだろうか。

2 構成素否定と文否定

(1a)は，「彼は［理由もなく］解雇された」という意味で，no は reason のみを否定し，この文全体は肯定文である。一方(1b)は，「歳月人を待たず」という意味のことわざで，この文全体は否定文である。つまり，no は man の直前にあるものの，man を否定するのではなく，文全体を否定している。

(1a)のように，否定辞が文を構成する一部の要素のみを否定する場合を構成素否定 (constituent negation)，(1b)のように，否定辞が文全体を否定する場合を文否定 (sentence negation) と呼ぶ。ここで，否定辞を NO と大文字で表記し，(1a, b)の否定辞と否定される部分の関係を示すと，次のようになる。
(4) a．He was fired for NO [reason]（構成素否定）
　　b．NO [Time and tide wait for any man]（文否定）

さて，構成素否定は，その文全体は肯定文であるため，文否定を表す否定辞をさらに加えることができる。そのため(2a)は適格となり，この文は「彼は［理由もなく］解雇されたわけではない」という意味であり，たとえば次のような文脈で用いられる（話し手Bの発話のnotに強勢が置かれるので，notを大文字

▷1　さらに，No news is good news.（[便りのない]のは良い便り）は構成素否定。No tap water is 100% pure.（水道水が100パーセント純粋だということはない）は文否定。

で表記する）。

　(5)　A: I'm outraged that he was fired for no reason.

　　　B: He was NOT fired for no reason – he's been chronically late
　　　　　for the past six months.

彼が理由もなく解雇されたと怒っている A に対して，B が「ここ半年間，ず
っと遅刻していたんだ。理由もなく解雇されたわけではないよ」と説明してい
る。

　一方，文否定は，文全体が否定なので，さらに文否定を表す否定辞を加える
ことができない。よって(2b)は不適格となる。つまり，(2b)が表そうとする
意味は，次の(6a)か，あるいは(6b)（＝1b）で表さなければならない。

　(6)　a．Time and tide don't wait for any man.

　　　 b．Time and tide wait for no man.（＝1b）

　上記の考察から(3a, b)の付加疑問の違いも自動的に説明できる。(3a)の主
文（＝He was fired for no reason.）は構成素否定であり，文全体は肯定文であ
る。よって，それに付加される疑問文は，否定形の wasn't he? となる。一方
(3b)の主文（Time and tide wait for no man.）は文否定であり，文全体が否定
文である。よって，それに付加される疑問文は，肯定形の do they? となる。

❸ No pets are allowed. と No pets is not allowed.

　次の 2 文はともに正しい英語であるが，どのような意味だろうか。また，
(7b)の動詞は is で，are だと間違いであるが，これはなぜだろうか。

　(7)　a．No pets are allowed.

　　　 b．No pets is not allowed.

(7a)は，「ペットはお断り」，つまり，「ペットを飼う（連れてくる）ことは許さ
れない」という文否定で，Pets are not allowed. と言い換えられる。一方
(7b)は，マンションの賃借契約をしている人が，No pets（ペットお断り）と書
かれているのを見て，それは不当だと主張して言うような文であるが，「［ペッ
トを飼えない］なんて許されない」という意味である。そのため，No は pets
のみを否定する構成素否定で，not が文全体を否定する文否定の働きをしてい
る。ここで，(7a, b)を NO を用いて表すと，それぞれ(8a, b)のようになる。

　(8)　a．NO［Pets are allowed］

　　　 b．NO［NO［pets］is allowed］

　ここで，(7b)の動詞が単数の is であることに注意したい。この文の主語は
pets ではなく，「ペットを飼えないこと」という状態を表す表現なので，単数
扱いとなる。一方(7a)は，上で Pets are not allowed. と書き換えられると述
べたことからわかるように，主語が複数形なので，動詞は are になる。

（高見健一）

▷ 2　構成素否定と文否定
のさらなる違いとして，so
と neither の使い方が異な
る点をあげることができる
（たとえば，He was fired
for no reason, and |so/*
neither| was she. と　He
waits for no man, and
|neither/*so| does his
wife.）。

（参考文献）
久野暲・高見健一（2007）
『謎解きの英文法──否定』
くろしお出版。
高見健一（2010）「否定文」
澤田治美・高見健一編『こ
とばの意味と使用』鳳書房，
80-90頁。

第Ⅱ部　文法と意味

4　生成文法

統語論とは何か
無意識のうちに獲得している「ことばの知識」

1　統語論とは？

　私たちの毎日の生活にことばは欠かせない。人に何かを伝えるときはもちろん，1人で考えごとをするときも，頭の中には，ことばがあふれている。
　ことばをあやつるには，ある程度，単語を知らないと，どうすることもできないが，あらためて考えてみると，単語の知識＝ことばの知識というわけではない。少し難しい英語の読解問題などで，単語は全部，辞書で調べたのに，意味がわからない，という経験はないだろうか。それぞれの単語の意味がわかっているつもりでも，その単語をどう組み合わせて理解していけばいいのかがわからないと，使いものにはならない。不思議なのは，母語の場合，その「組み合わせる方法」をわざわざ習った覚えが全くないにもかかわらず，いつのまにか，使いこなすことができるようになっているということである。単語はどのように組み合わされて文になるのだろうか。その仕組みを追究する分野は統語論と呼ばれている。

2　いろいろな構造の可能性

　同じ単語を使っていても，組み合わせ方が異なると異なる意味の表現になることがある。たとえば，(1)は2つの異なる意味に解釈できるのだが，どういう違いかわかるだろうか。

　　(1)　白いギターの箱

1つの解釈は，「白いギター」があり，その「箱」がある，という解釈（解釈A）である。もう1つの解釈は，「ギターの箱」があり，その箱が「白い」という解釈（解釈B）である。
　この違いは，単語の組み合わせ方の違いとしてとらえることができる。つまり，(2)のように，先に「白い」と「ギター」を組み合わせたのが，解釈Aであり，(3)のように，先に「ギター」と「箱」を組み合わせたのが，解釈Bである。

▷1　(1)の意味がわからないということはないだろうが，いったん得た解釈とは別の解釈をしようとしても，最初の解釈にとらわれてしまうことも多い。少し慣れると，「組み合わせ方」を意図的に変えて，別の解釈をすることも，より簡単にできるようになる。普段，無意識に利用していることばの知識を，こうやって意識的にコントロールしていけるようになるのも，面白いことではないだろうか。

▷2　(2)や(3)のような図は樹形図と呼ばれる。ここでは，どちらがどちらに「係って」いるのかがわかりやすいように，修飾表現のほうを細い線で，修飾されているほうを太い線で表記している。

　　(2)　解釈A　　　　　　(3)　解釈B

86

言い換えれば，頭の中で(2)のように単語が組み合わされた場合には解釈Aが導かれ，(3)のように単語が組み合わされた場合には解釈Bが導かれるということになる。

(1)の場合には，たまたま2種類の解釈ができたが，もちろん，1種類の解釈しかできないことも多い。たとえば，(4)と(5)を比べてほしい。

 (4) 大きい旗を振る
 (5) 大きく旗を振る

(4)では，「大きい」のは「旗」であるのに対して，(5)では，「大きい」のは「振り方」という解釈しかできない。つまり，(4)の場合，(6)の組み合わせ方はできるが(7)の組み合わせ方は許されていないということになる。

 (6) OK   (7) NG

そして，(5)の場合は逆に，(8)の組み合わせ方が許されず，(9)の組み合わせ方しかできないということになる。

 (8) NG   (9) OK

このことは，次のように考えると，説明がつく。すなわち，「大きい」という（いわゆる）連体形の場合には，「旗」のような名詞と組み合わせることはできる（→(6)）が，「振る」のような動詞と組み合わせることはできない（→(7)）。そして，「大きく」という（いわゆる）連用形の場合には，名詞と組み合わせることができず（→(8)），動詞と組み合わせることはできる（→(9)）。

3 構造としての可能性と解釈の可能性

このように，単語はその形ごとに，どのようなものと組み合わされうるか，統語的特性を持っている。もちろん，連体形と名詞，もしくは，連用形と動詞の組み合わせだからといって，どんなものでも意味がわかるとは限らない。

 (10) ?? どす黒い 髪型
 (11) ?? どす黒く 歩く

表現が実際に使われるためには，形として可能であるだけでなく，意味の相性も良い必要があるのである。ただし，(10)や(11)は，形としては不可能ではないため，詩など，新しい意味を想像して理解しようとするような場合には，意味解釈ができないわけでもない。その点で，形としてゆるされない(7)や(8)とは大きく異なるのである。

               （上山あゆみ）

▷3　ここで「??」という記号は，その表現が容認できるかできないか迷う，ということを示していると思ってもらってかまわない。Ⅱ-4-4側注3も参照。

参考文献

ノーム・チョムスキー(2017)『統辞理論の諸相——方法論序説』福井直樹・辻子美保子訳，岩波文庫。
スティーブン・ピンカー(1995)『言語を生み出す本能』(上・下)椋田直子訳，NHKブックス。
北川善久・上山あゆみ(2004)『生成文法の考え方』研究社。

第Ⅱ部　文法と意味

4　生成文法

 文の構造

樹形図はねじれない！

 係り関係

　今度は，次のような文を例として，何が何を修飾しているかというような係り関係について，もう少し複雑な場合を見てみよう。係り関係は，どのぐらいバラエティが許されるのだろうか。

　　(1)　ふわふわした　わたあめを食べている　ひつじと話している　うさぎがいる。

　(1)の文を読んで最初に思い浮かべる状況はどのようなものだろうか。おそらく一番わかりやすいのは，「ふわふわしている」のは「わたあめ」，「わたあめを食べている」のは「ひつじ」という解釈だろう。このように，特に理由がなければ，修飾表現は直後に続くものに係ると解釈するのがもっとも楽に違いない。

② 隣接していないものを修飾する解釈

　しかし，あえて意識しながら解釈すれば，隣接していない表現に係るように解釈することも可能である。それぞれ，指定されている解釈が頭の中で再現されるかどうか挑戦してみてほしい。

　　(2)　(「ふわふわしている」のが「わたあめ」，「わたあめを食べている」のが「うさぎ」という解釈で)

　　　ふわふわした　わたあめを食べている　ひつじと話している　うさぎがいる。

　　(3)　(「ふわふわしている」のが「ひつじ」，「わたあめを食べている」のも「ひつじ」という解釈で)

　　　ふわふわした　わたあめを食べている　ひつじと話している　うさぎがいる。

　　(4)　(「ふわふわしている」のが「うさぎ」，「わたあめを食べている」のも「うさぎ」という解釈で)

　　　ふわふわした　わたあめを食べている　ひつじと話している　うさぎがいる。

　ただ，注目されるのは，どんな組み合わせでもできるわけではないということである。次のような係り方は，どうしても無理ではないだろうか。

　　(5)　(「ふわふわしている」のが「ひつじ」，「わたあめを食べている」のが「うさぎ」という解釈で)

　　　ふわふわした　わたあめを食べている　ひつじと話している　うさぎがいる。

これは，「ふわふわした」ものがたくさんあって紛らわしいから，ということ

▷1　おそらく，「わたあめを食べている」のあとで少し切って読むと，この解釈がしやすいだろう。
▷2　この解釈の場合，「ふわふわした」のあとで少し切って読むと，とりやすいだろう。
▷3　今度は，「ふわふわした」のあとと「わたあめを食べている」のあとの2カ所で少し切って読むと，この解釈がしやすいだろう。
▷4　同じようなことは，次のような文でも確認できるだろうと思う。
　　かわいい　リボンをつけた　犬を抱いた　女の子が　立っている。
自分でも，いろいろな例を作って確認してみるといいだろう。

88

4-2 文の構造

ではない。次のように，常識ではありえないような組み合わせにしても，解釈そのものはできる。

(6) (「おいしそう」なのが「眼鏡」,「眼鏡をかけた」のが「綿菓子」という解釈で)

　　おいしそうな　眼鏡をかけた　綿菓子を食べている　女の子が立っている。

そして，いくら解釈しやすい組み合わせにしても，やはり，できない解釈はできないのである。

(7) (「おいしそう」なのが「綿菓子」,「眼鏡をかけた」のが「女の子」という解釈で)

　　おいしそうな　眼鏡をかけた　綿菓子を食べている　女の子が立っている。

(5)や(7)のような解釈ができないのは，文の構造の問題である。その語順で無理にそのような解釈を表現しようとすると，樹形図が「ねじれ」てしまう。

(8)
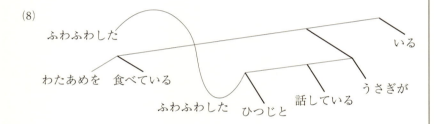

つまり，私たちが文を解釈することができるのは，頭の中で無意識に構造を形成しているからであり，「ねじれた樹形図」が許されないからこそ，(5)のような解釈ができないのだ，と考えることができる。

もちろん，次のような語順にすれば，(5)では不可能だった解釈もできるようになる。

(9) (「ふわふわしている」のが「ひつじ」,「わたあめを食べている」のが「うさぎ」という解釈で)

　　わたあめを食べている　ふわふわした　ひつじと話している　うさぎがいる。

この語順ならば，次のように（ねじれない）樹形図で構造が形成できる。だからこそ，私たちの頭でも，この解釈が可能なのである。

(10)
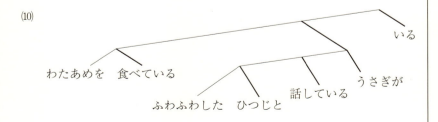

(上山あゆみ)

参考文献

松本裕治・今井邦彦・田窪行則・橋田浩一・郡司隆男（1997）『言語の科学入門』（岩波講座　言語の科学1）岩波書店。
郡司隆男・坂本勉（1999）『言語学の方法』（現代言語学入門1）岩波書店。

4 生成文法

3 文の構造と「移動」
ねじれた樹形図⁉

1 ねじれているように見える例

Ⅱ-4-2 では，文の中で係り関係がねじれることはないということを見た。しかし実は，係り関係がねじれているように見える例がないわけではない。少し複雑だが，次の文の意味を考えてみてほしい。

(1) この村に 警察は 犯人が ひそんでいると 思っているらしい。

(1)の文は，(2)と同じ意味である。

(2) 警察は 犯人が この村に ひそんでいると 思っているらしい。

(2)の係り関係を樹形図で表すと次のようになる。

(3)
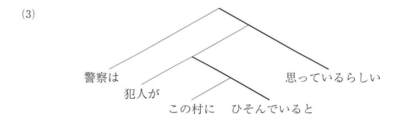

ということは，(1)の係り関係を樹形図で表すと，次のように，ねじれた図になってしまう。

(4)
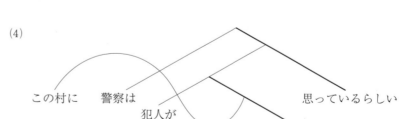

前の節の「ふわふわした」例文では，このように構造がねじれてしまう解釈はできなかったのに，どうして(1)の文は解釈できるのだろうか。

2 移 動

(1)の文については，「この村に」という部分が次のように移動しているという分析が提案されている。

▷1 日本語で，このように文節の順番が交替する現象は，生成文法では，かき混ぜ（scrambling）と呼ばれている。「メアリをジョンが追いかけた」という文が「ジョンがメアリを追いかけた」という文から移動によって派生したと考えるべきか，移動を伴わず最初からその語順で生成されていると考えるべきかは異論があるだろうが，(1)のように複文の場合には，移動によって派生したと考えなければ，「この村に」の格助詞ニの出現を説明することができないだろう。

90

(5)

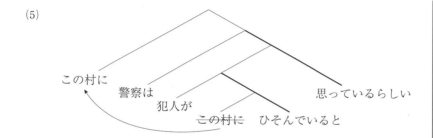

　もし，単語を組み合わせる際に，このような移動という操作が許されるならば，(5)の樹形図そのものは，ねじれているわけではないので，解釈ができるという現実と矛盾しなくなる。
　もちろん，何でもかんでも移動が可能だと考えてしまっては，元も子もない。前節の説明を保持したいと思えば，次のような移動は許してはならないことになる。

(6)

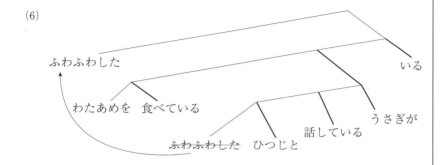

　ここで気がつくのは，(6)の「ふわふわした」と「ひつじ」の関係は，いわゆる連体修飾の関係であるのに対して，(5)の「この村に」と「ひそんでいる」の場合は，いわゆる連用修飾の関係であるということである。つまり，連体修飾の場合には移動ができないという統語論の制限があると仮定することによって，(5)と(6)の違いが説明できる可能性があるのである。
　どういう場合に移動が可能でどういう場合に移動が不可能なのかということは，まだまだ解決していない問題である。言語によって，移動可能か，そして移動しなければならないものが異なっていると考えられているが，そのような違いが何から導かれるのか今後の研究が待たれる。
　　　　　　　　　　　　　　　　　　　　　　　　（上山あゆみ）

参考文献

郡司隆男（2002）『単語と文の構造』（現代言語学入門3）岩波書店。

第Ⅱ部　文法と意味

4　生成文法

4 移動の制約
「今度はコーヒーと何を注文しようか？」

1　英語の wh 疑問文と移動

　移動という操作については，英語での研究が進んでいる。特に wh 疑問文は，私たちから見ても，移動があると考えると納得しやすい。

(1) **Wh**at do you think [John bought ___]?

(2) **Wh**o did you say [___ made this]?

(1)も(2)も，「〜と思う」「〜と言う」という動詞の目的語に当たる節（[　]で囲まれている部分）からの移動であるが，注目されるのは，どんな位置からの移動でも許されるというわけではないということである。▷1

(3) *Who are you going to buy [a picture which ___ painted]?

(4) *What did Mary came home [when John was doing ___]?

たとえば，(3)のように名詞に係る関係節の中からの移動はできないし，(4)のように副詞節の中からの移動もできない。また，(5)のように，等位構造の中から▷2 移動することもできない。では(1)—(2)と(3)—(5)の違いはどこから生じるのだろうか。

(5) *What did John go to buy [coffee and ___]?

2　日本語の場合

　英語話者からすると，(3)—(5)なんて，そんな変な質問はしない，と言いたくなるかもしれないが，こういう意味のことを聞きたくなることはないと限ったわけではない。実際，日本語ならば，(1),(2)に相当する疑問文と同様，(3)—(5)に相当する疑問文も，次のように何の問題もなく言うことができる。

(6)　君は［ジョンが何を買ったと］思いますか。

(7)　君は［誰がこれを作ったと］言ったのですか。

(8)　君は［誰が描いた絵］を買うつもりですか。

(9)　メアリは［ジョンが何をしている時に］帰ってきたのですか。

▷1　(3)の文頭にある「*」という印は，アステリスク(asterisk)と呼ばれるもので，本来，非文法的ということを示す印である。ただし，「非文法的」であるかどうかは，理論によって決められる側面があるため，しばしば，単に「はっきりと容認不可能である」場合の印として使われることも多い。

▷2　等位構造とは，同種のものが and や or などの接続詞でつながれた部分を指す。英語の and は，名詞句でも動詞句でも文でもつなぐことができるが，この(5)の例では名詞句をつないでいる。

⑽　ジョンは［コーヒーと何と］を買いに出かけたのですか。

日本語の場合，「誰／何」などの疑問詞を文頭に置かなければならないという制限がないが，英語の場合は，「who」や「what」を文頭に置かなければならないため，どうしても移動が必要となり，その結果，移動ができない位置に疑問詞があると，文が構築できなくなるのである。

❸　日本語で容認性の低い例

　したがって，日本語でも，あえて語順を変えて疑問詞を文頭で言おうとすると，ある程度，英語と同じような違いを感じることもできるだろう。[3]

　⑾　何を　君は［ジョンが ＿＿＿ 買ったと］思いますか。

　⑿　?誰が　君は［ ＿＿＿ これを作ったと］言ったのですか。

　⒀　*誰が　君は［ ＿＿＿ 描いた絵］を買うつもりですか。

　⒁　*何を　メアリは［ジョンが ＿＿＿ している時に］帰ってきたのですか。

　⒂　*何と　ジョンは［コーヒーと ＿＿＿ ］を買いに出かけたのですか。

人によって少し感じ方が違うだろうが，⑾—⒂を比べると，おおまかには，だんだん受け入れがたさが大きくなるのではないだろうか。

　ただし，⑾—⒂のような語順にしたからといって，日本語の疑問文が英語の疑問文と同じ構造になっているとは限らない。そもそも，英語では，疑問詞が文頭に置かれていなければならないわけで，その点で，日本語のように文頭になくてもよい場合とは，根本的に何かが違うことがうかがえる。

　このように，同じような意味内容を持つ文であっても，言語が違えば，統語的な特性（つまり，どういう単語をどのように組み合わさなければならないか）は当然，異なっている。日本語の場合，英語とは異なり，平叙文と疑問文は特に語順が変わらないので，わざわざ「疑問文」という構文を特別視するべきかどうかも，必ずしも自明ではない。しかし，逆に，日本語と英語が違って見えるのは表面的なことであり，根底では同じ特性を持っているのだという考え方もある。より詳しく調べていかなければ，何が真実であるかは，なかなかわからない。

　　　　　　　　　　　　　　　　　　　　　　（上山あゆみ）

▷ 3　⑾—⒂には，文頭にいろいろな印を置いたが，これはどれも著者の個人的な容認性の感覚をレポートしたものにすぎない。ここでは，容認性の高いものから低いものへ，無印＞?＞??＞?*＞*とおおまかに5段階に分けた場合の感覚を記している。容認性の判断というものは，かなり個人差が大きいものであって，「正解」があるタイプのものではないので，自分の印象が書かれている印の通りでなくても，現段階では気にする必要はない。

参考文献

今井邦彦編（1986）『チョムスキー小事典』大修館書店。
田窪行則・稲田俊明・中島平三・外池滋生・福井直樹（1998）『生成文法』（岩波講座　言語の科学6）岩波書店。

第Ⅱ部　文法と意味

4　生成文法

5 繰り上げ構文

戸籍と住民票

① 繰り上げ構文

英語では，疑問文以外でも，移動を仮定すると，うまく説明できる構文がある。たとえば(1)の文を見てほしい。

　(1)　John seems to have disappeared.　　　（ジョンは姿を消したようだ。）

一見，「John」は「seem」の主語のように見えるかもしれないが，実は(1)は(2)と同じような意味であり，「John」は意味的に「disappear」の主語である。

　(2)　It seems that John has disappeared.

そこで，(1)の文にも移動が関わっていると考えられている。

　(3)　John seems [＿＿ to have disappeared].

疑問文の場合の移動は，主語と紛らわしくない形で文頭に出ていたのに対して，この構文の場合の移動は，明らかに主節の主語になっているという点が大きな特徴である。このような構文は，埋め込み節の主語が主節の主語になっているため，繰り上げ（raising）構文と呼ばれている。この構文にはどのような特徴があるのだろうか。

　繰り上げ構文では，「John」はもともと埋め込み節の要素であったが，移動して（＝引っ越して）主節の要素になっている。このように文の意味を正しく理解するためには，ある表現の現在の位置だけでなく，もともとの位置がどこであったかということも知る必要がある。たとえば，本籍地で戸籍を作っておいた上で，引っ越すたびに，その地で住民票を出してもらうようなものである。そうすることによって，もともと埋め込み節の要素であった「John」と，現在，主節にある「John」とが同一人物であることがわかる仕組みになっている。

▷1　「埋め込み節」とは「主節以外の節」を指す用語である。学校文法では，(3)の［　］の部分を「節」と呼んでいないかもしれないが，生成文法では，(2)との平行性に注目して，(3)の［　］の部分も節であるとみなしている。

② to 不定詞と時制節の違い

繰り上げ構文に関して不思議なのは，(1)でも(2)でもかまわないにもかかわらず，(4)や(5)は，どちらもまったく許されないということである。

　(4)　*It seems John to have disappeared.
　(5)　*John seems that ＿＿ has disappeared.

つまり，埋め込み部分が to 不定詞の場合には移動しなければならず，逆に，

94

埋め込み部分が時制節[▷2]の場合には移動できないのである。なぜだろうか。

③ 抽象格

この謎に対して、生成文法では抽象格[▷3]という概念を使って説明してきた。次の3つの仮定をしたとしよう。

(6) （「John」のような）名詞句は必ず抽象格を持たなければならないとする。

(7) to不定詞の主語の位置には抽象格が与えられない。

(8) 時制節の主語の位置には抽象格が与えられる。

そうすると、(4)の場合、「John」には抽象格が与えられないため、(6)の違反になるという説明ができるようになる。そして、これがまさに移動の理由だと考えればよい。(3)の下線部の位置では抽象格が与えられないため、主節の主語の位置に移動する。主節は時制節なので、その主語の位置には抽象格が与えられて(6)を満たすことになる。

上記のたとえを使うと、抽象格とは、いわば住民票のようなものであり、（現実世界ではそんなことはないが）場所によって住民票を出してくれるところと出してくれないところとがあると考えてみればいい。そして、名詞句たるもの、必ず住民票を出してくれるところにいないといけない、というのが、結局のところ、(6)のきまりである。(3)では、「John」の本籍地は埋め込み節の中であるが、そこはto不定詞の主語の位置で住民票を出してもらえないため、「John」は主節の主語の位置まで引っ越して（＝移動して）そちらで住民票をもらう必要がある。(4)では、住民票を出してもらえない本籍地にとどまってしまっているために、(6)の違反になっている。

これに対して(5)の場合には、住民票がもらえる場所からもらえる場所への引っ越しなので、直接には(6)の違反というわけではない。(5)が許されないことを説明するためには、たとえば、(9)のように仮定するという方法があるだろう。

(9) 抽象格が与えられる位置から、抽象格が与えられる位置へ移動することはできない。

つまり、抽象格が与えられる位置への移動というものは、抽象格が与えられない位置からしかできない、ということになる。

このように見てくると、繰り上げ構文の場合の移動は、疑問文の場合の移動[▷4]とは、かなり異なる特性を持ったものだということがわかる。少なくとも英語においては、その2タイプの移動の区別は、統語論の理解を大きく進めたが、必ずしもすべてがきれいに片付いたわけではない。たとえば、Ⅱ-4-3 で示した日本語における移動[▷5]も、簡単にどちらのタイプと言うことはできない。疑問文における移動との共通点と相違点があり、繰り上げ構文における移動との共通点と相違点もあると言われているからである。

（上山あゆみ）

▷2　時制節とは、現在形や過去形の対立が現れる節のことである。to不定詞の場合は原形の動詞が現れるので時制節ではない。いわゆるthat節は、すべて時制節である。

▷3　抽象格とは、英語に限らず、格がすべての言語に存在するという想定のもとで提案された概念である。ただし、日本語のように格助詞を持つ言語の場合、抽象格という概念が英語と同様に働くのか、もしくは英語とは大きくシステムが異なるのかは、いろいろな意見があるところである。格については Ⅲ-9-3 側注3も参照。

▷4　繰り上げ構文の移動は、項の位置（argument position）への移動ということでA移動（A-movement）、疑問文の移動はAバー移動（A'-movement）と呼ばれることもある。特に1980年代から1990年代にかけては、すべての移動がこの2タイプに分類できるのではないかという仮説に立って精力的に研究が行われた。

▷5　Ⅱ-4-3 側注1で説明した、かき混ぜと呼ばれる移動のことを指している。

（参考文献）

今井邦彦編（1986）『チョムスキー小事典』大修館書店。

田窪行則・稲田俊明・中島平三・外池滋生・福井直樹（1998）『生成文法』（岩波講座　言語の科学6）岩波書店。

第Ⅱ部　文法と意味

4　生成文法

 繰り上げ構文とコントロール構文
to 不定詞にもいろいろある

 コントロール構文

Ⅱ-4-5 で，繰り上げ構文と呼ばれる to 不定詞構文を紹介した。
　(1)　John seems to have disappeared.　　（ジョンは姿を消したようだ。）
これに対して，次の文は一見似ているが，これは繰り上げ構文ではない。
　(2)　John tried to go to Tokyo.
(2)の文の場合，確かに，東京へ行こうとしていたのは「John」であるだろうが，「try」したのも「John」である。その点で，(1)の繰り上げ構文の場合と大きく異なっている。繰り上げ構文の場合には，「John」と「seem」とは直接の関係を持っていないからである。▽1

　これに対して(2)の場合には，繰り上げ構文の場合とは異なり，「John」と「try」の間にも直接の関係があるので，(2)の場合，埋め込み節の主語と，主節の主語は，それぞれ別の要素であると考える必要がある。つまり，この文の場合には，移動が起きているとはみなされない。▽2

　「John」が移動したわけではないとすると，(2)の埋め込み節の主語の位置はどうなっていると考えるべきだろうか。埋め込み節の主語の位置には，発音されない代名詞のようなものがあり，それが何を指すかは，主節の主語によって「コントロール (control)」されているという分析がされてきた。そのため，このような構文は，しばしばコントロール構文と呼ばれる。また，コントロール構文における「発音されない代名詞のようなもの」は，「PRO」と大文字で書かれる。▽3

　(3)　John tried [PRO to go to Tokyo].

コントロール構文には，どのような特徴があるのだろうか。

 繰り上げ構文とコントロール構文の違い

　英語の繰り上げ構文とコントロール構文は，見た目は似ているが，意味を考えれば，日本語母語話者でも区別をすることができる。注目するべき点は，主節の主語になっている名詞句と主節の述語が直接，項の関係を持っているかどうか，という点である。項の関係があればコントロール構文，なければ繰り上げ構文である。項の関係があるかどうかがピンとこない場合には，主節の主語

▷1　そのような状況の比喩として，「John」の本籍地は埋め込み節の中にあり，住民票をとるために主節に移動してきているだけだという説明をした。

▷2　上記の比喩で言うならば，当然，本籍地を2つ持つわけにはいかないから，ということになる。つまり，「John」はもともと主節の住人であり，埋め込み節から「引っ越してきた」わけではないのである。

▷3　この PRO は，John を指している。

▷4　項とは，動詞が必ずとらなければならない要素を指す用語である。おおまかには，主語や目的語のことだと思っておいてよい。

を仮主語の it にできるかどうかを試してみれば，ネイティブスピーカーでない私たちでも，少しは判断がつくのではないだろうか。(2)の文の場合，次のように言い換えられないことは，かなりわかりやすいだろうと思う。

(4) *It tried that John went to Tokyo.

では，次の文はどうだろうか。

(5) Mary is likely to have told a lie.　　（メアリは嘘をついていたようだ。）

注目するべきは，「Mary」と「be likely（ありそう）」の間に項の関係があるかどうかということである。「be likely」なのは「Mary」そのものではなく，「メアリが嘘をついていたこと」である。つまり，「Mary」と「be likely」の間に直接の項の関係はない。この文は，次のように仮主語の it で言い換えることもできるので，これは繰り上げ構文である。

▷5　このように，to 不定詞をとる主節の述語は，動詞だけでなく形容詞の場合もある。項とは，動詞だけでなく形容詞でも用いられる概念である。

(6) It is likely that Mary has told a lie.

今度は，次の文を考えてみてほしい。

(7) Bill was glad to invite Mary.　　（ビルは喜んでメアリを招待した。）

この文でも主節の述語は形容詞であるが，「be glad」なのは，明らかに「Bill」であり，「ビルがメアリを招待すること」ではない。だからこそ，この文の場合，仮主語の it で言い換えることも無理である。

(8) *It was glad that Bill invited Mary.

したがって，(7)は，繰り上げ構文ではなくコントロール構文である。

3 少し複雑な例

次の文は少し紛らわしいかもしれない。

(9) John is believed to win a medal at the Olympic games.

（ジョンはオリンピックでメダルをとると思われている。）

(9)の場合，「John」と「believe」に直接の項の関係があるのでは，と思うかもしれない。しかし，(9)の主節の述語は「be believed」という受動態になっており，能動態の「believe」とは異なっている。能動態の「believe」の場合は仮主語の it は出てこないが，受動態の「be believed」ならば仮主語の it が可能なのである。

▷6　これまでの例と同様，この文で「信じられている」のは「ジョン」ではなく，「ジョンがメダルをとること」である。

(10) *It believes that John will win a medal at the Olympic games.

(11) It is believed that John will win a medal at the Olympic games.

したがって，(9)は繰り上げ構文である。

このように，繰り上げ構文とコントロール構文は，一見かなり似て見えるが，よく意味を考えてみれば，きちんと区別できるものである。　　（上山あゆみ）

（参考文献）

今井邦彦編（1986）『チョムスキー小事典』大修館書店。

田窪行則・稲田俊明・中島平三・外池滋生・福井直樹（1998）『生成文法』（岩波講座　言語の科学6）岩波書店。

第Ⅱ部 文法と意味

5 認知言語学・日本語文法

全称量化と存在量化
「じゅう」と「ちゅう」

1 全称量化・存在量化とは？

「この海域じゅうに財宝が埋まっている」と言えば，[財宝が埋まっている]という事態は，その海域の至るところで実現している。事態の実現範囲がこのような形で指定されることを「全称量化」あるいは「普遍量化」と言う。それに対して，「この海域ちゅうに財宝が埋まっている」なら，事態[財宝が埋まっている]はその海域中の少なくとも1要素（1小領域）で実現している。事態の実現範囲がこのような形で指定されることを「存在量化」と言う。全称量化と存在量化の違いはどこから生じるのだろうか。

2 さまざまな領域の全称量化・存在量化

「私は3時までその仕事をする」と言えば，話し手は3時までずっとその仕事をする，つまり事態[話し手がその仕事をする]の成立範囲は，いま問題としている期間（その終期は3時である）の（休憩時間などは度外視して）全瞬間に成立するという全称量化の意味になる。この文に「に」を加えて「私は3時までにその仕事をする」にすれば，事態[話し手がその仕事をする]の成立範囲は，3時を終期とする問題の期間中，一瞬あればよいという存在量化の意味になる。「まで」「までに」と同様のことは，「夏じゅう／夏のあいだ その仕事をする」（全称量化）と「夏じゅう／夏のあいだ に その仕事をする」（存在量化）にも成り立つ。このように[時間]という領域における「終期」と「期限」の違いは，全称量化と存在量化の違いである。

全称量化の意味と存在量化の意味を1つの言語表現が併有することもある。たとえば「10時までの仕事」は，「10時までの仕事があるから今日は遊びに行けない」と言う場合は全称量化（10時は終期）の意味，「10時までの仕事が間に合いそうにない」と言う場合は存在量化（10時は期限）の意味である。また，「この仕事は夏じゅうだ」は，夏の終わりまでずっと仕事という全称量化の意味と，仕事は夏のうちのどこか一時点でよいという存在量化の意味がある。

全称量化と存在量化の意味の区別は，[空間]領域や[時間]領域だけでなく，[モノ]領域についても考えられる。「ケーキを3つ食べた」という文は，ケーキを3つ食べきったという全称量化の意味もあるが（3つのケーキに生じているのは，ケーキというモノのあらゆる部分が食べられていること），わずかにせよ

▷1 「すべての要素がPである」という全称量化（universal quantification）は，「ある要素はPでない，というわけではない」という形で，存在量化（すぐ後で紹介）と否定の組み合わせで表現できる。全称量化を表す記号は全称量化子または普遍量化子（universal quantifier）と呼ばれ，「∀」と表記される。

▷2 「ある要素がPである」という存在量化（existential quantification）は，「どの要素もPでない，というわけではない」という形で，全称量化と否定の組み合わせで表現できる。存在量化を表す記号は存在量化子（existential quantifier）と呼ばれ，「∃」と表記される。

口を付けたケーキが３つある（３つのケーキに生じているのは，ケーキの少なくとも一部分が食べられていること）という存在量化の意味もある。

量化の区別は［程度］という領域でも考えられる。垂直に生えていた木がかなり傾いたが，横倒しにはなっていないという段階で「木はまだ倒れてはいない」などと言って文「木が倒れた」を否定する場合，この文は「倒れる程度」が完全つまり90度という全称量化の意味を表している。垂直の木が傾き得る角度を，仮に「[1] 0度（垂直）〜１度」「[2] 1度〜２度」……「[90] 89度〜90度（横倒し）」と小さな領域に90等分して考えると，「小領域 [2] に事態［木が倒れる］が実現し得るのは，小領域 [1] に事態［木が倒れる］が実現している場合に限られる」といった小領域間の序列がある点は独特だが，傾きが90度とは，これら小領域のすべてにおいて事態［木が倒れる］が実現していなければならないということである以上，やはり全称量化である。また，垂直に生えていた木がわずかに傾いた時点で，「木がわずかに倒れた」などと言って文「木が倒れた」を肯定する場合，この文は「倒れる程度」つまり傾く角度がわずかでもよい存在量化の意味を表している。

以上のように，日本語には全称量化と存在量化の意味の違いが，さまざまな領域で観察される。だが，それを言い方で区別しているかというと，まったく区別しないこともあり（例「10時までの仕事」），区別する場合も，「じゅう」と「ちゅう」，「まで」と「までに」のように，言い方どうしがよく似ている。

③ 集合的なイメージ

このような言い方の一致や類似は，中国語にはあまり見られない。たとえば全称量化の「夏じゅう仕事する」は"整个夏天都工作"，存在量化の「夏じゅうに仕事する」は"在夏天工作"や"夏天的時候工作"で，中国語では文が全体的に異なる。また，「木が倒れた」は全称量化なら"樹倒了"，存在量化なら"樹歪了"や"樹斜了"で，言い方が異なる。こうした中国語と違って日本語では，全称量化と存在量化は，（別物ではあるが）よく似たものと見なされている。この日中差は，集合的なイメージに関する差と言える。

日本語では「病人を抱えていくつも病院を走り回る」と言えば，病院は複数ある。だが，「立派な医者になるには，１日じゅう病院を走り回って診察，手術，治療を数多く経験する必要がある」などと言う場合，病院は１つである。つまり「病院を走り回る」は病院が複数でも１つでもよい。１つの病院を「診察室」「手術室」「病棟」などの複数の小領域の集合とイメージすれば，複数の病院と実質的に変わらないからである。中国語はこの集合的なイメージングに消極的で，病院が複数か１つかで言い方が異なる（複数なら"跑了好几家医院"，１つなら"在医院里跑来跑去"）。

(定延利之)

▷３　集合的なイメージについての詳細は定延(2013)を参照されたい。

参考文献

定延利之（2013）「量化の意味への言語的手がかり」『木村英樹教授還暦記念中国語文法論叢』白帝社，332-351頁。

丹保健一（2002）「接辞的造語成分「中（チュウ）」「中（ジュウ）」の使い分けについての覚え書き──「午前ちゅう」「午後じゅう」「夏じゅう」「冬じゅう」を中心に」『国語論究』10集，明治書院，288-317頁。

第Ⅱ部　文法と意味

5　認知言語学・日本語文法

 世界のデフォルト状態
　　　　　　　　「10人も」は大きいか，小さいか？

1　デキゴトの実現度数＋意外の「も」

　現代日本語には，たとえば「A 氏さえ信用できない」「A 氏こそ信用できない」「A 氏だけ信用できない」の「さえ」「こそ」「だけ」のように，パラディグマティックな関係（いまの例なら，表現されている A と，表現されていない他の人物たちとの関係）を表すことばが豊富にある。それらは「取り立て詞」と呼ばれる。「彼も信用できない」の「も」も，取り立て詞の1つである。
　取り立て詞「も」は，「表現されているモノと，表現されていない他のモノとの類同性」を意味する。そして，この「類同性」は，「猫の手も借りたい」（人間の手を借りたいどころか，ふつう借りたいと思わない，役立たずの猫の手まで借りたいほど極端に忙しい）や「挨拶もしない」（手のかかる付き合いはもちろん，簡単に行えるはずの挨拶さえしないほど極端に無礼あるいは仲が悪い）といった極端な状況の表現では，「意外性」に具体化する。
　たとえば「人が10人も来る」は，来場者数が10人という意外な大人数に達するという極端な活況や忙しさを表す。このように意外の「も」は，デキゴト（いまの例なら［人が来る］）の実現度数表現（「10人」）に後接すると，その実現度数が意外な大度数であることを表す。なぜ「大度数」であって「小度数」でないのだろうか。

2　語る世界のデフォルト状態

　われわれが暮らしている現実世界は，常にさまざまなデキゴトに満ちている。その中には，天体の運行や大気の流れのように，いつ始まりいつ終わるのか，そもそも何が1つのデキゴトなのか明らかでないものも少なくない。だが，われわれが語る世界，ことばで作り出す世界では，話さない限り，何も起きない。つまりデキゴトは起こらないのがふつう（デフォルト）である。そして，言語で語られるデキゴトは，輪郭がモノのようにはっきりしている。いま例示した天体の運行や大気の流れさえも，言語で表現されれば「朝が来る」「暖気団と寒気団がぶつかる」のように明確な輪郭を与えられる。輪郭がはっきりするということは，たとえば「［暖気団と寒気団が2度ぶつかる］とは2つの［暖気団と寒気団が1度ぶつかる］だ」のように，デキゴトを分割・合成して把握できるということでもある。結果として，実現度数の大きいデキゴト（たとえば

▷1　「A 氏さえ信用できない」を例に，より具体的に言えば，「パラディグマティック（paradigmatic, 範列的）な関係」とは，話題にされている人物たちの中で，A が他の B や C より信用できそうに見える（A が最も信用できそうに見える極端な存在）ということである。なお，「A 氏」と「さえ」のような，表現されていることばどうしの関係は「シンタグマティック（syntagmatic, 統辞的・連辞的）な関係」と呼ばれる。パラディグマティックな関係にあることばどうし（たとえば A と B）は，意味内容を度外視すれば交換可能と言われる。
▷2　「デフォルト」（default）はコンピュータに関する用語が転用されたもので，「特別な指定をしない場合は普通こうである」という状態を指す。「デフォルト値」（default value）とも呼ばれる。
▷3　「メタレベル」の「メタ」（meta）とは「1つ上の階層の」ということで，通常の階層とは区別される。理論とはどういうものでなければならないかを追究した理論はメタ理論であり，メタ理論とはどういうものでなければならないかを追究した理論はメタメ

［人が100人来る］）は，実現度数の小さいデキゴトをたくさん（［人が1人来る］を100個）要するので，それだけ珍しく意外ということになる。

③ 肯定文と否定文

ただし否定文の場合，「も」の意外性は，実現度数の小ささにつながることもある。たとえば，ある集会の関係者が，人の集まり具合について述べた「10人も来ない」は，「も」の意外性の内容に関して，以下3つの解釈がある。

第一の解釈は，「欠席者は5人程度と思っていたら甘かった。10人も来ない」などと言う場合の解釈である。この時「10人も来ない」は［来ない］つまり欠席というデキゴトが意外にも10人という大度数について実現したことを表している。これは「実現度数が大きいデキゴトほど意外」という上記の説明どおりで，実質的には肯定文と同じである。

第二の解釈は，「出席者は少なくとも15人と思っていたら甘かった。10人も来ない。8人だ」などと言う場合の解釈である。この時「10人も来ない」は，10人という少人数はさすがに［来る］と思っていたら意外にもそれが実現しなかったということを意味している。意外性の大小が上と逆転しているのは，この解釈の場合，「来ない」の意味が［デキゴト［来る］が実現しない］という否定を含んだメタレベルのデキゴトと捉えられているからである。上述のとおり，実現度数が小さいデキゴトほどありふれているので，それが実現しないのは意外ということになる。

第三の解釈は，会話の中で「すごい！　10人も来るのか？」と言う相手の早合点を，「いやいや，それはさすがにない。10人も来ない。けど，8人ぐらい来るかも」などと訂正する場合の解釈である。この時「10人も来ない」は第二の解釈の場合と同様，［デキゴト［来る］が実現しない］というメタレベルの否定的デキゴトを表すが，意外性の方向は逆転しない。それは，否定される「10人も来る」が会話相手の持ち出した，独立した仮説であり，「も」がこの肯定文の中で解釈されるからである。この解釈のもとでは，「10人も来ない」は「10人も来」あたりは会話相手の製作で，「ない」は話し手の製作という，「共同製作による文[4]」になる。

もっとも，いま「会話相手の持ち出した仮説」と述べたものは，話し手が仮想したものでもよい。現実の会話相手は何も言わなくても，相手からの発言を想定し，機先を制して「先日の集会は盛況でした。いや，さすがに10人も来ませんでしたが，……」のように言うことはあり得る。何かを断言した直後に「いや，そりゃあ，たしかに，例外はあるけども，……」などと続ける際の「いや」「そりゃあ」「たしかに」も，「本当にそう言い切れるのか？」といった仮想的なツッコミを自身で想定したものである。　　　　　　　　　　（定延利之）

タ理論である。漫才師が漫才の最中に「このネタ，受けるはずだったのに……」などと語る，漫才についての漫才はメタ漫才である。
▷4　「共同製作（co-construction）による文」の中には，「実を言いますと今日で禁煙1週間目だったよなあ」のような首尾一貫していない文や，客が「カラー版」と水を向けると，店員がそれを引き取って「はー（発音はワー），いま無いんですね」と答えるような，助詞（「は」）から始まる文も含まれる。前者は，相手がこちらに注意を向けてくれないので，話し手がしゃべりながら話し相手を変え，新たな相手に合うよう話を文中で調節した結果である。後者は，相手（客）のことばを利用したものである。詳細は定延利之（2016）『コミュニケーションへの言語的接近』ひつじ書房，第2章第2.1節を参照。

参考文献

定延利之（1995）「心的プロセスからみた取り立て詞モ・デモ」益岡隆志・沼田善子・野田尚史編『日本語の主題と取り立て』くろしお出版，227-260頁。

澤田（山中）美恵子（1991）「も」の含意について再考――数量詞＋「も」を中心に」『KANSAI LINGUISTIC SOCIETY』11，21-30頁。

林誠（2005）「「文」内におけるインターアクション――日本語助詞の相互行為上の役割をめぐって」串田秀也・定延利之・伝康晴編『活動としての文と発話』ひつじ書房，1-26頁。

第Ⅱ部　文法と意味

5　認知言語学・日本語文法

事物のカテゴリ化
ホームラン，ダイビング，テレビ番組を数える単位は？

「1本」「2本」と数えるものとは？

「1本」「2本」と数えるものといえば，毛髪や鉛筆のような細長いものが浮かびやすい。だが，野球ではホームランやヒットを「本」で数え，ダイビングでも「今日は3本潜った」のように潜水回数を「本」で数える。論文もテレビ番組も「今年は2本書いた」「朝から3本収録」のように「本」で数えることが多い。これらをなぜ「本」で数えるのだろうか。

ジョージ・レイコフ（George Lakoff）は，概略次のような解答を与えている▷1（理解しやすいよう簡略化・変形してある）：「本」で数えられるカテゴリ（グループ・集合）には，毛髪や鉛筆のような細長いものだけでなく，それらと強く関連するものも，周辺的な要素として含まれている。ホームランやヒットは，バットという細長い道具を使って実現しようとする目的であり，バットと強く関連するので，バットと同様「本」で数える。同じ野球の打球でも，ピッチャーゴロやキャッチャーフライが「1本」「2本」と数えにくいのは，これらが，アウトになってしまうため，バットを使う「目的」とイメージされにくいからである。同様に，ダイビングはエアタンクという細長い道具を使う目的である。また，伝統的には，論文もペンという細長い道具を使う目的であり，テレビ番組もフィルムという細長い道具を使う目的である。つまり類別詞「本」の意味は，「細長いものを数える単位」というだけでは不十分で，日常生活の経験（たとえば野球をやる，観るという経験）に基づいて構成される，道具（例：バット）と目的（例：ホームランやヒット）のリンクなしには論じられない。

❷ ブールカテゴリとプロトタイプカテゴリ

プロトタイプ（典型的なもの。上記の例なら毛髪や鉛筆やバットなどの細長いもの）と周辺的なもの（ホームラン，ヒットなど）を要素として持つカテゴリは「プロトタイプカテゴリ」と呼ばれる。［道具―目的］のようなリンクは，プロトタイプと周辺的なものをつなぎ，細長くないものを「本」で数えさせるリンクの1種で，メトニミー▷2のリンクと呼ばれることがある。メトニミーとは，「隣接関係」にある2つのモノのうち一方を他方で表すことである。

これに対して「一桁の自然数」のように，100パーセントその要素であるもの（1，2，……，9）しか持たないカテゴリは「ブールカテゴリ」と呼ばれる。

▷1　レイコフの立場は「経験（基盤）主義」（experientialism）と呼ばれている。レイコフが批判する古典的なカテゴリ観は「客観主義」（objectivism）と呼ばれる。これは「物事を客観的に考える」という日常語「客観主義」とは別物である。日本語の類別詞「本」について，より正確な記述は Lakoff (1987) を参照されたい。

▷2　メトニミー（metonymy）は換喩とも呼ばれる。ここで言う「隣接関係」は物理空間的な近接性ではなく，連想しやすさと近い概念である。類別詞からは離れるが，たとえば「本棚に漱石が並んでいる」のように生産品（本）が生産者（漱石）で表される場合，「白バイにつかまった」のように人物（警官）が業務遂行上の乗り物（バイク）で表される場合もメトニミーとされる。

異なる部族間に子が生まれたり，カモノハシのような乳で育つ卵生の生物が発見されたり，野菜と果物を掛け合わせたものが開発されたりと，いつの時代も現実社会は複雑である。だが，人間が心内に作るカテゴリ（[部族A][部族B][哺乳類][鳥類][野菜][果物]など）はブールカテゴリで，ただ現実をそのカテゴリへどう当てはめるか（たとえば部族A・B間に生まれた子は部族AかBか）の判断が難しいだけというのが，古典的なカテゴリ観である。だがレイコフのカテゴリ観では，人間が心内に作るカテゴリも複雑ということになる。

③ 「武器」の意味とは？

人間が心内に作るカテゴリについては，「日常生活の経験」だけでなく，「状況」も重要と主張されることがある。状況次第で，アニメーションが特定の視聴者に光過敏性てんかん発作を起こさせる武器になり得，仰々しい肩書きが相手を萎縮させる武器になり得，愛らしい外見がスターダムにのし上がる武器になり得るように，[武器]というカテゴリの意味，あるいはプロトタイプや周辺は，状況（例：何をするために，どういう相手と，どういう戦いをするのか）を考慮せずには論じられないという状況論の主張は，「古典的カテゴリ観 vs. レイコフ流カテゴリ」の対立を相対化すると言われることもある。

▷ 3 状況論的なカテゴリ論の詳細は，村山（1990）を参照されたい。

④ 比較の副詞「まだ」の前提となるブールカテゴリ

たとえば「この服は大きいが，あの服はこの服よりまだ大きい」と言う時，話し手は[大きい服]どうしを比べている。また，たとえば「この服は小さいが，あの服と比べたらまだ大きい」と言う時，話し手は[小さい服]どうしを比べている。だが，「この服は小さいので，当然ながらあの大きい服はこの服よりまだ大きい」とは言えない。このように，副詞「まだ」は，同じブールカテゴリに属するものどうし（[大きい服]どうしか[小さい服]どうし）の比較表現に限って現れ得る。どのような説をとるにしても，人間がブールカテゴリ的な判断を必要とすることは認める必要がある。

このような「まだ」の性質は，時間的な表現にも観察できる。音形がよく似ている副詞「また」と対比して述べれば，たとえば「また彼が話している」と言えば，その男性の過去の発言1と，現在の発言2は，別々のデキゴトである。それに対して，「まだ彼が話している」と言えば，その男性の発言1と発言2は，同じ1つのデキゴトである。何が1つのデキゴトかは話し手次第だが，発言1と発言2が，休憩時間や別人の発言によって隔てられれば，それだけ「また」は自然になり，「まだ」は不自然になる。つまり，デキゴト境界を越えるのが「また」，越えずにとどまるのが「まだ」である。同じブールカテゴリ内部での比較に限って現れる「まだ」は，「境界を越えない」という性質を，時間表現の「まだ」と共有している。 （定延利之）

参考文献

Lakoff, George (1987), *Women, Fire, and Dangerous Things : What Categories Reveal about the Mind,* Chicago: The University of Chicago Press. (池上嘉彦・河上誓作他訳『認知意味論——言語から見た人間の心』紀伊國屋書店，1993年)
村山功（1990）「人間にとってのカテゴリー——カテゴリーをどう考えるか」佐伯胖・佐々木正人編『アクティブ・マインド——人は動きの中で考える』東京大学出版会，171-197頁。

5 認知言語学・日本語文法

4 文法化

空間と時間の関係

 「ところ」の空間的な意味と時間的な意味

「行くところによっては傘が必要だ」は，「ところ」の修飾部「行く」を省いて「ところによっては傘が必要だ」とも言える。だが「ゴールに着いたところで2時間経っていた」は，「ところ」の修飾部「ゴールに着いた」を省いて「ところで2時間経っていた」とは言えない。これはどういうことだろうか。

「行くところによっては傘が必要だ」の「ところ」は，地点という空間的な意味を表す。「ゴールに着いたところで2時間」の「ところ」は，時点という時間的な意味を表す。つまり「ところ」は空間的な意味と時間的な意味をあわせ持っている。同様に「長い」「前」「まで」も，空間的な意味（例：「長い橋」「鏡の前」「東京まで」）と時間的な意味（例：「長い間」「仕事の前」「3時まで」）をあわせ持っている。こういうことばは多く，英語の "point" "long" "before" "to" のように，他言語にも豊富に見られる。

1つの語が空間的な意味と時間的な意味をあわせ持っている場合，まず考えられるのは，これは，語の意味が空間的な意味から時間的な意味にまで広がるというよくある通時的な変化の結果ではないか，ということである。意味が逆方向に，つまり時間的な意味から空間的な意味に広がった語は稀であり，空間的な意味と時間的な意味に関して，語の変化は概して一方向的である。

通時的な変化と同じことは，言語の共時的な面にも見られる。冒頭で述べたように，空間的な意味の「ところ」は，修飾要素がある場合だけでなく，ない場合にも現れやすい。だが時間的な意味の「ところ」は修飾要素がある場合にしか現れない。出現環境が広く一般的なものと，せまく限られているものとでは，前者が基本で，後者は派生的なものと考えるのが普通だろう。このように，語「ところ」を現代という一時点で観察しても，「空間的な意味が基本的で，時間的な意味は派生的」ということが見てとれる。

 わかりやすいのは時間より空間

ではなぜ，空間的な意味が基本的で，時間的な意味は派生的なのか——この問題に対して，言語学は人間にとっての「わかりやすさ」という観点から，次のような答えを提出している：空間はわかりやすく壁画にも描けるが，時間はわかりにくいので，わかりやすいものにたとえられがち，つまり空間のことばで表さ

▷1 「通時的」(diachronic)とは，時の進展を通して，ということ。「歴史的」(historical)と似るが，「歴史的」には，古い時代の，という意味もあるため，「通時的」も用いられる。

▷2 「共時的」(synchronic)とは，「通時的」の対語で，時の進展を通さず，(現代なり，古代なり)一時点で，ということ。「通時的」と「共時的」をあわせて「汎時的」(panchronic)と言うことがある。ここで述べているのは，「文法化」(本文すぐ後で紹介する)が通時的でもあり共時的でもある，つまり汎時的な現象だということである。

れがちである。表されているうち，空間のことばは時間的な意味をも持ち始める。

「君は僕の太陽だ」のように，あるもの（相手）を，別のもの（太陽）でたとえる表現はメタファー（比喩）と呼ばれる。これはもともと修辞学の用語だが，時間を空間でたとえるような，修辞効果が特に感じられないものも，言語学では広くメタファーと呼ばれる。

❸ 文法化（grammaticization, grammaticalization）とは？

ことばの意味がメタファーを通じて空間的な意味から時間的な意味へと広がっていくのは，「文法化」の一例である。われわれが会話で何か言うたび，発せられた単語の連鎖が，その会話の参加者たちの頭の中で，少しだけ文型っぽく固定化する。しばらくすると，そのわずかな固定化はほぐれて，元のばらばらな単語に戻っていくが，同じような単語連鎖が会話の中で何度も現れると，固定化が進み，やがてかなり文型らしくなる。これが文法化である。ギヴォン（Talmy Givón）が「昨日の談話語用論は今日の文法を生み出し得る」つまり，古い時代に会話の中に頻出していた言い回しが，のちの時代の文型になり得ると述べているのも，同じことである。ホッパー（Paul J. Hopper）にならって言えば，「現代日本語文法」や「現代英語文法」のような，安定して固定している文型群などというものはない。さまざまな単語連鎖が，さまざまな程度の文型らしさで存在しているだけであり，その文型らしさの程度は，人々が話すたびに変化する。文法はなく，あるのは絶え間ない文法化だけである。文法化が進むと，単語の意味は具体性を失ってより抽象的なものになり，形式は短く切り詰められ，その地位は内容語から機能語に変わっていくとされる。

❹ 見知らぬ個別空間を表現するには？

なお，「空間的な意味は基本的，時間的な意味は派生的」という傾向には反しないが，その説明原理「空間は時間よりわかりやすい」に従わない現象がある。異国の街並みを観光バスの中から眺めながら，同乗者に「時々寺院があるね」と言うのがその例である。頻度，つまりデキゴトの時間的な分布を意味するはずの語「時々」は，この例では，寺院の空間的な分布（ところどころ）を意味しているように一見思える。だが，これはバスで移動中の話し手が「見えたまま」を語った体験の表現で，「時々」は体験されたデキゴト［(視界に) 寺院がある］の時間的な分布を意味しているに過ぎない。これは，時間よりわかりやすい空間とは「空間一般」であり，「個別空間」はその限りでない，ということでもある。問題の現象は，探索対象が見知らぬ場所でなければ生じない。自宅付近に寺院が点在することを，他人に「うちは近所に時々寺院があります」と教えるのは自然でない。見知らぬ個別空間におけるモノの分布は，その個別空間を探索する時間の語（「時々」）をたよりに表すしかない。（定延利之）

▷ 3 「内容語」（content word）とは，「このことだ」と指し示せるような対象がある，動詞・名詞・形容詞のようなことばのことである。たとえば動詞「歩く」は，「足」を用いたある種の移動運動を指し示している。

▷ 4 「機能語」（function word）とは，「このことだ」と指し示せるような対象がない代わりに，ことばどうしの関係や，話し手の態度を表す，冠詞・助詞・助動詞のようなことばのことである。

参考文献

Hopper, Paul J. (1987), "Emergent Grammar," BLS 13：139-157.

定延利之 (2002)「時間から空間へ？──〈空間的分布を表す時間語彙〉をめぐって」生越直樹編『対照言語学』東京大学出版会，183-215頁。

定延利之 (2016)『煩悩の文法──体験を語りたがる人びとの欲望が日本語の文法システムをゆさぶる話（増補版）』凡人社。

第Ⅱ部　文法と意味

5　認知言語学・日本語文法

 デキゴト表現

「する言語」と「なる言語」

 なぜ英語はこう言わないのか？

　言語学に興味を持ってこの本を読んでいる読者のような存在を別とすれば，多くの日本語話者にとって "This experience taught John how to behave." という英文は，たとえ「この経験がジョンに作法を教えた」という直訳を与えられても，わかりやすいものではない。「このことがあって，ジョンは作法が身についた」のように「ジョンがこうなった」の形にするとすぐわかる。なぜ英語はこう言わないのだろう。

2　フォース・ダイナミックなデキゴト観とカビ生え式のデキゴト観

　デキゴト表現の諸側面を説明するために言語学で考案されてきたデキゴト観の中心は，フォース・ダイナミック（force-dynamic）な，つまり力に基づくデキゴト観である。このデキゴト観によれば，デキゴトとは，モノが他のモノと力をやりとりしたり，モノが力を発散させたりすることである。たとえば，文「一郎が二郎を殺す」が表すデキゴトは，一郎が殴る蹴るなどの働きかけを通して二郎に力を与え，その力を受けた二郎が［生］から［死］へと変化することでその力を発散させるというものである。「この経験がジョンに作法を教えた」は，まさにこのデキゴト観とフィットする表現である。

　この表現に日本語話者が違和感を抱きがちということは，日本語のデキゴト表現の説明には別のデキゴト観も必要ということである。それはデキゴトを，何もなかったところにいつの間にかカビがあるというような，力とは無縁の自然な変化とする見方である。「ジョンは作法が身についた」はこのデキゴト観になじむ表現である。カビ生え式のデキゴトの表現は「なる」的，フォース・ダイナミックなデキゴトの表現は「する」的と言われる。

▷ 1　詳細は寺村（1976）；池上（1981）を参照されたい。

3　「ゴルフクラブにボールが当たる」「ゴルフクラブにボールを当てる」

　カビ生え式のデキゴト観は，日本語のデキゴト表現のさまざまな面に関わる。たとえば，静止しているボールに向かってゴルフクラブが移動し，両者が衝突するという，ゴルフ場でよくあるデキゴトは，「クラブがボールに当たる」「クラブをボールに当てる」と言えるだけでなく，話者によっては「クラブにボールが当たる」「クラブにボールを当てる」とも言える。両者の衝突を力に基づ

106

き捉えるなら，「クラブが移動してボールに力を与える」「ゴルファーがクラブを移動させてボールに力を与える」という見方しかできず，「クラブがボールに」「クラブをボールに」式の表現しか許容できない。「クラブヘッドのフェースにボールが当たる瞬間」や「ソケットとは，クラブ・フェイスに当たらずに，シャフトとフェイスの接合部分にボールを当てることを言います」といった，「クラブにボールが」「クラブにボールを」式の実例をも説明するには，力のやりとりとは離れたカビ生え式のデキゴト観を導入する必要がある。

力の有無を度外視すると，「最初，クラブとボールは離れていたが，後に接触する」という，クラブとボールが対称的な位置を占めるデキゴトがイメージされる。あとは，話し手がどちらをより中心に据えて「が」や「を」で表現するかの問題である。話し手が力のありかを重視すればクラブが中心となり「クラブがボールに」「クラブをボールに」式の表現が生まれるが，たとえば話し手が「ボールが飛ぶ」「ボールを飛ばす」ことを意識するなど，さまざまな事情でボールを中心に据えれば，「クラブにボールが」「クラブにボールを」式の表現が生まれる。

❹ 「京都が私をあわただしい気分にさせる」

フォース・ダイナミックなデキゴト観は，デキゴトをモノによる，力のやりとりや発散と捉える。そのため，モノが関与しないプロセスは認められず，モノの個数と述部形態は常に対応する。

たとえば「スイッチが ON になる」ことを社員が実現するというデキゴトは「社員がスイッチを ON にする」と表現される。それを社長が命じて実現するというデキゴトは「社長が社員にスイッチを ON にさせる」と表現される。モノの個数が1つ増えるたびに，述部形態はそれに応じて自動詞「なる」，「なる」の他動詞版「する」，「する」の使役形「させる」と，1段階ずつ変化する。このようにモノの個数と述部形態が対応することを，フォース・ダイナミックなデキゴト観は説明できる。ということは，不対応がもしあれば，それはフォース・ダイナミックなデキゴト観では説明できないということである。

実際には，不対応は色々とある。「新緑のころの京都は，実際あわただしい気分にさせられる」という実例を取り上げてみよう。「私があわただしい気分になる」ことを実現する京都は，「スイッチが ON になる」ことを実現する社員と同様，私を「あわただしい気分に」「する」はずで，その受身形は「される」のはずだが，述部は「させる」の受身形「させられる」になっている。これは，京都が「私」に力（プレッシャー）を与えるという働きかけのプロセスと，私の気分があわただしくなる変化のプロセスの間に，気分があわただしい気分に変化していくかどうか本人にもコントロールできない，カビ生え的なプロセスが介在している表現と考えることができる。　　　（定延利之）

▷2　前者の出典は榎本七郎監修『女性のゴルフ・レッスン』（ナツメ社，1991年），後者の出典は山本増二郎『初歩のゴルフ上達法』（有紀書房，1990年）である。文中に現れている「クラブヘッドのフェース」「クラブ・フェイス」「シャフト」「フェイス」はいずれもゴルフクラブの部分の名称を表している。

▷3　出典は和辻哲郎『埋もれた日本』（新潮社，1951年）である。

参考文献
池上嘉彦（1981）『「する」と「なる」の言語学──言語と文化のタイポロジーへの試論』大修館書店。
定延利之（2000）『認知言語論』大修館書店。
寺村秀夫（1976）「「ナル」表現と「スル」表現──日英「態」表現の比較」『寺村秀夫論文集Ⅱ──言語学・日本語教育編』くろしお出版，1993年，213-232頁。

5 認知言語学・日本語文法

きもちの文法

「だ。」と「だよね。」

  軽い文法違反を救済するきもちの現れ

「あの人，話，長くない？」と言われれば，「だ。」「です。」と応じるよりも，「だな。」「ですよね。」などと応じる方が自然であり，「か？」と応じるより「かな？」などと応じる方が自然である。自説を否定する実験結果を目の当たりにして，なおも虚勢を張って言う「だろう。わかってたよ」の「だろう」は，下降調よりも，上昇調の「だろう？」の方が自然である。「だろう」が下降調なら，「な」や「ね」を付けて「だろうな。」「だろうね。」とする方が自然である。では，「な」「ね」「よね」の有無，上昇調と下降調で何が違うのか。

これらの応答はいずれも，「文は，名詞や動詞や形容詞のような自立語なしでは成立しない」という文法に違反している。自立語で指すべき内容は，文脈（話題に持ち出されているのは某人物の話の長さ）や，発話の現場（目の前にあるのは自説を否定する実験結果）から明らかなので，軽度のものに過ぎないが，違反は違反である。この文法違反がきもちの現れで救済される，というのが問題の現象である。たとえば「だ。」と「だな。」は，いずれも自立語を持たず，文法に軽く違反しているが，「だな。」の方がきもちが現れており，より自然になる。「だ。」と断定調で言い切ることにきもちの強さが感じられるかもしれないが，ここで言う「きもちの現れ」とは，きもちの強さではなく，あくまで現れである。助詞「な」「ね」「よね」がつけば，きもちは弱まるかもしれないが，現れはそれだけ増す。下降調の「だろう。」よりも上昇調の「だろう？」の方が，上昇調という有標のイントネーションにより，きもちははっきりと現れる。

ただし，きもちが現れれば文法違反が必ず救済できるというものではない。そこには意味論的な制約もかかってくる。たとえば，「だ」や下降調の「だろう」に助詞「よ」をつけること自体は一般に可能だが（例：「雨だよ。」「そりゃ雨だろうよ。」），「話，長くない？」と聞かれて「だよ。」と応じたり，実験結果を前に虚勢を張って下降調で「だろうよ。」と言ったりしても，自然さは向上しない。行おうとする発話の意味とマッチしなければ，いくらきもちが現れても，文法違反はカバーできない。

きもちの現れでカバーしうるのは，軽度の文法違反に限られている。たとえば，「彼は外国人です。」のつもりで「ですは彼人外国。」と言うような重度の形態論的・統語論的な文法違反，「私はその男に金をやった。」のつもりで「私

▷1 「自立語」とは橋本進吉の用語で，単独で文節を構成する語のことである。単独で文節を構成できない助詞や助動詞などは「付属語」と呼ばれる。1つの文節には必ず1つの自立語があるとされる。文は1つ以上の文節から構成されると考えられているので，1つ以上の自立語を持つことになる。
▷2 ここで「きもち」と呼んでいるものは，音声の研究で「発話態度」「感情・態度」と呼ばれているものや，文法研究で「モダリティ」「陳述」などと呼ばれているものと，多かれ少なかれ重なるが，定まった用語はない。
▷3 「有標」と対語「無標」については，Ⅰ-1-2 Ⅰ-1-5 も参照されたい。

はその男に金をくれた。」と言うような重度の意味論的な文法違反，別れ際に「もしもし。」と言うような重度の語用論的な文法違反は，終助詞をどう加え，イントネーションをどう加工しても，救済できず，自然にならない。

② さまざまな救済

　類例を挙げる。たとえば「雨だったです。」のように，「だ」と「です」が過去の「た」を介して同じ文末に現れることは，話者によっては不自然とされる。つまり，ここには軽い文法違反が生じている。だが，「よね」を付けた「雨だったですよね」などは，より自然である。

　文末だけでなく，文中でも，似たことは生じる。たとえば「この依頼は誰から？」と聞かれて答える「大臣からです。」は文として自然だが，これを文中に持ってきて「大臣からです，」にすると，あまり自然ではなくなる。本来，文末に生起するはずの「です」を，文の中ほどに生起させることは，軽い文法違反である。だが，これに「ね」を付けると，「この親書を，大臣からですね，先方に，渡していただいてですね，……」のような，自然な言い方になる。

　ちなみに，文中に生じる終助詞は，ふつう，単純な下降調では発せられない。下降調で発せられることはあるが（例：下品な男が言う「だけどよぉ」の「よぉ」），それは大抵の場合，下降部分（「ぉ」）の直前に，ポンと跳躍するように急激に高くなる上昇部分（「よ」）があり，それが低く戻る場合であって，上昇もなしに下降するということは多くない。終助詞が文末ではなく，文中に生じるというのも，軽い文法違反と見ることができる。

　「関ヶ原で大きな合戦がありました」と異なり，「関ヶ原。ここで大きな合戦がありました」は，ナレーターならいざ知らず，生身の人間の発話らしくない。ここには，「関ヶ原」という，それまでの文脈と関係がない語をいきなり文として持ち出すという軽い文法違反が生じており，きもちが現れていないためそれが救済されず，話しことばとして不自然になっている。行先を知らされないミステリーツアーの参加者が目隠しを外され「関ヶ原！　ここで大きな合戦がありましたね。」などと感嘆調で言うのは，きもちが現れており，問題がない。

③ 組み合わせの文法ときもちの文法

　これまでの文法は，「ことばとことばの組み合わせ」にせよ（形態論・統語論），「ことばと状況の組み合わせ」にせよ（語用論），ひたすら「組み合わせの文法」であった。不自然な語や文に対して文法学者が下す診断は，「組み合わせ不全」ただそれだけであった。だが実は，日本語の文が不自然になる症状としては，「組み合わせ不全」の他に「きもち欠乏症」がある。今後は，「組み合わせの文法」だけでなく，「きもちの文法」をも考えていく必要があるだろう。

（定延利之）

▷4　「きもち欠乏症」とは，ことばが「発話されるもの」として備えねばならない要件の不充足と言える。詳細は定延（2014, 2016, 2019）を参照されたい。

参考文献

定延利之（2014）「話し言葉が好む複雑な構造──きもち欠乏症を中心に」石黒圭・橋本行洋編『話し言葉と書き言葉の接点』ひつじ書房，13-36頁。

定延利之（2016）『コミュニケーションへの言語的接近』ひつじ書房。

定延利之（2019）『文節の文法』大修館書店。

5　認知言語学・日本語文法

体験と知識
「お湯が沸いてる」と「お湯が沸いた」

① モノの変化後状態を見ながら「変化動詞＋た。」と言う権利

　寒い夜，熱いお茶でも飲みたいと思い帰宅すると，誰もいない台所で，ポットからさかんに湯気が出ている。この状況で「ラッキー，お湯が沸いてる。」とは言いやすいが「ラッキー，お湯が沸いた。」とは言いにくい。なぜか。

　確信できないから，ではないだろう。湯が「沸いてる」ことはいま湯気を見て確信できるが，その湯が「沸いた」か否かは確信できない，はずはない。「沸いてる」湯は「沸いた」のである。確信できないのなら「ラッキー，お湯が沸いてる。たぶん沸いたんだろう。」などと言えそうなものだが，それはおかしい。では，「お湯が沸いた。」という言い方がそもそも不自然なのか。それも違う。ポットを火にかけた家族なら，居間などから台所に戻り，ポットから出ている湯気を見れば「あ，お湯が沸いてる。」とも「あ，お湯が沸いた。」とも言える。帰宅していきなり沸騰状態の湯を見た者とは異なり，この家族は，未沸騰状態と沸騰状態の両方を，つまり（その瞬間は見ていなくても）［沸く］という変化を経験している。沸騰状態の湯を見ながら「沸いた。」と言えるのは，［沸く］という変化の経験者，より正確には体験者（本当に経験があるかはさておき，経験者として振る舞う者）だけである。

　類例を挙げる。初めて通された応接室に水槽があり，そこに金魚の死骸を見つけた場合，「あ，金魚死んでる。」とは言えても「あ，金魚死んだ。」とは言いにくい。「死んだ。」と言いやすいのは，その金魚の［死ぬ］という変化の体験者，典型的には飼い主である。ある人物を見て「老けたなぁ。」と言えるのは，以前その人物を見ている者である。容疑者の供述に基づき死体を掘り起こしていて「わ，白骨化した！」と言うのは，おそらく一味の者である。

　一般化して言えば，日本語では，モノの変化後状態を目の当たりにしながら，そのモノについて「変化動詞＋た。」と言う発話は，もっぱら体験の吐露であり，だからこそ話し手は体験者に限られる。

② 知識の「変化動詞＋た。」，経験者の身になった「変化動詞＋た。」

　反例かと思えるものは少なくない。だがよく見れば，それらは知識の発話だったり，話し手が（体験者だが）経験者でないだけだったりで，反例ではない。観光ガイドは宇和島城を見ながら「こちらの宇和島城は，約400年前に大改

▷1　変化動詞（achievement verb）とは，「死ぬ」「直る」など，モノの変化，つまり前状態（「死ぬ」の場合なら生存状態）からの逸脱を意味する動詞のこと。モノの動作を意味する「走る」「流れる」などの動作動詞（activity verb）と共に，動詞の二大類型をなす。

110

修が行われて，現在の形になりました。」などと，約400年前の大改修という変化を見ていないにもかかわらず「現在の形になりました。」と，「変化動詞＋た。」発話ができる。だがこれは反例ではない。ガイドは「間もなく右手に現れます宇和島城は……現在の形になりました」のように，宇和島城を見ていない段階でもこの発話を行える。問題の「現代の形になりました。」発話は，必要あれば随時できる業務上の知識語りを，たまたま宇和島城前で行ったもので，真の「モノの変化後状態を目の当たりにしながらの言い方」ではない。

またたとえば，初めて訪れた離島にホテルを発見した者の独り言として「あ，ホテルが建った。」は不自然だが，［島にホテルが建つ。すると環境が悪化。するとサンゴが死滅へ］という一般的な知識が意識されれば「あ，ホテルが建った。この島もサンゴはもうダメだ。」などと言いやすくなる。だが，この「ホテルが建った。」発話は，ホテルの変化後状態（完成した姿）を目の当たりにしながら行われているが，そのホテルについてというよりも，一般的な知識（の一部）の実現を語ったもので，反例とするには当たらない。

さらに，帰宅して沸騰状態しか見ていなくても，奥の居間にいるであろう家族に向かって，あなたが沸かしていた湯が沸いたぞ，という意味でなら「おーい，お湯沸いたー。」と言える。だが，これは，話し手自身に経験はなくても，相手（経験者）の身になった発話で体験者性は備えており，反例ではない。

なお，経験者なら「変化動詞＋た。」は常に自然というわけではない。金魚の死骸を見ての「あ，金魚死んだ。」は飼い主などなら言いやすいと先述したが，金魚に深い愛情を注いでいた場合「金魚死んでる。」と比べて不自然さが目立つ。知人の死体を発見しての「わ，死んだ！」はさらに言いにくい。アニマシー（有生性）が高いモノの死を発見した場合，その現場にある「死んでる」状態から離れ，変化前の状態とまとめて「死んだ」と述べることは難しい。

③ 「間違いだった。」と，「た」で訂正してみせる権利

知識の表現には，また違った形で「権利」が関わる。たとえば，ドライブに行こうとレンタカーに乗り込んだはいいが車が動かない。皆で，燃料，キーと原因を探るうち，1人が「運転座席に座っている者（以下「運転手」）がアクセルと間違えてブレーキを踏んでいる」と気づく。この時，運転手の足を指して「あ，ブレーキ踏んでる！」と言うことは，後部座席の子供でもできる。だが，「あ，ブレーキ踏んでた！」と，それまでの見過ごしを「た」で訂正してみせることは，原則として運転手，つまりいま勃発している問題［車はなぜ動かないのか？］を自身の問題として引き受ける「責任者」だけの特権である。

体験と知識が違うということは誰でも知っている一般常識だが，日本語の場合，体験と知識の違いは文法や語用論にまで深く染み込んでいる。

（定延利之）

▷2　アニマシー・有生性（animacy）とは，生きているイメージの度合いのこと。人の存在は「いる」だが木の存在は石の存在と同様「ある」で表されるように，生物学的な分類とは一致しない，あくまでイメージ上の概念である。

▷3　従来の言語学は知識表現に集中し，体験表現は見過ごされている。おそらくそれは，書きことばの偏重，話しことばの軽視という多くの研究者の態度と無縁ではない（定延 2016）。体験と知識の違いは定延利之『煩悩の文法［増補版］』（凡人社，2016年）を参照されたい。

参考文献

井上優（2001）「現代日本語の「タ」――主文末の「タ」の意味について」つくば言語文化フォーラム編『「た」の言語学』ひつじ書房，97-163頁。

定延利之（2016）『コミュニケーションへの言語的接近』ひつじ書房。

鈴木重幸（1979）「現代日本語の動詞のテンス――終止的な述語につかわれた完成相の叙述法断定のばあい」言語学研究会編『言語の研究』むぎ書房，5-59頁。

第Ⅱ部　文法と意味

5　認知言語学・日本語文法

8 並列標識の偏った現れ

「と」と "and"

1 "and" の現れは偏っている

名詞を並列する場合，日本語なら「AとBとC」のように，並列助詞「と」が，AとBの間にも，BとCの間にも，まんべんなく入る。だが，英語は "A, B, and C" のように，接続詞 "and" が最後の2名詞BとCの間にだけ入る。もしもAとBがペアを構成しており，そのペアとCが並列されるのなら "A, B, and C" となるのはもっともだが，A・B・Cを分け隔てなく平等に羅列する場合にも "A, B, and C" となる。これはおかしいのではないか。

2 「と」の現れも偏っている

いま「おかしい」と述べたが，ことばの現実を素直に受け入れること（記述主義）は，言語学の基本姿勢である。英語の "A, B, and C" という現実を「おかしい」と感じるなら，「おかしい」と感じさせている，われわれの中の思い込みこそ，疑ってみるべきだろう。その思い込みとは「並列助詞であれ接続詞であれ，並列標識は名詞の間にまんべんなく入るはず」という考えである。

この思い込みを疑うのは，英語のためばかりではない。日本語文「君と僕とで頑張ろう」の2番目の「と」を，余計でおかしなものとともすれば感じさせてしまうのは，この思い込みである。だが，「AとかBとかCとか」「AやらBやらCやら」の「とか」「やら」，さらに現代ギリシア語 "ke A ke B" の "ke" や，ヨルバ語 "àti A àti B" の "àti" も現実だと認めれば，並列標識とは，実は「名詞の間に入る」のではなく，「（言語やその並列標識の前置／後置の性質により）名詞の直前か直後について現れる」ものだとわかるだろう。

それと同時にわかるのは，いままでまともに見えていた日本語「AとBとC」は，いままでおかしいと思えていた英語 "A, B, and C" と，基本的に同じだということである。日本語「AとBとC」の「と」は，最後の名詞Cにだけは，ついて現れていない。他方，英語 "A, B, and C" の "and" は，最後の名詞Cだけについて現れている。この「と」と "and" は，3つの名詞A・B・Cのうち，最後の名詞Cを特別扱いしている点で共通しており，違っているのは，特別扱いの仕方だけである（"and" はCだけにつく。「と」はCだけにつかない）。

▷1　「記述主義」(descriptivism) とは，「正しい」「美しい」といった価値判断を研究に持ち込むべきでないとする考えのことである。記述主義の反対は「規範主義」(prescriptivism) と呼ばれる。現代言語学は記述主義に立っているので，ことばの乱れを正したり，ことばの美しさを論じたりはしない。

▷2　ここでは，名詞を並列する際に現れる標識を「並列標識」と仮称して紹介する。

▷3　「前置」とは何かの前に置くことで，名詞の前に置かれることばを前置詞 (preposition) と呼ぶ。「後置」とは何かの後に置くことで，名詞の後に置かれることばを後置詞 (postposition) と呼ぶ。日本語の格助詞「が」「を」「に」などは後置詞とも呼べる。

3 2名詞だけが「視野」にあると考えると……

では、どう考えればこれらの現実すべてを理解できるだろうか？ ここで、名詞を発音していく話し手にとっては、2つの名詞だけが「見えている」（難しく言えば「イントネーションの調整領域に入っている」）という、人間の心に踏み込んだ、認知科学的な仮定をしてみよう。この2名詞とは原則として「いま発音する名詞と、次に発音する名詞」である。名詞Aは［A　B］という視野で、この視野の前半の名詞として発せられる。そこで視野が動き、名詞Bは［B　C］という視野の前半の名詞として発音される。以下、名詞が何個続いたとしても同じように視野が移っていくが、最終の名詞（いまの例は名詞が3つなのでC）だけには、特別なことが起こる。それは、もはや新しく視野に入ってくる名詞がないので、直前の名詞Bを発音した時点から視野が動かずに（［B　C］のままで）発音されるということである（図1）。

▷4 「認知科学」(Cognitive Science) とは、60年ほど前に生まれた、心を解明する総合的な学問のことであり、ノーム・チョムスキー (Noam Chomsky) はその創設者の1人である。心理学だけでなく言語学や人工知能、哲学など、さまざまな学問が認知科学に関わっている。

図1　名詞A・B・Cを発音していく話し手の心内「視野」の移り変わり

前述の日本語の「に」などは実は「視野の前半の名詞」のマーカーだと考えると（図2）、最終名詞Cだけにつかないことは理解できる。また、英語の"and"も、「視野の後半の名詞」のマーカーであれば（図3）、最終名詞Cだけについて（"and"の前置詞的性質のため前に）現れることは理解できる。

図2　日本語「に」の現れ方　　　図3　英語"and"の現れ方

さらに、日本語の「とか」やギリシア語の"ke"が「視野の名詞」全般のマーカーだと考えると（図4・図5）、これらが全名詞に（「とか」の場合は後ろに、"ke"の場合は前に）ついて現れることは理解できる。「と」には、「に」と同じ場合と、「とか」と同じ場合の2つがあるということになる。

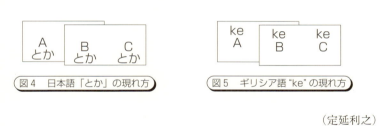

図4　日本語「とか」の現れ方　　　図5　ギリシア語"ke"の現れ方

（定延利之）

参考文献

Gardner, Howard (1985), *The Mind's New Science : A History of the Cognitive Revolution*, New York : Basic Books.（佐伯胖・海保博之訳『認知革命──知の科学の誕生と展開』産業図書，1987年）

定延利之（2000）『認知言語論』大修館書店。

定延利之（2006）『日本語不思議図鑑』大修館書店。

第Ⅱ部　文法と意味

6　語用論

ことばの意味と話し手の意味
「とがった味」や「なめらかな味」

 ことばの理解ができれば会話は成立するのか

　私たちは会話をするとき，ことばを使っている。1つひとつのことばには，それが指す特定の物や動作や様子があって，辞書には，それぞれのことばの意味が記されている。そしてその意味を恣意的に変えることはできない。ことばの意味がわからないと，話し手が伝えていることを聞き手が理解することはできない。その反面，よくわかっているはずのことばで会話をしていても，相手の言っていることがよくわからないことや，自分の言っていることが伝わらなかった，誤解されてしまったということもある。それはなぜなのだろうか。ことばの意味がわかればコミュニケーションがうまくいくというわけではないのだろうか。もしそうであれば，聞き手が話し手の伝えたかったことを理解するために何が必要なのだろうか。

 ことばの限界

　話し手が使ったことばの意味はわかっても，話し手の伝えたかったことがわからなかったという経験はほとんどの人がしているのではないだろうか。ここでは話し手が聞き手に伝えたかったことを「話し手の意味」と呼ぶことにしよう。ことばの意味がわかっても，話し手の意味がわからなかったという経験は，これら2つの意味が異なる可能性を示している。実際には，ほとんどのコミュニケーションにおいて，話し手の意味はことばの意味と同じではないのである。

　それはなぜだろうか。1つは，存在することばを駆使しても，うまく伝えられない思いや斬新な発想などがあるからである。存在することばではうまく伝えられないとき，私たちは比喩的な表現を使ったり，新しいことばの組み合わせを使ったりする。たとえば日本語で味覚を表すことばは少ないので，味を表現する場合，「深い味」「なめらかな味」「やわらかな味」「とがった味」「ぼんやりした味」「重厚な味」「透明な味」「静かな味」のように，味覚以外の五感表現を使うことが多い。これらの表現は「共感覚比喩」とも呼ばれる。

　別の理由として，会話の際に思っていることをそのままことばにしないほうが良い状況があるということも重要だ。たとえばこちらが相手に何かを依頼するときや，逆に相手の依頼や誘いを断るようなときは，相手の気持ちや受け取り方に配慮して，わざと遠まわしな言い方をすることが多い。

③ 文脈を基にした推測

　ことばの意味と話し手の意味が異なるのであれば，どうやって聞き手はことばの意味以外の話し手の意味を理解するのだろうか。聞き手は話し手の意味を理解するために手がかりが必要だ。その手がかりが何なのかを考えてみよう。まず話し手が使ったことばの意味は重要な手がかりとなる。直前まで話していたことや，会話をしているときの環境なども手がかりになりうる。会話をしている相手や相手と自分の関係に関する知識，会話の話題に関する背景知識など，記憶の中から呼び戻すような手がかりも必要だ。ここでは，話し手が使ったことば以外の手がかりを「文脈」と呼ぶことにする。聞き手は文脈を手がかりに，ことばの意味に肉付けしたり，そぎ落としたりして，話し手の意味を推測していかなければならない。

④ 一語発話

　文脈を手がかりに話し手の意味を推測するというのは何だか難しそうだと思われるかもしれない。確かに説明すると難しく聞こえるが，実際には私たちが日常会話で無意識にやっていることだから，たいていの場合は難しくはない。たとえば，「水」と言われて「はい」と答える場合を考えてみよう。「水」ということばには「水があります」，「水をください」，「水をまいてください」，「水を鍋にいれてください」，「水を買ってきてください」，「水がこぼれています」などなど，さまざまなことを伝える可能性がある。どのような意味を伝えるかは，会話の文脈によって決まる。聞き手は会話の状況や背景知識を使って１つの解釈を選んで，話し手の意味として理解するのである。

⑤ 言い間違い

　聞き手が文脈を使って話し手の意味を推測することができることを示す良い例が言い間違いの理解だ。たとえばデパートで母親が子供に「ほら，レストランは上の階だから，そのエレベーターに乗って，上に行って！」と指差しをしながら話していたとしよう。子供のほうはニヤニヤしながら，母親が意図したとおりに行動した。そして上の階に着いたとき，母親にこう言った。「ママ，エレベーターじゃないよ，これ，エスカレーターだよ」。子供が言ったとおり，母親は「エスカレーターに乗って」と言うつもりだったのに，「エレベーターに乗って」と言ってしまったのだ。母親が意味していたのはことば通りの「エレベーター」ではなくて「エスカレーター」だと子供が理解できたのは，母親が目の前のエスカレーターを指差していたことを含めた文脈の理解に加えて，話し手の意味はことばの意味とは違うものだという認識があったからだろう。

(松井智子)

▷ 1　推論的発話解釈に不可欠な文脈は，話し手と聞き手が共有している膨大な知識の総体の一部である。聞き手は，膨大な知識の中から，特定の発話で話し手が意図した特定の文脈を推論によって選択する必要がある。文脈を選択するための言語的・非言語的手がかりを話し手が提供することも多く，成人であれば大抵の場合，意図された文脈を正しく推測することができるが，後で触れる語用障害を持つ人や，認知発達の途上にある子供にとってはなかなか難しい。

参考文献

松井智子（2013）『子どものうそ，大人の皮肉』岩波書店。
内田聖二（2013）『ことばを読む，心を読む——認知語用論入門』開拓社。
岡本真一郎（2013）『言語の社会心理学』中公新書。

第Ⅱ部　文法と意味

6　語用論

2 コミュニケーションのスタート地点
アイコンタクトの意味

1 コミュニケーションはどうやって始まる？

　私たちは日常的にコミュニケーションをしているが、ここではそもそもコミュニケーションがどのように開始されるのかを考えてみたい。コミュニケーションをスタートするのは最初にメッセージを発する側、つまり話し手であるが、メッセージの受け手、つまり聞き手が話し手のメッセージに気づかなければ、コミュニケーションは始まらない。話し手と聞き手の双方が、互いがコミュニケーションに参加していることを認識していることが必要となるが、話し手が聞き手に何かを伝えようとしていることは、どのようにして確認できるだろうか。また聞き手がそのことに気づくことは、コミュニケーションにおいてどのような意味を持つのだろうか。

2 伝達意図

　話し手が自分に何か言いたいのだなと聞き手が気づくには、いくつかの方法がある。たとえば「何か言いたげにこちらを見ているな」と相手の視線によって気づくこともあるだろう。「ねえねえ」と呼びかけてきたり、肩をたたかれたりして気がつくこともある。電話やメールであれば、間違いでない限り、相手のコミュニケーションが自分に向けられていることはわかりやすいと言える。もちろん、たとえば「ねえ、ねえ」と声をかけられて振り向いたときには、まだ聞き手には情報の中身は伝わっていない。この時点で聞き手に伝わっているのは、話し手が聞き手に対して伝えたい情報があるということをわからせようとする意図である。この意図を「伝達意図」と呼んでいる。「話し手が自分に何かを伝えようとしている」ことを聞き手が認識できるとき、聞き手は話し手の伝達意図を確認したと言うことができる。

3 情報意図

　伝達意図の確認ができると、聞き手は話し手が伝える情報の中身に注意を向ける。話し手のほうは、情報の中身を聞き手にわからせようとする意図を持っているので、聞き手にわかりやすいように情報を伝えようとする。この情報の中身に関する話し手の意図を「情報意図」と呼んでいる。情報意図の目的は、聞き手がその情報を処理することで達成される。そのため、対人コミュニケー

▷1　伝達意図の理解は生後6カ月でできることが報告されている。その一方で人間以外の動物には伝達意図の理解が見られないことが示唆されており、伝達意図の理解が人間に特有な能力であり、それが人間のコミュニケーション能力の基盤となったと考えられている。

6-2 コミュニケーションのスタート地点

ション以外でも情報意図は達成できる。ブログで情報を流したり，ユーチューブで映像を流したりする人は，発信者として名乗る場合もあるが，そうでない場合も多い。誰もが見ることができるように発信すれば，発信者からは誰がその情報や映像を見るかは予測も確認もできない。だが，不特定多数の相手が自分の流した情報を目にしたとき，発信者の情報意図は達成されると考えられる。コマーシャルや広告も同様である。

④ 伝達意図と情報意図の関係

コミュニケーションにおける話し手の2つの意図をまとめると次のようになる。

・伝達意図：話し手が聞き手に対して伝えたい情報があることわからせ
　　　　　うとする意図

・情報意図：情報の内容をわからせようとする意図

この2つの意図は次のような関係性を持っている。何らかの方法で話し手の伝達意図を察知できると，聞き手は話し手が伝えようとしていること（情報意図）は何なのか，仮説を立て始める。ここで大切なことは，伝達意図を聞き手が認識した時点では，話し手が伝えたい情報の中身はまだわかっていないということだ。伝達意図を認識することで，聞き手は話し手の言うことに耳を傾け，解釈を始める準備段階に入ると考えてよい。語用論では話し手の言うことを「発話」と呼び，それを聞き手が解釈する過程を「発話解釈」と呼んでいる。発話解釈のときに大切なのが「なぜ相手は今自分に何かを伝えようとしているのか」という問いであり，それに答えを見出すべく，仮説が立てられることになる。

少し見方を変えると，伝達意図の認識は，発話解釈に必要な処理資源を聞き手に消費してもらうことを促す役割を持っていると言うこともできる。発話を解釈するためには聞き手の注意や言語処理労力を含めた，認知的な労力あるいは資源が必要である。そのため伝達意図の認識は，発話解釈を促すと同時に，聞き手に処理資源を消費することを促すと考えることができる。対人コミュニケーションにおける聞き手の情報処理システムは，話し手の伝達意図を認識した瞬間に作動し始めると考えてよい。話し手が伝達意図を聞き手に伝えると，聞き手は注意を話し手の発話に向けて聞き始めるというわけだ。

発話に限らず，話し手の伝達意図が話し手と聞き手両者の間で確認できるような刺激が聞き手に示されれば，聞き手の認知システムは解釈を始めると考えられる。アイコンタクトや表情，ジェスチャーなどは話し手の伝達意図を示す非言語的な手段として代表的なものである。スペルベルとウィルソンは，この伝達意図の機能に着目し，それが聞き手の発話解釈を起動させるものであると考え，「聞き手が持つ関連性の期待」を提案した。この期待がどのようなものであるかについては，Ⅱ-6-6で詳しく説明する。　　　　　（松井智子）

参考文献

松井智子（2013）『子どものうそ，大人の皮肉』岩波書店。

Sperber, D. & Wilson, D. (1995), *Relevance : Communication and Cognition*, Blackwell.（内田聖二 他訳『関連性理論──伝達と認知』研究社，2000年）。

今井邦彦編（2009）『最新語用論入門12章』大修館書店。

第Ⅱ部　文法と意味

6　語用論

 文脈によることばの意味調整

近いのに遠い？

「お正月はたこだね」「ほら，大きなくも」

　これらの会話のことばの中で，ひらがなで書かれている名詞にどんな漢字を当てればよいだろうか。気づいた方も多いと思うが，それぞれ少なくとも2つの漢字があてはまる。

　　「お正月は蛸・凧だね」
　　「ほら，大きな蜘蛛・雲」

　漢字で書いてあれば問題なく意味がわかるが，もし会話の中で使われたとすると，2つの漢字のうちどちらか1つをあてはめて解釈をする必要がある。いったいどのようにして私たちは，普段そのような選択をしているのだろうか。

② 文脈を使う

　この問題を解く鍵は，文脈[1]にある。この例のように，ことばの複数の解釈候補の中から，話し手が意図した意味を選択するための手がかりとなる情報を文脈と呼んでいる。先行する会話は主要な文脈であるが，もちろんそれだけではない。どういうことを言いそうな人かといった会話の参加者に関する背景知識や，その他の一般知識，社会規範，文化的価値観なども文脈として用いられる。

　「お正月はたこだね」を例にとって考えてみたい。このことばの前に，次のような一言があったとしよう。「お正月に小学生の子どもたちと何か楽しめることはないかしら」。この場合，「お正月は凧揚げだね」という解釈がすぐに思い浮かぶのではないだろうか。あるいは次の一言があったらどうだろう。「お正月のお客様にはお酒と一緒に何を振舞いましょうか」。この場合は，「蛸だね」がまず思い浮かぶと思う。

　このように，同音異義語が使われていたとしても，前に出てくる文章や会話のことばの影響で，自然に1つの意味解釈だけが思い浮かぶということが多いと思う。そしてそのような場合，使われたことばに複数の解釈があるということにも思い至らないことがほとんどだろう。先行している会話のことばが手がかりとなって，複数の解釈候補の中から1つが選ばれたのだろうが，その選択はじつは本人の意識が及ばないところでなされているようだ。

　解釈に必要な文脈は大抵話し手の側から明示されることはなく，聞き手が発話解釈の過程で自ら推論を用いて見つけ出すことが期待される。先の「お正月

▷1　Ⅱ-6-1 側注1参照。

はたこだね」の例の場合は，文脈を手がかりに意味をつかむことは非常に簡単だったと言えるが，いつも同じように簡単というわけではない。「あの人が言いたかったことがわからない」と感じるときや，「もっとはっきり言ってくれればよかったのに」と思うようなときには，文脈がうまく見つからなかったことが原因である可能性が高い[2]。

3 近くて遠い？

「私の実家は空港から近いので便利よ」
「飛行機だと東京から金沢は近いね」
「前の職場は駅から近かったの」

それぞれの「近い」がどのくらいの近さを表しているかを推測してみる。「実家は空港から近い」というのは車で30分程度の距離，「東京と金沢は近い」というのは最寄空港から飛行機で40分程度の距離，「前の職場が駅から近い」の場合は歩いて5分ほどの距離と解釈するのはそれほど的外れではないだろう。それぞれの発話どうしを比べると，なにをもって「近い」というのか，定義がよくわからなくなってくる。純粋に距離に基づいてそのことばが使われているわけではないようだ。

さらに，「近い」と「遠い」は反対の意味を持つが，車で10分の保育園は遠くて大変で，空港から車で30分の実家は近くて便利ということがある。車で30分かかるお姉ちゃんの学校は遠くて大変なのに，車で30分の通勤は「近くていいわね」になったりする。どうやら「近い」のか「遠い」のかを決めるのは，移動にかかる時間だけでもなさそうだ。

じつは「近い」「遠い」に言えることは，「長い」「短い」や，「遅い」「早い」，「高い」「低い」などのことばにもあてはまる。これらのことばはここからは「近い」，ここからは「遠い」と言うべしというような，絶対値を持たない。何かの基準に照らして近かったり遠かったりと相対的に決められる特徴を持つ。そのため，会話でこれらのことばが使われると，聞き手は話し手の意図した意味を見つけるために，何の基準に照らして使っているのかを推測する必要が出てくる。ここでも基準とされるのは文脈なのである。

「近い」「遠い」ということばの一般的な意味を知らない人はいないだろう。ことばの一般的な意味を知っていることは，当然，会話の中で用いられることばの意味を理解する前提となる。しかし，話し手が意図した意味を理解するのには，それだけでは足りないのである。さまざまな背景知識を文脈として取り出し，そこで「近い」「遠い」といったことばの意味調整を加えるのである。このような作業を「文脈によることばの意味調整」と呼ぶことができる。

(松井智子)

▷ 2 Ⅱ-6-1でも説明したように，発話解釈に不可欠な文脈は与えられるものではないため，聞き手が話し手の意図した文脈を見つけ出す必要が出てくる。聞き手は意図された文脈を探すのに推論を用いることになるので，話し手が意図した文脈と聞き手が推論した文脈との間に齟齬が生まれる可能性は常にある。

参考文献

松井智子 (2013)『子どものうそ，大人の皮肉』岩波書店。
今井邦彦 (2001)『語用論への招待』大修館書店。

第Ⅱ部　文法と意味

6　語用論

 ことばのウラを読む
　　　　　　「でも」があるとわかりやすい？

 ステーキと人間ドック

次のAさんとBさんの会話について考えてみよう。
　Aさん「今晩，いつものステーキ食べに行かない？」
　Bさん「人間ドック，来週なの」
　Aさん「そうか」

Bさんの返答はどのように解釈されるだろうか。1つの可能性は，「1週間後に人間ドックが予定されているから，今のうちに好きなステーキを食べておこう」という解釈だろう。もう1つの可能性は，「1週間後に人間ドックが予定されているから，もうステーキは食べない」という解釈だ。果たしてBさんはどちらの解釈をAさんにしてもらいたかったのだろうか。そしてAさんがBさんの思ったとおりに解釈するには，何が必要なのだろうか。

② 複数の解釈が可能

Bさんが「1週間後に人間ドックが予定されているから，今のうちに好きなステーキを食べておこう」と言ったと解釈するとしよう。その場合に必要な文脈は，たとえば「検査の前日には食事の時間も制限されているし，お酒も飲まないようにと言われるので，その前に好きなものを食べたり飲んだりしたい」というようなことだろう。このような文脈情報があると，Bさんの返答は「今晩はステーキを食べに行く」と解釈できる。

Bさんが「1週間後に人間ドックが予定されているから，もうステーキは食べない」と言ったと解釈する場合はどうだろう。たとえばコレステロールは1週間前くらいまでに暴飲暴食をすると検査のときに高くなると言われたら，その頃から意識的に食生活を変えて検査結果をできるだけ良くしたいと思う人もいるかもしれない。そのようなことが文脈情報としてあれば，Bさんは「今晩はステーキを食べに行かない」と言ったと解釈することが可能だ。

③ ウラ前提とウラ結論

ここで大事なポイントは，どちらの文脈情報も聞き手のAさんには会話の中で言語的に示されていないということである。そのため，Bさんが言わんとしたことが何かを判断するために，Aさんは自力で記憶の中にある人間ドッ

クやステーキを食べることに関連する情報を取捨選択し，解釈を進めていかなければならない。そしてある1つの文脈が選択されると，おのずとその結論として解釈が決まってくる。この解釈も当然のことながら，言語的に示されてはいないので，聞き手のAさんが推測しなければならない。このように言語で示されていない解釈を「ウラ結論」と呼び，その解釈を導き出すために使われる文脈情報を「ウラ前提」と呼んでいる。ウラ結論は語用論の専門用語でIMPLICATUREと呼ばれ，日本語では「推意」「暗意」などと訳されている。

4 誤解はつきもの

　Bさんが言いたかったこと（ウラ結論）は何かを判断するのに，文脈情報（ウラ前提）が不可欠であること，そしてその文脈情報は，聞き手のAさんが記憶の中から推論的に探り出さなければならないことはわかっていただけたと思う。このようにことばになっていない前提や結論を推測しなければならない発話解釈には，誤解はつきものである。そしてその誤解は，ウラ前提とウラ結論の概念を使うとうまく説明できる。通常「あの人が言いたかったことがわからない」という場合，感じていることはおそらくことばのウラ結論がわからないということのほうだろう。しかし，じつはことばのウラ前提となる背景知識が見つからず，その結果，ウラ結論が導き出せなかった可能性も高いのである。

　相手に誤解されていることに気づいたら，ウラ前提が見つからない可能性が高いのだから，ウラ結論を導き出す前提となる背景知識を相手に伝えればよい。あるいは，ウラ前提を用いて推論的にウラ結論を導き出すことができなくても，ウラ結論だけを導き出せるようにする方法もある。たとえば接続詞「でも」や評価副詞「あいにく」「幸い」をうまく使うと，ある1つの解釈だけが導きやすくなる。以下の例で下線部を加えたことによって，Bさんの返答がどのように解釈されるか，考えてみてほしい。[1]

　　　Aさん「今晩，いつものステーキ食べに行こうよ」
　　　Bさん「でも／あいにく，人間ドック，来週なの」
　　　Aさん「そうか」

　　　Aさん「今晩，いつものステーキ食べに行こうよ」
　　　Bさん「幸い，人間ドック，来週なの」
　　　Aさん「そうか」

（松井智子）

▷1　ウラ結論を導きやすくする接続詞や評価副詞には，「でも」「あいにく」のように，聞き手が期待している想定や返答を否定したり弱めたりする役割を果たすものがあれば，逆に「それに」「さらに」のように肯定したり強めたりする役割を果たすものもある。一方「だから」のような接続詞は，それに続く発話が既存の想定から導き出すことのできる新たな結論であることを示す役割を持つと考えられる。

参考文献
松井智子（2013）『子どものうそ，大人の皮肉』岩波書店。
Sperber, D. & Wilson, D. (1995), *Relevance : Communication and Cognition*, Blackwell.（内田聖二他訳『関連性理論──伝達と認知』研究社，2000年）。
今井邦彦編（2009）『最新語用論入門12章』大修館書店。

第Ⅱ部　文法と意味

6　語用論

発話解釈は選択的投資
カクテルパーティー効果

 発話解釈と聞き手の注意の切り替え

　私たちは何かに集中してしまうと，まわりに起こっていることに気づかないことがある。注意を別のものに向ける切り替えができないのだ。その一方で，テレビを見ながら電話をして，同時に新しいレシピを読んで料理もする，という人もいる。そして確かにそのような作業の進め方が得意な人とそうでない人がいる。発話解釈は，聞き手が話し手の伝達意図に注意を向けるところから始まるが，人間の持つ注意の切り替え能力や集中力は，聞き手が発話を解釈する際に，どのように機能しているのだろうか。

② 解釈のための投資──注意と処理労力

　人の話を真剣に集中して聞いていると，それ以外の周囲の情報は素通りしてしまうことはよくある。私たちが情報を処理するためには，集中的にその情報に注意を向ける必要があるようだ。注意をうまく分散させて，同時に複数の情報処理ができれば効率は良さそうだが，人間の脳はどうやらそのようには作られていないらしい。

　ある時間に処理できる情報が，ほとんどの場合1つだけということが，人間の情報処理の制約だ。処理する情報が複雑で難解であればあるほど，より多くの注意力や処理労力が必要になり，それ以外の情報に注意を向けることはほぼ不可能となる。

　このような情報処理の制約があると，人間の情報処理は選択的にならざるをえない。聞き手は，常に自分にとって価値がある情報を得たいと思っているから，発話が伝える情報が認知効果をもたらすことを期待するのだ。人間の情報処理が選択的であることを考えると，発話解釈が選択的な投資であることに気づく。分散投資ではないのである。聞き手は，自分の注意と処理労力を1つの情報処理につぎ込むことになるから，見返りである認知効果への期待も自然と高くなるはずだ。

③ カクテルパーティー効果

　自分にとって価値のある情報を得たいという欲求は，発話解釈に限らず，人間にとって本質的なもので，無意識に注意の切り替えまでしてしまうようだ。

たとえばパーティーのように大勢の人がいて，お酒も手伝って会話がはずみ，わいわいがやがやしている中でも，自分の名前が呼ばれたらそれは耳に入ってくる。自分の名前だけでなく，自分にとって重要な情報であれば，雑音があっても，誰かと会話している最中でも，その瞬間そちらに注意が向いて処理が可能になる。心理学では，これを「カクテルパーティー効果」[1]と呼んでいる。自分の注意の矛先は，意識的に決めることもできるが，知らないうちにあるものに注意がひきつけられることもあるということだ。

　何が重要な情報かというのは，当然1人ひとり異なるだろうが，すべての人間が共通に意識せずに，ほぼ反射的に注意を向ける傾向がある情報もある。人間の認知システムが生物的にそのように作られていると言ってもよいかもしれない。たとえば色彩にも私たちの注意をいつのまにか引いているものがある。真っ赤や，強い黄色はどんな環境においても目立つ色である。このような色は，世界中で信号にも使われている。自分にとって重要な情報に注意が引き付けられるという人間の性質を最大限に利用しているのが広告やコマーシャルを含むマーケティングである。広告業界には3Bの法則というものがあるそうだ。「美人（Beauty）と赤ちゃん（Baby）と動物（Beast）」を広告やコマーシャルで使うと絶対に失敗しないらしい。

④ マルチタスク（「ながら」作業）は効率が悪い

　人間は生来，いくつもの情報を同時に処理することが苦手なようだ。とはいえ今の時代，特に若者の中には，複数のメディアを駆使して「同時に」複数の情報を扱うことが当たり前になっている人は少なくないだろう。果たして注意を分散して複数の情報を入手することに慣れたとき，人間の情報処理の制約はなくなるのだろうか。このことに関して興味深い研究[2]がある。複数の作業を同時にこなすことを英語でマルチタスク（「ながら」作業）と呼んでいる。メディアを通してマルチタスクを日常的にしている若者と，そうでもない若者の注意の切り替え能力を調べたところ，マルチタスクが日常的になっている若者のほうが，本人にとって価値のない情報に注意を向けてしまったり，記憶の中にある関連のない情報を思い出したりして，効率の悪い情報処理をする傾向にあることがわかったのである。複数の情報を同時に処理できるのは一見効率が良さそうだが，人間の場合，不要な情報に惑わされずに，自分にとって価値のある情報だけを選択する能力を持っていることが，もっとも効率のよい情報処理につながっているようだ。

（松井智子）

▷1　注意が向けられなかった情報は意味的な処理がされにくいという説。カクテルパーティーのように周囲がさわがしい状況では，注意を向けている情報のみが意味処理され，それ以外の情報は物理的に認識されていても意味処理はされないと考えられている。

▷2　E. Ophir, C. Nass & A. D. Wagner (2009), "Cognitive Control in Media Multitaskers," *PNAS* vol. 106, no. 37：15583-15587.

参考文献

松井智子（2013）『子どものうそ，大人の皮肉』岩波書店。
岡本真一郎（2013）『言語の社会心理学』中公新書。

第Ⅱ部　文法と意味

6　語用論

発話解釈の鍵は関連性
価値ある情報への期待

▷1　認知効果には3つのタイプがあると考えられている。1つは，新奇の情報が既存の想定を肯定・確認したり，強めたりする効果だ。2つめは，新奇の情報が既存の想定を否定したり，弱めたりする効果である。3つめの効果は，既存の想定に新奇の情報が加わったことで新たな結論が導かれるというものである。

　話しかけられたら耳を傾けてしまうのはなぜ？

　これまで発話解釈は投資のようなものだという話をしてきた。聞き手は見返りとして自分にとって価値のある情報（認知効果）を得ようとして，注意や処理労力を選択的に投資するのだ。しかし，情報の価値は，実際に処理したあとでないとわからない。重要な，価値ある情報だと思ってそこに注意を向けて（他の情報は遮断して）聞いていたけれども，後になって「だまされた！」「聞いて損した！」と思うこともある。それでもつい声をかけられると話を聞いてしまうのはなぜなのだろうか。そして聞き手は効率的な情報処理を達成するために，何ができるのだろうか。さらに，婉曲な表現や，比喩，皮肉を理解するには，より多くの処理資源が必要であるにもかかわらず，このような表現がコミュニケーションでよく使われるのはなぜだろうか。

　効率的な情報処理と関連性

　人間は情報を得ることによって知識を増やす，あるいは改善することができるが，人間の情報処理資源は有限である。そのため，人間は有限な資源を使って，もっとも効率的に情報を処理するように進化したと考えられている。効率の良い情報処理をしようとする人間の認知システムの特徴は，発話解釈にもあてはまる。発話を含めたコミュニケーションは，話し手にイニシアチブがある。話し手は聞き手を選択することができるが，聞き手は話し手を拒否することは難しい。

　効率的な情報処理というのは，先に紹介した「認知効果」という用語を使えば，最低限の労力を費やして最大限の認知効果を得ようとすることであると言い換えることができる。ダン・スペルベルとディドリー・ウィルソンは，人間の認知システムは，処理可能な情報の中で，効率の点から好ましい情報を選択的に処理するように作られていると考えている。そしてそのような効率性の高い情報を「関連性の高い情報」として次のように定義している。

「関連性の高い情報」
　①　情報処理の結果得られる認知効果が高ければ高いほど，情報の関連性は高くなる。
　②　情報処理に費やす処理資源が少なければ少ないほど，情報の関連性は

高くなる。

いったんある情報を選択して処理し始めてからも，認知システムは，情報処理の効率性をより高めるべく作動すると考えられる。言い換えれば，情報の関連性をより高めようとして人間の認知システムが働くということである。スペルベルとウィルソンはこのことを以下のような「関連性の認知原理」として提案している。

関連性の認知原理：

　人間の認知システムは，関連性を最大化するように作動する。

もちろん聞き手は，話しかけられた時点では，話し手の提供する情報が関連性のある情報であるかはわからない。しかしもし「関連性の認知原理」が正しいとすれば，聞き手の認知システムは，発話解釈が始まる瞬間から，自動的に情報処理の効率性を高めようとすると考えられる。

③ 報酬が増えるなら投資額も増やす

婉曲な表現や，比喩，皮肉を理解するには，より多くの処理資源が必要だということがわかっている。もちろん，解釈に必要な文脈が予測しやすいかそうでないかによっても，どのくらいの処理資源を要するかは変わってくる。できるだけ処理資源を節約しようとする認知システムにとって，皮肉やジョークは好ましくない発話のタイプであるはずだ。それなのに私たちが皮肉の混じったジョークを楽しむのはなぜだろうか。

関連性は処理資源と認知効果のバランスで決まる。そのため，認知効果が一定なら，処理資源が少ないほうが効率は良い。その一方で，もし認知効果が増えるなら，処理資源が増えても必ずしもバランスがくずれることにはならない。投資家がより多くの見返りを期待して投資額を増やすことがあるのと同じように，発話解釈でもより多くの認知効果を期待できる場合は処理資源を多めに費やすことが起こると考えられるのだ。

スペルベルとウィルソンは，コミュニケーション開始時に，すでに聞き手は発話が関連性の高い情報をもたらすことを期待すると提案している。具体的には以下のような2つの期待が，聞き手に処理資源を投資してまで発話を聞こうという気にさせるという。

聞き手が持つ関連性の期待：

　①　聞き手は，発話が話し手の能力と選択の範囲内で最大の関連性を持つものであると期待する。

　②　聞き手は，発話には少なくとも自分の注意を発話に向けるに足りる関連性があることを期待する。

自分の使った処理労力に余りある報酬を情報がもたらしてくれたと実感できたとき，聞き手が期待した関連性は満たされるのである。　　　　（松井智子）

参考文献

松井智子（2013）『子どものうそ，大人の皮肉』岩波書店。

Sperber, D. & Wilson, D. (1995), *Relevance : Communication and Cognition*, Blackwell.（内田聖二他訳『関連性理論——伝達と認知』研究社，2000年）。

今井邦彦編（2009）『最新語用論入門12章』大修館書店。

第Ⅱ部　文法と意味

6　語用論

 世間話の意味
　　　　私たちが天気の話をよくするのはなぜか

1　「暑いですね」「そうですね」

　私たちは「暑いですね」「また雨ですね」「もう春ですね」のようなお天気の話をよくする。いわゆる世間話と呼ばれるものだ。コミュニケーションの目的が情報交換だと考えると，このような天気の話は話し手も聞き手もすでによく知っている話をしているだけなので，情報価値は低いことになる。価値の低い情報をわざわざ話題にするのはなぜだろうか。

2　世間話はなくならなかった

　世間話をしているときの会話の内容は，新しい情報を得て知識を増やすというコミュニケーションの目的に合致していないという特徴がある。人間は効率の良い情報処理をしようとするので，処理する情報を取捨選択しているはずである。知識を得るためにはほとんど価値のない情報をやりとりする世間話は，これまで見てきたような認知効果をもたらさないため，コミュニケーションに効率性を求める傾向に反するように思われる。処理労力はさほどかからないだろうが，認知効果が全くないとなれば，効率は良くない。このようなコミュニケーションが人間にとって無駄なものであると判断されれば，世間話はどこかで淘汰されてなくなってしまってもおかしくないだろう。
　ところが，少なくともこれまでは世間話はなくならなかった。となると，それが人間にとって何らかの意味を持つと考えたほうが良さそうである。

3　人間関係の確認

　世間話が聞き手にとって意味があるとすれば，それはおそらく世間話をしている人同士の関係の確認という点においてだろう。通りすがりに会った知り合いや同僚に「風が冷たいですね」「蒸し暑いですね」などと言われて「そうですね」などと返すのは，互いに相手のことを良好な関係にある知り合いとして認めている，言い換えれば敵対する相手とは思っていないということを伝えているとは言えないだろうか。挨拶なども同じような意味を持つと考えられる。話し手と聞き手の人間関係の確認に加えて，情報の共有を通して両者が同じコミュニティの一員であるということの確認をするということも世間話の効用と言えるかもしれない。

世間話も話が長くなるにつれ，天気の話からより個人的な話になっていくことも少なくない。どこまでが世間話で，どこからが情報交換を目的としたやりとりになるのかは線を引くのが難しいが，世間話の1つの特徴は，話し手と聞き手が共有している，あるいは共有すべきと思われる話題についてやりとりをするということかもしれない。天気の話などは双方がすでに共有している情報だが，たとえば「○○さんに女の子が生まれたそうですよ」などという話は，聞き手にとっては新情報であるかもしれない。大事なことは，双方が共有すべき情報としてそれが伝達されていることだろう。

4 共 感

2人以上の人間がいればコミュニティができ，人と人とがつながる理由はそれぞれのコミュニティでさまざまだ。心理的に見ると，自分と相手が互いの関係を確認することや同じコミュニティの一員であることを確認することは，自分と相手が共感できる間柄であることを確認しているということになる。共感の体験が安心感や喜びをもたらすことは，コミュニティ内の人間関係を良い形で維持することにつながる。人間を含む社会的な動物の多くが共感を体験することができると言われているが，それはおそらく動物界のさまざまな社会の維持や統制に共感の体験が大きな役割を果たしてきたからだろう。共感を目的としたコミュニケーションが人間以外の社会的な動物にも見られることは，コミュニケーションの進化を考えるうえで重要なことだ。言語を獲得した人間は知識の獲得のために言語コミュニケーションを使うようになったが，共感を目的としたコミュニケーションが言語獲得前にあったとしても不思議ではないだろう。人間のコミュニケーションの中でも，共感を基盤とする挨拶や世間話といったものはもっとも原始的なものと言えるかもしれない。[1]

このように考えてみると，世間話や挨拶の認知効果は情報の中身ではなく，相手が話しかけてきたとか返事をしてくれたという事実の確認によってもたらされると考えられる。その事実の背後に，聞き手は相手の意図を読み取るのである。言い換えれば，これは話し手の「伝達意図」への気づきに他ならない。

住む場所や話すことばが違っても，世間話の話題がだいたい決まっているのにも理由があるのかもしれない。世間話で話し手が伝えたいことが，主にコミュニティも含めた人間の関係性の確認であれば，聞き手に与える情報は天気の話など，情報そのものにほとんど価値がないもののほうがその意図が伝わりやすいと言える。私たちが互いの社会的な関係を重視し続ける間は，世間話や挨拶はコミュニケーションの一端として意味を持ち続けるのだろう。

(松井智子)

▷1 Ⅱ-6-9 でも触れるが，語用障害を持つ人の多くは，世間話のような，話し手と聞き手の人間関係の確認や共感を目的としたコミュニケーションが苦手である。語用障害を持つ人は，話し手の意味とことばの意味は同じであると捉える傾向が強く，ことばの裏にある話し手の意図を理解するのは難しい。そのため，「良い天気ですね」と言われると，天気が良いことは自分も相手もすでにわかっているのになぜわざわざそれを自分に伝えようとするのかということが疑問となり，うまく返答することも難しいようだ。

参考文献

松井智子（2013）『子どものうそ，大人の皮肉』岩波書店。
岡本真一郎（2013）『言語の社会心理学』中公新書。

6 語用論

8 心の理論と語用論

うそがわかれば上級者

1 3歳児と5歳児のコミュニケーション力は違う？

3歳の子供はまだ嘘がわからないが，5歳くらいになると自分で嘘をついたり，嘘をつかれたことを察知したりするようになる。8歳の子供にはまだ皮肉がわからないけれど，11歳くらいになればわかるようになる。このような子供の発達によるコミュニケーション力の差はどこから来るのだろうか。またコミュニケーション力の発達はどの国に生まれても同じなのだろうか。

2 コミュニケーション力は心の理解力

コミュニケーション力の捉え方はさまざまあるが，語用論では聞き手の理解力として捉えることが多い。会話において，聞き手は話し手のことばを聞きながら，ことばの持つあいまい性を文脈によってなくしたり，ことばのウラにある意味を推測したりしながら，話し手の意味を理解しようとする。

言い換えれば，話し手の意味を理解しようとするとき，聞き手はことばの意味や文脈を手がかりに，話し手の心の中にある考えや気持ちを推測していくことになる。目には見えない心の中の状態を推測するときに必要な能力は，哲学や発達心理学で「心の理論」(Theory of Mind) と呼ばれている。心の中の状態をつかむのに目に見える証拠は存在しないので，われわれ人間にできることは，心の状態に関して仮説を立てることだけである。仮説を立てることは理論を立てることに通じることから，理論を立てるように（推測によって仮説を立てて）心を理解する能力として，このような呼び名がついたようだ。

3 心の理論の発達と嘘の理解

心の理論は，コミュニケーションにおいて聞き手が話し手の意味を理解するときに不可欠である。大人は皮肉やジョークを含めたやや複雑なものの言い方も理解できるだけの洗練された心の理論を備えていると考えられる。しかし大人のような理解力を持つまでには何年も時間がかかる。

3歳児はかなり大人との会話ができるようになるが，コミュニケーション力としては，単純な，ことばの意味を中心とした発話理解にとどまる。たとえば3歳児にはまだ嘘を理解することができない。嘘を理解するには，話し手が伝えていることと，話し手が信じていることが異なっていることに加え，話し手

▷1 自己や他者が持つ意図，思考，信念，知識，感情などを含めた心の状態を理解したり説明したりすることを可能にする能力のこと。「心の理論」という表現は霊長類研究者の David Premack と Guy Woodruff が1978年に発表された論文で使用した。心の理論の発達に関しては1980年代に Josef Perner, Henry Wellman, Alan Leslie などを含む研究者によって3歳から5歳の間に大きな変化が起こることが確認された。また自閉スペクトラム症の場合，心の理論に障害が見られることが示された。

は自分が信じていないことを聞き手には信じさせようとしていることを理解しなければならない。しかし3歳児はことばの意味と話し手の考えを別のものとして捉えることができないため、話し手は常に自分の信じていることを言っていると捉えてしまう。嘘が理解できるようになるのは5歳くらいからだが、8歳くらいまでの間にその理解はより洗練されたものになる。

　幼児期の心の理論の発達を測定するために作られたのが「誤信念課題」である。詳細は省くが、この課題のポイントは以下のとおりである。課題で使われる短いストーリーには、情報不足のためにある事実を誤解している登場人物が出てくる。対照的に、課題に参加する子供は、すべての情報を与えられるので、事実を正しく把握している。子供自身が事実を正しく把握している状況で、登場人物が自分とは異なる誤った信念を持っていることを理解できるかどうかを、子供への質問によって明らかにする課題となっている。3歳児はこの課題にパスできないが、5歳児ならパスできることがわかっている。

　この課題にパスする子供は、正しい信念と誤った信念など、複数の想定を同時に捉える力を持つと考えられる。複数の想定を同時に捉えることができる能力は、嘘のように、話し手が伝えていることと話し手が信じていることが異なる場合の発話理解にも必要となる。

④ 心の理論の階層性と「優しい嘘」と皮肉の理解

　心の理論は階層性を持っている。5歳児と8歳児の心の理論を比べると、8歳児の心の理論はより高い階層性を持つと考えられる。たとえばサッカーの試合でここぞという時にゴールをはずした選手を見て、「ナイスゴール」と観客の1人の太郎が言ったとする。それを聞いた5歳児は、①のように、太郎が言っていることは太郎が信じていることだと理解したり、逆に②のように、太郎は自分の言っていることを信じてはいない（つまり嘘をついている）と考えたりすることができる。8歳児は④のように、太郎が聞き手の自分にどのような意図を持っているかを理解することもできるようになる。実際には「ナイスゴール」ではなかったことを知っている場合、8歳児であれば③のように理解し、太郎が「優しい嘘」をついたと解釈することがほとんどだろう。10歳くらいになると、④のように理解し、皮肉だと解釈することができるようになる。

① 太郎は今のシュートはナイスゴールだと思っている。

② 太郎は今のシュートはナイスゴールだと思っていない。

③ 太郎は自分が今のシュートはナイスゴールだと信じることを意図している。

④ 太郎は自分が今のシュートはナイスゴールだと信じることを意図していない。

（松井智子）

▷2　誤信念課題とは、心の理論の発達を検証するのに広く用いられる課題である。この課題で子供は2人の登場人物と2つの入れ物が出てくる短いストーリーを見る。たとえば、「1人目の登場人物トムが箱の中に飴を入れて立ち去った。2人目の登場人物ジェリーが出てきてその飴を箱から取り出すと、缶の中に入れて、立ち去った。するとそこにトムが戻ってきた」といった単純なものだ。子供はそのようなストーリーを見たあとで、「戻ってきた1人目の登場人物トムが飴を食べようと思っているけれども箱と缶とどちらに探しに行くのかな」という質問に答える。3歳児はこの質問にほとんど正しく答えられないが、5歳児であれば大部分が正しく答えられる。このことは、ジェリーが飴を缶に移したので飴は現在缶の中にあるけれども、それを知らないトムは箱の中に飴が入っていると誤って信じているということを5歳児なら頭に思い浮かべることができることを示唆している。

参考文献

松井智子（2013）『子どものうそ、大人の皮肉』岩波書店。
林創（2016）『子どもの社会的な心の発達』金子書房。

6 語用論

 語用障害
空気は吸うもので読むものではない？

 空気は読めないし，学校から飛んでは帰れない

　日常的によく使われる決まり文句のような比喩的な表現がある。たとえば「空気を読む」とか，「まっすぐに帰る」「飛んで帰る」といった表現だ。普段子供も耳にすることが多いこれらの表現は，幼児期には難しくても，学童期に理解できるようになる。でも中には，「空気を読めるようになりなさい」と父親に言われて，「空気は読んではいけません，吸いなさい」と言ってから，「読むのは字です」とつけ加えた高機能自閉症の男の子もいる。また「学校が終わったら飛んで帰ってきて」と母親に言われて，「僕飛べない，どうやって飛ぶの？……」と尋ねたアスペルガー症候群の男の子もいた。学童期になっても，ことばの意味を辞書に書いてある文字通りの意味としてしか捉えられないようだ。比喩的な表現の理解が難しい場合，それはどのように説明できるのだろうか。

▷1　Webサイト「正美のまなざし」（2012年8月31日）http://blog.livedoor.jp/budouno_ki/archives/51358232.html

 ことばの意味が話し手の意味

　高機能自閉症やアスペルガー症候群の人たちにとって，ことばの意味と話し手の意味は同じものであるようだ。文脈を使ってことばのウラを推測し，話し手の意味を理解することが困難で，日常会話に支障をきたすことも多いことから，その困り感を語用障害と捉えることが多い。
　リアン・ホリデー・ウィリーさんはアスペルガー症候群のアメリカ人である。子供の頃，母親に「おうちの屋根が見えるところにしか行っちゃだめよ」と言われたあと，小学校の校庭に遊びに行き，校舎の屋根にのぼったらしい。「学校からおうちの屋根を見ようと思ったら，屋根に登らないと見えない」からというのが彼女の言い分だったが，本人の意図せぬところで大騒ぎになってしまった。母親が言いたかったことは「遠くに行きすぎて迷子にならないように」ということだと気づいたのは，かなりあとになってからだったようだ。ウィリーさんはその頃を振り返って次のように言っている。

　「ことばと意味とは一対一で対応していると思っていた。1つの文に2つ以上の意味があるなんて考えたこともないから，耳にした文がそのまま語り手の意図だと信じて疑わなかった」。

　ことばの意味と話し手の意味が同じであると捉えると，会話の中で頻繁に使

▷2　リアン・ホリデー・ウィリー（2002）『アスペルガー的人生』ニキ・リンコ訳，東京書籍，22頁参照。

われる遠回しの言い方も，語用障害のある人にとって，解釈が難しい。スウェーデン人で高機能自閉症者のグニラ・ガーランドさんは，「お電話番号をおうかがいしたいと思いまして」と「お電話番号をうかがってもいいですか？」という質問が「お電話番号は何番ですか？」という意味だとは全く理解できなかったと書いている。そして，このような間接的な依頼表現を何度聞いても，その経験を生かして遠回しのものの言い方に慣れるということはなかったそうだ。さらに「よい週末をお過ごし下さい」と言われたときに，「ありがとうございます。そちらこそ」と答えられるのはなぜか，見当もつかないとも書いている。自閉症やアスペルガー症候群の人たちは，このような世間話の意図が理解できない一方で，質問の内容はわかるので，むしろなぜそんなことを聞くのだろうということが気になってしまうこともあるそうだ。世間話や社交辞令も，文脈の理解ができないと苦痛の種となってしまうようだ。

▷ 3　グニラ・ガーランド（2000）『ずっと「普通」になりたかった。』ニキ・リンコ訳，花風社。

3　ことばの意味は1つだけ

　「骨が折れた」「耳が痛かった」「油を売っている」などという表現は，日常会話で，慣用句としても，文字通りの意味でもよく使われる。語用障害がある人にとっては，このような表現は理解が難しいそうだ。高機能自閉症の小道モコさんは著書の中で，「知りたいのは山々」という表現についてこう書いている。「「山々」は私にとっては，晴れた日の緑色の山脈が，視界いっぱいに連なっている感じです」。そういう小道さんにとって，「山々」を「たくさん（山ほど）ある様子」と解釈することはかなり難しいようだ。

▷ 4　小道モコ（2009）『あたし研究——自閉症スペクトラム—小道モコの場合』クリエイツかもがわ。

　慣用句の意味は，1つひとつのことばの意味を合わせた意味とは違う。「骨」「が」「折れる」というそれぞれのことばの意味を知っていれば，「骨が折れる」という表現が「骨折する」という表現と同じ意味を持つことは理解できる。しかし，「骨が折れる」の慣用句としての意味，つまり「大変である」は，使われていることばの全体が持つ意味であって，それぞれの部分の意味を足してできた意味ではない。

　それでも「骨が折れる」のことば全体の意味を学習してしまえば，話し手が変わっても，いつも「大変である」という決まった意味にとれば良いので，解釈はさほど難しくなさそうにも思える。学齢期の子供なら，慣用句の意味を学習して理解することができるようになる。しかし上記のウィリーさんの文にあるように，厳密にことばと意味とが1対1で対応していると捉えてしまうと，慣用句の意味は，ことばの2つ目の意味になってしまうため，理解が困難になるということだろう。

（松井智子）

参考文献

松井智子（2013）『子どものうそ，大人の皮肉』岩波書店。
金沢大学子どものこころの発達研究センター監修（2013）『自閉症という謎に迫る　研究最前線報告』小学館新書。

第 **III** 部

言語研究の多様なアプローチ

7　歴史言語学

 動詞の活用

　　　　　　　「起く」から「起きる」へ

動詞基本形の歴史変化

　現代日本語の動詞基本形は，「ル形」と呼ばれることもあるように，「ある」「来る」「寝る」「起きる」といった形で，末尾に「ル」の音が現れる。しかし，古代語では，これらは「あり」「来（く）」「寝（ぬ）」「起く」のような形であり，「ル」で終わらない。このような形態変化は，いつ，なぜ，どのようにして起こったのだろうか。

2　終止形・連体形の合流

　現代語の「基本形」は，「朝早く起きる。」「朝早く起きる事」のように，主節と連体節とで同じ形で現れる。しかし，古代語では，通常の主節では「起く」，連体節では「起くる」のように，異なる形が用いられていた。主節に用いられる形を「終止形」，連体節に用いられる形を「連体形」と呼んでいるが，中世期にこれらの形が1つに統合される。この現象は「終止形・連体形の合流（統合）」などと呼ばれており，基本形「起く」は「起くる」となる。

　この変化の内実としては，連体形「起くる」のほうに統一されるのであるから，主節の場合にも「起くる」が用いられるようになったことを意味する。すなわち，連体形で文を終止することが一般的になったのであり，単なる動詞の形態変化でないことがわかる。

　このように，文終止に連体形が多く用いられるようになるのは，中世鎌倉期頃からである。ただし，終止形による文終止が一般的であった古代語にあっても，連体形終止が用いられることがあった。

(1)　a．いかにある布勢の浦そもここだくに君が見せむと我を留<u>むる</u>
　　　　〔あなたが見せようと私をひき留めることだ〕　　　　（万葉集・4036）
　　b．「命を捨てゝかの玉の枝持ちて<u>きたる</u>，とて……」と言へば，
　　　　〔苦労してあの玉の枝を持って来たのです〕　　　　（竹取物語）

(1a)は主として和歌に用いられ，感動や詠嘆を表すもの，(1b)は物語の会話文に多く見られ，事情の説明・解説を行うものである。これらは，現代語訳に「ことだ」「のだ」という形式が現れていることからわかるように，述語連体形で構成される名詞句相当の形式が主節で用いられたものである。連体形終止の一般化は，こうした名詞文相当の特殊用法が，次第にその特殊性を失っていっ

▷1　文中に「ぞ」「なむ」「や」「か」が用いられると連体形，「こそ」が用いられると已然形で終える，という「係り結び」の場合を除く。

▷2　したがって，当然ながら，形容詞なども含めた述語全般において「連体形終止の一般化」が起こった。現代語の形容詞基本形「白い」は，古代語の基本形「白し」の連体形「白き」のイ音便形である。

▷3　現代語の形式名詞

たものと考えられる[43]。

3 二段活用の一段化

　こうして、「ある」「来る」は、鎌倉期における連体形終止の一般化によって現代語と同じ形となった。その一方で、「寝」「起く」は「ぬる」「起くる」とはなったものの、「ねる」「起きる」という形への変化は、後代の室町期まで待たなければならなかった。

　「ねず、ねたり、ぬ、ぬる時」という活用の仕方は、「ね ne／ぬ nu」のように2つの母音が現れるため、「二段」活用と呼ばれている。これが「ねない、ねた、ねる、ねる時」へと変化した際には、「ね ne」という1つの母音、つまり「一段」しか現れなくなっている。このため、この形態変化は「二段活用の一段化」と呼ばれている。

　中世室町期に起こった「二段活用の一段化」において注目すべき点は、以下の3点である。

　　(2)　a．音節数の少ない語のほうが多い語よりも用例が多い。
　　　　b．ヤ行の語に偏っている。
　　　　c．「i／u」の二段に活用する「上二段」より、「e／u」の二段に活用する「下二段」のほうが用例が多い。

(2a)は、この現象の本質を反映している。「寝」のような単音節の語は、活用によって変化しない部分、すなわち"語幹"は「n」である[44]。活用によって現れる「ne」や「nu」といったバリエーションを廃して、「ne」（＝「寝」）という形に固定させたいという欲求が、音節数が少ない語のほうからまず実現されたという歴史的事実は、この変化が語幹の増加による語形の安定化を目指したものであったことを示している[45]。

　(2b)の「ヤ行動詞」とは、「変える」「植える」のように、古代語でア行・ハ行・ワ行であったものを含んでいる。すなわち、室町期において、「一段化」に先駆けてこうした「ヤ行化」が起こっているのである。このヤ行化現象は、「変ふる」を例にとると、「カウル→コール」のように語幹が長音化する可能性があるため、「カユル」とすることでこれを避けたものである。すなわち、語幹保持・語形の安定化を目指すという点で、二段活用の一段化と同じ動機づけによる音韻変化であり、(2c)もふまえて考えると、所属語数の多い「ヤ行下二段動詞」の一段化が契機となって、「二段活用の一段化」が体系的に起こったものと考えられる。

　連体形終止の一般化、二段活用の一段化という、異なる種類の2段階の歴史変化を経て、「起く」は「起きる」という形になったのである。　　（青木博史）

「こと」や「の」を見ても、名詞らしく振舞うのは「が」や「を」を伴って格成分として文中で用いられる場合である。一方で、コピュラ（繫辞）を伴って文末で用いられる場合は、もはや名詞文ではない。「ことだ」「のだ」は名詞述語文ではなく、助動詞のようなはたらきをしている（「ようだ」「ところだ」「模様だ」なども同様）。つまり、名詞は、文中と文末でその"名詞性"が異なっている。述語連体形で構成される名詞句も、文末に置かれることでその特殊性を発揮したが、文末に置かれるがゆえに、その名詞性を失っていったのである。

▷4　「n」のような単独の子音が語幹を構成しているとする見方と、「ne」「nu」という2つの語幹を有しているとする見方があるが、いずれにしても「語幹」が"不安定"であるとする解釈とは抵触しない。

▷5　古代語の「上一段活用」は、「見る、着る、干る、煮る、射る、居る」などのように、すべて単音節語幹である。したがってこれらも元は二段活用であり、先んじて一段化した可能性が考えられる。

例文出典

・『万葉集』8世紀後。
・『竹取物語』9世紀末〜10世紀初。

参考文献

山内洋一郎（2003）『活用と活用形の通時的研究』清文堂。
湯沢幸吉郎（1929）『室町時代の言語研究』大岡山書店。

7 歴史言語学

動詞の複合
「〜ヲ見慣る」から「〜ニ見慣れる」へ

1 動詞複合の歴史

現代日本語において，「飛び上がる」「動き出す」など，「動詞連用形＋動詞」という組み合わせである複合動詞は，非常によく用いられている。こうした複合動詞は，古代語の段階から同じように用いられていたのだろうか。異なるとすれば，どのような歴史的変化があったのだろうか。また，「歩いている」「来てもらう」のようなテ形補助動詞は，いつ，どのようにして成立したのだろうか。その歴史的展開について見てみたい。

2 古代語の"複合動詞"

古代語にも，「動詞連用形＋動詞」という形式（以下，「V1＋V2」と表記する）は存在する。ただし，現代共通語と比べると，以下の2点において大きく異なっている。

(1) a．複合語アクセントが見られない。
    b．V1とV2の間に助詞が介入する例がある。

(1a)は，中古語のアクセント資料ではV1・V2それぞれの動詞のアクセントが示されており，全体として1つの山になっていない（＝複合語アクセントを示していない）というものである。また(1b)は，「恋ひや渡らむ（万2596）」，「思ひこそやれ（源氏・桐壺）」のように，V1とV2の間に係助詞や副助詞を挿入することが許される，というものである。

こうした特徴に基づき，古代語の「V1＋V2」形式は複合動詞ではないとされることも多かった。しかしこれは，V1連用形が「連用形＋て」と同様に，「句」の形成に与る機能を発揮しつつV2に係っているためである。V1は独立性を保っており，たとえば「見慣る」という形式では，V1「見る」の格が現れ，「〜ヲ見慣る」のような形で用いられる。

このような理解は，「急ぎ行く」「好み詠む」のように，古代語では意味的に独立した2つの事態を表すことが多い，という事実をもうまく説明する。現代語では，「急いで行く」「好んで詠む」のように，「テ」を明示した「句」の形で表すようになっている。また，古代語の「V1＋V2」形式が「統語的複合動詞」の諸特徴を示す，という点も同一線上で理解できる。現代語研究では「語彙的複合動詞」と「統語的複合動詞」の区別がよく用いられるが，「統語的複合

▷1 Ⅰ-1-14 Ⅰ-2-1 参照。

▷2 『類聚名義抄』。11世紀末から12世紀頃に成立。

▷3 この他，「あがめかしづく（源氏・夕霧）」と「かしづきあがむ（源氏・若菜上）」，「読み習ふ（源氏・橋姫）」と「習ひ読む（源氏・橋姫）」のように，V1とV2を入れ替えても意味が変わらない例がある，という特徴もある。

▷4 こうした連用形の用法は「修飾法」と呼ばれることもある。継起的な動作や付帯状況など，現代語の「テ形」相当の用法を有している。

動詞」の指標とされる「敬語形」(「のたまひなす（源氏・蛍）」),「サ変動詞」(「ご覧じはつ（源氏・若菜下）」),「受身・使役の助動詞」(「おはしまさせそむ（源氏・夕顔）」) などが現れうる。このように,「V1＋V2」は, そもそも「句」を含む「統語的」な関係で連続していたため, 連濁[45]を起こさないものと考えられる。

3 古代語から現代語へ

「統語的」な関係で結びついていた「V1＋V2」形式は, 次第に「語彙的」な関係へと変化する。2つのアクセント単位から1つのアクセント単位として記されるようになること[46], 係助詞・副助詞の介入を許さなくなる (「思ひもよらず」のようなイディオムに限られる) ことは,「V1＋V2」が「語彙的」な関係で (＝複合語として) 結びつくようになったことを示すものである。先に掲げた「見慣る」は, 複合語における「右側主要部の原則」にしたがい, V2「慣れる」の格, つまりニ格をとって「～ニ見慣れる」という形へと変化していく。このような転換期は, およそ中世室町期頃と見られる。

「V1＋V2」形式が語彙的まとまりを強めていったことは, V1連用形が機能を縮小させ, 語構成要素になっていったことを示している。「統語的」な関係で係っていく場合には「V1＋て」を用いることになるわけである。次の鎌倉期の例(2a)と室町期の例(2b)を比較されたい[47]。

(2) a. <u>横たへ差</u>されたりける刀をば,　　　　　（覚一本平家物語・巻1）
　　 b. <u>横たえて差</u>されたかの刀を,　　　　　（天草版平家物語・p. 6）

「て」を表示する形として注目されるのが, いわゆる「テ形補助動詞」であるが, これらはすべて中世期以降において発達している。これらの形式は,「てやる／くれる／もらう」のように, 授受益といった意味概念そのものが新しく生まれたもの[48]と,「ていく／いる／おく」のように, 継続・進行・意図などの意味概念は以前からあり, 文法化を「再出発」させたものの2種を考える必要がある。前者はまさに, 新しい概念に新しい形式を使ったものであり, 後者は連用形の機能の縮小に伴い, V1連用形にV2が直接する「複合動詞」の形では文法化を果たせなかったものである。いくつか例を掲げておく。

(3) a. <u>構</u>テ<u>此</u>子ヲモ能々隠<u>シテクレヨ</u>。　　　　　（太平記・巻10）
　　 b. お足もすすぎ鼻緒もすげ<u>てあげ</u>ませう。　　　　　（冥土の飛脚）

(4) a. 親子三人念仏<u>していた</u>ところに,　　　　　（天草版平家物語・p. 104）
　　 b. 縁<u>付</u>きを言ふ<u>てきたる</u>を,　　　　　（鹿野武左衛門口伝はなし）

韓国語では, 日本語であれば「焼いて食べる」「好んで食べる」のようにしか言えない場合でも,「焼き食べる」「好み食べる」のような"複合動詞"が用いられるという。「韓国語連用形：古代日本語連用形：現代日本語テ形」の三者が, ほぼ同じような機能を果たしているということになり, 極めて興味深いと言えよう。

（青木博史）

▷ 5　連濁については I-1-7 I-1-8 参照。

▷ 6　『補忘記』。1687年刊。

▷ 7　『天草版平家物語』の当該箇所は, 覚一本（かそれに近い系統の本）の『平家物語』をもとにして, 当代語訳がなされている。

▷ 8　「やる／くれる／もらう」が, 話し手と他者との関係に基づく, いわゆる視点制約を伴った授受の体系を形成するのは中世後期以降である。「テ」を伴った補助動詞は「恩恵」の授受を表すが,「てくれよ」という行為指示における受益形式の成立は, "命令"と"依頼"を形式のうえで表し分ける契機となった (＝3a)。

例文出典
『源氏物語』1001～1014年頃。
『平家物語』13世紀前。
『天草版平家物語』1592年刊。
『太平記』14世紀後。
『冥途の飛脚』1711年頃初演。
『鹿野武左衛門口伝はなし』1683年刊。

参考文献
影山太郎編 (2013)『複合動詞研究の最先端』ひつじ書房。
関一雄 (1977)『国語複合動詞の研究』笠間書院。

7 歴史言語学

 主格助詞「が」

「我が家」からの出発

主節の主格

古代語においては，主節の主格は助詞が表示されない（以下，助詞が表示されない場合を「φ」で示す）。しかし，現代共通語の規範的な文では，主格名詞句には助詞「が」が付加される。

(1) 《古代語》今は昔，竹とりの翁といふ者φありけり。　　（竹取物語）

《現代語》今となっては昔のことだが，竹取の翁という者がいた。

このような変化は，いつ，どのようにして起こったのだろうか。

② 上代の「が」

助詞「が」は，上代から用いられていた。しかし，次に掲げるように，【名詞＋ガ＋名詞】という用いられ方が多かった。

(2) わが国，あが君，おのが身，妹が家，母が手，……

現代語では「の」が用いられるところであり，「属格」や「連体格」などと呼ばれているが，名詞と名詞の関係を表示している。

その一方で，述語の主体を表示する「主格」としての助詞「が」も，存在しなかったわけではない。ただし，主節の主格を表示することができず，従属節における主格助詞として機能した。この段階では，【ガ＋述語＋名詞】という連体節内での使用にとどまっていたわけである。

(3) あが待つ君，君が行く道，妹が見し棟の花，……

ただし少数ながら，主節で用いられたように見える例もある。

(4) 夕月をいつかと君を待つが苦しさ

〔あなたをお待ちすることの苦しさよ〕　　　　　　（万葉集・3008）

それでも，(4)は【ガ＋［形容詞語幹＋サ］】という形であり，「が」は名詞句を形成する節に係っている。他に「が」が用いられるのは，準体句（＝連体形単独で形成される名詞句。後述）の中（「我が待ち問ふに（万3957）」），ク語法句の中（「薄き心を我が思はなくに（万4478）」），係り結びの連体形結び句の中（「名張にか日長き妹が廬せりけむ（万60）」）などであることを考え合わせると，助詞「が」は，古くは名詞相当句の中で用いられるという制限があったと言える。

▷1　格については[Ⅲ-9-3]側注3を参照。

▷2　名詞形で終止する文を，山田孝雄『日本文法論』（宝文館，1908年）では「喚体」の文と呼び，名詞を骨子とする特殊な文として，述語を中心とする「述体」の文と区別している。「感動」のような特殊な意味が生じるのはそのためである（[Ⅲ-7-1]②で触れた「連体形終止文」参照）。

▷3　形態素「-aku」を付接して形成される名詞句。「散らまく」「思はく」など。

▷4　「ぞ・なむ・や・か」に呼応して現れる文末の連体形は，準体句を起源としたものである。

7-3 主格助詞「が」

❸ 中古～中世の「が」

これが，中古期に入ると，【ガ＋述語】という述語句の中でも用いられるようになる。

(5) 〔程なく罷（まか）りぬべきなめりと思ふ〕が悲しく侍るなり。〔まもなく退出しなければならないと思うことが悲しいのでございます。〕　　　　（竹取物語）

ただし，(5)は【ガ＋述語】という形であるが，主節の終止形述語に直接係っていく例ではない。(5)は「連体なり構文」と呼ばれるもので，述部の「悲しく侍るなり」は，「悲しく侍る」という準体句を「なり」が承けている。つまり，「が」は【ガ＋準体句】という名詞句内において用いられているのであり，その点において上代の(4)の例と変わらない。それでも，【準体句＋ガ】という形において，主節の述部に係る用法が見られる点は重要である。主節述語の主格として用いられる例は，院政鎌倉期に下ってからはじめて見られるようになる。

(6)　a．〔年五十許（ばかり）ナル男ノ怖シ気ナル〕ガ，水干装束シテ打出ノ太刀帯（すいかんさうぞく）ビタリ。〔年齢は50歳くらいで恐ろしい様子の男が，水干装束をして新身出の太刀を佩いている。〕　　　　（今昔物語集・巻26-18）

　　　　b．〔いと貧しかりける〕が，鞍馬に七日参りけり。〔たいそう貧しかった僧が，鞍馬寺に七日間参詣した。〕　　　　（宇治拾遺物語・巻6-6）

(6)はいずれも，【ヒト準体句＋ガ＋述語。】という構造であり，主格助詞「が」はこのような構文の中で発達していった。[5]

❹ 主格助詞「が」の発達

以上のように【述語連体形（準体句）＋ガ＋述語。】という環境で発達した主格「が」は，次第に単独の名詞をも承けることができるようになる。【名詞＋ガ＋述語。】という構文の発達である。

(7)　a．わらすぢ一筋が柑子三つになりたりつ。　　　　（古本説話集・58）

　　　　b．土肥の次郎が一千余騎で支えた。　　　　（天草版平家物語・p. 245）

ここから，さらに名詞述語文へも展開する。【名詞＋ガ＋名詞（ダ）。】構文の成立である。

(8)　某がすゑひろがりやの亭主でおりやるよ。〔私が末広がり屋の亭主でございますよ。〕　　　　（虎明本狂言・末広がり）

このように名詞述語文にまで拡張することで現代語と同様の用法を獲得したのは，およそ近世初期頃である。

以上のように，主格助詞「が」は，「準体句＋ガ」から「名詞＋ガ」へ，また従属節から主節へといったように，統語的制約から解放される形で発達を遂げた。助詞「が」は「我が家」から出発し，「私が青木です。」へと歴史的に展開していったのである。　　　　（青木博史）

▷5　準体句には，「コト」（事態）を表すものと「ヒト・モノ」（事物）を表すものの2種がある（石垣1955参照）。

主節における主格助詞「が」の表示は，具体的な「ヒト・モノ」を表す準体句から始まり，抽象的な「コト」を表す準体句へと拡張していったことになるが，こうした拡張の方向は一般的に認められる（大津由紀雄編著『はじめて学ぶ言語学』ミネルヴァ書房，2009年，第15章の準体助詞「の」など参照）。

例文出典

『伊勢物語』10世紀前。
『今昔物語集』1120年頃か。
『宇治拾遺物語』1221年頃。
『古本説話集』1130年頃か。
『虎明本狂言』1642年写。

参考文献

石垣謙二（1955）『助詞の歴史的研究』岩波書店。
山田昌裕（2010）『格助詞「ガ」の通時的研究』ひつじ書房。

7 歴史言語学

4 使役文

「シュートを打たせた」のは誰？

1 使役の用法

助動詞「(さ)す」を用いた「使役」の用法は，古代語から見られる。現代語に至るまで歴史的に何も変化していないように見えるが，そのような理解でよいのだろうか。また，「(ら)る」を用いた形式の用法は，「自発」「可能」「受身」「尊敬」の4つが必ず説かれるが，「(さ)す」の用法については，そのような分析は必要ないのであろうか。

2 「強制」と「許容」

使役文の基本的な意味を，「女が男に酒を飲ませる」という文で確認しておくと，使役主体「女」が，動作主体「男」に対し，「酒を飲む」よう"しむける"，と表すことができる。このとき，現代語では，動作主体の意志には関わらず無理やり飲ませるか（＝強制），動作主体の意志・希望に沿って飲ませるか（＝許容）という違いが認められる。

古代語の「(さ)す」を用いた使役文においては，「許容」用法の例は見られず，次のような「強制」用法の例しか存しない。◁1

(1) 屋の内には，嫗どもを，番に下りて守らす。〔建物の中では，嫗たちを，番人として屋根からおりて守らせる。〕　　　　　　　（竹取物語）

「許容」用法の発生は，中世以降ということになる。これは，以下に示すような，院政鎌倉期に見られる依頼文の用法から，語用論的推論によって発生したものと考えられる。

(2) a．我レ勝タラバ，吉クトモ悪クトモ，尊ノ妻ヲ我レニ得セサセヨ。
〔あんたの妻をおれにくれ。〕　　　　　　　　（今昔物語集・巻16-18）
b．我に暫時の暇を得させよ。〔私にしばらくの時間をくれ。〕
（平家物語・巻5）

「私に〜させよ」という形で，相手に「許可」を求める用法の中で，「(さ)す」自体に「許可を与える」，すなわち「許容」の意味が焼き付けられていくわけである。◁2

3 「放任／随順」，「尊敬」

「許容」用法では，使役主体が，動作主体の動作を阻止する力がありながら

▷1　上代では，助動詞「しむ」が主に用いられるが，「許容」用法が見られない点に変わりはない。

・あしひきの山行きしかば山人の朕に得しめし山づとそこれ〔山人が私にくれた山のみやげですよ，これは〕（万葉集・4293）

・木高くはかつて木植ゑじ霍公鳥来鳴き響めて恋まさらしむ〔ほととぎすが来て鳴きとよもして恋心を募らせる〕
（万葉集・1946）

▷2　上位者から下位者への授与を表していた「くれる」に，"話し手視点"という意味が焼き付けられるのも，やはり依頼文での使用が契機になったものと見られる。「私に〜てくれよ」という形である（Ⅲ-7-2 側注8参照）。

・幸汝はくすしじやと云程に，此腰をなほひてくれひ。〔幸いにもあなたは医者だということなので，この腰を治してください。〕（虎明本狂言・雷）

7-4 使役文

それを行使しない，という意味が表される。こうした「許容」の用法は，使役主体の関与のあり方によって，さらに下位分類される。

(3)　a．あやしの臥しどへも帰らず，浪に足うち洗はせて，〔そまつな寝所へも帰らず，波が足を洗うにまかせて〕　（平家物語・巻3）

　　　b．太田太郎我身手負ひ，家子郎等多く討たせ，馬の腹射させて引退く。〔自身は傷つき，家子・郎等が数多く討たれ，馬の腹を射られて引き退く。〕　（平家物語・巻12）

(3a)は，そのままの状態に任せておく「随順」用法，(3b)は軍記物によく見られるが，不本意な事態を受け入れざるをえない「放任」用法である。いずれも，使役主体が消極的に関与することを示すものであり，現代語でも「シュートを打たせた」のように用いられる。

こうした使役主体の“間接的”な関与のあり方は，尊敬用法が生み出される原理に通じている。尊者の直接的な言動ではないかのように描くことが，敬意の表明につながるわけである。

(4)　よく見て参るべき由のたまはせつるになむ，参りつる。〔「よく見て参るように」という趣旨のことを（帝が）おっしゃったので〕　（竹取物語）

④ 非情の使役

使役主体が非情物の場合は，「原因」を主体とした表現となる。

(5)　a．若菜ぞ今日をば知らせたる。〔送られてきた若菜が，今日が七日の若菜の節であることを知らせている。〕　（土佐日記・1月7日）

　　　b．いつぬき川・澤田川などは，催馬楽などの思はするなるべし。〔催馬楽などが思い起こさせるのであろう〕　（枕草子・62段）

古代語における用例はごくわずかであり，「知る」「思ふ」のような知覚動詞に限られる。したがって，心理的な状態変化を表すことが基本であり，出来事の引き起こしを表すタイプの文は，中国語文や近代欧文の翻訳において生じたものと考えられる。

(6)　a．生を放ち命を贖ふ報は返りて救ひ翼け，施せ不報は返りて飢渇せ令む。〔施しを怠る報いは，かえってわが身を飢渇させる〕　（日本霊異記・巻中-16）

　　　b．電車は東京市の交通を一変させた。　（田山花袋「蒲団」）

「非情の使役」は現代語でも用いられるが，書き言葉的な文体に限られる。漢文的な「堅い」言い方が，欧文脈を通じて，新聞，論説文，あるいは雅文的な小説の類に引き継がれているわけである。それでも，「母親の思いやりが息子に困難な仕事をやりとげさせた」のような，動作主体が「ヒト」の場合は日本語として不自然であり，翻訳を通じて根づかなかった用法も存在する点には注意が必要である。　（青木博史）

▷3　武士が「不本意ながらも相手の動作を受け入れざるをえない」という場面でよく描かれるため，軍記物に多い。語彙項目としてよく用いられるのは，「射さす」「討たす」などである。

▷4　尊敬の用法は，基本的に，“リアルさ・生々しさ”を消すことによって生じる。「御前」「あなた」など，場所をぼんやり指すだけの言葉が，実際は尊敬すべき“人”を指す言葉として運用されることを見ればよくわかるだろう。「(ら)る」に尊敬用法が生じるのも，同じようなメカニズムに基づいている。

例文出典

『土佐日記』935年頃。
『枕草子』10世紀後。
『日本霊異記』810～824年。
『蒲団』1907年。

参考文献

早津恵美子（2016）『現代日本語の使役文』ひつじ書房。

柳田征司（2011）『日本語の歴史2——意志・無意志』武蔵野書院。

141

第Ⅲ部　言語研究の多様なアプローチ

7　歴史言語学

 丁寧語

「行ってござる」から「行ったっす」へ

1　敬語の歴史

　日本語における敬語表現の歴史のうえで、もっとも大きな変化は丁寧語の発生・発達である。敬語の運用が絶対的な尊者に配慮して行われた古代語では、尊敬語・謙譲語こそが重要であり、丁寧語は存在しなかった。それでは、聞き手に対する配慮を表す「丁寧語」は、いつ、どのようにして成立し、現代語に至るまで、どのように展開してきたのだろうか。

2　「侍り」「候ふ」から「ござる」へ

　敬語とは、話し手が、聞き手や第三者に対して、ことばの上で「立てる」「配慮する」言語表現のことである。尊敬語は動作・状態の主語を立てる表現、謙譲語は行為の向かう先の相手（＝補語）を立てる表現、丁寧語は聞き手に配慮する表現である。

　上代では、話題の人物を立てる「素材敬語」しか存在しなかったが、中古に入ると、聞き手に配慮する「対者敬語」が生まれる。次に掲げるような「侍り」と「候ふ」である。

(1)　a．まかりなむずることの口惜しう侍りけり。
　　　〔出ていってしまうことが残念です。〕　　　　　　　　（竹取物語）
　　b．「これより珍しき事は、候ひなんや」とて居り。
　　　〔「これ以上に珍しい話がございましょうか」と言って座っている。〕
　　　　　　　　　　　　　　　　　　　　　　　　　（源氏物語・帚木）

　「侍り」「候ふ」は、いずれも元は謙譲語であった点が重要である。すなわち、謙譲語は、主語を相対的または絶対的に低く待遇する表現である。そのような謙譲語を用いる際の話し手のかしこまった態度が、丁重・丁寧といった語彙的意味と結びつけられていくわけである。

　ただし、これらは聞き手への配慮を示した「対者敬語」ではあるが、聞き手は尊者であるため、向かう先の尊敬すべき人への配慮、すなわち「謙譲」の意味を残している。これは、後代の中世後期に生まれた「ござる」にあっても同様であった。

(2)　我はこの謂れを 弁へてござる。この所に過分の財宝がござる。
　　　　　　　　　　　　　　　　　　　　　（エソポのハブラス・p. 419）

▷１　文章語であれば、「話し手／聞き手」は「書き手／読み手」。

▷２　話題に登場する人物（＝素材）への配慮を表すために用いる敬語を「素材敬語」、発話場面における聞き手（＝対者）への配慮を表すために用いる敬語を「対者敬語」という。

③ 「ます」「です」の成立

　近世に入ると，聞き手の身分に関わらず，「丁寧さ」を表すために用いられる形式，すなわち「丁寧語」として「ます」が成立した。これもやはり，「差し上げる」という意味を表す謙譲語の動詞「まゐらす」が，形態変化を伴いながら丁寧語化したものである。[13]

　　　(3)　a．食した人は必ず露はれまらせうずる。(エソポのハブラス・p. 412)
　　　　　　b．相手が無うては取られますまい。　　　　(虎明本狂言・鼻取相撲)

「ます」は元々動詞であるため，複合動詞の後項として用いられる中で意味が抽象化した。したがって，動詞連用形につく形で用いられるわけであるが，名詞につく丁寧語の形式も求められた。前代の「ござる」に代わって，新しく用いられるようになったのが「です」である。

　　　(4)　a．鶴屋の伝左かたよりであんす。　　　　　　　(好色一代男)
　　　　　　b．今は心任せの修行です。　　　　　　　　　　(軽口機嫌嚢)

　近世期では「デアンス／デアス／デエンス／デヤス」などのさまざまな語形のバリエーションがあり，また使用する位相にも偏りがあったが，明治期に入る頃から次第に一般化した。

④ 「です」の発達

　こうして，動詞であれば「ます」，名詞であれば「です」が用いられたが，形容詞の場合は「ございます」が用いられた。しかし，「赤うございます」は丁重すぎる言い方と認識され，代わって「赤いです」の形が用いられるようになった(20世紀以降)。また，「です」は，コピュラ(繋辞)の「だ」の丁寧形であるため，「だ＋推量「う」」を元とする「だろう」の丁寧形としては，「でしょう」が用いられた。[15]

　　　(5)　推量：山でしょう　　赤いでしょう　　　　行くでしょう
　　　　　　断定：山です　　　　赤いです　　　　　　行きます
　　　　　　過去：山でした　　　赤うございました　行きました

　このように「です」の領域は次第に拡張していったが，(5)の体系も「です」「ます」「ございます」が混在している。ここから，丁重すぎる「赤うございました」を解消するために，「赤かったです」のように過去と丁寧の語順を入れ替えた形式が用いられるようになった。しかしこうした言い方が可能になると，「です」は語順の最後に用いて丁寧さを加える標識だという認識が成立する。「見ません」は「見ないです」に，「ありませんでした」は「なかったです」に取って代わられた。ここからさらに，現代では「マジすか？」「行ったっす」「やるっす」のような「す」の形で"終助詞化"することで，あらゆる述語への後接が可能になっている。

　　　　　　　　　　　　　　　　　　　　　　　　　　　　　(青木博史)

▷ 3　「マヰラスル→マラスル→マルスル→マスル→マス」といった形態変化の過程，話し手の畏まりの態度が聞き手への配慮へと再解釈されることで丁寧語化する，という意味変化(＝語用論的変化)の過程など から，文法化の典型例として紹介されることも多い。

▷ 4　「赤いです」の使用が「赤うございます」を上回るのは，戦後のことである。それでも，「形容詞＋です」は"口語的"であるとして，抵抗感を示す人も未だ高年層には多い。

▷ 5　動詞の場合，「行きましょう」は意志(勧誘)，「行くでしょう」は推量という形で，意味と形式の分化が行われた。

（例文出典）

『エソポのハブラス』1592年刊。
『好色一代男』1682年刊。
『軽口機嫌嚢』1728年刊。

（参考文献）

辻村敏樹(1968)『敬語の史的研究』東京堂出版。
菊地康人編(2003)『朝倉日本語講座8　敬語』朝倉書店。

第Ⅲ部　言語研究の多様なアプローチ

8　方言・社会言語学

 地域方言

「マック」か「マクド」か

 ことばの多様性

　ことばが情報を効率的に，正確に伝達することだけを目標とする道具であるならば，個々の意味や話し手の意図を伝達することば（表現形式）は 1 種類であることが望ましい（逆に，1つの表現形式も，1つの意味だけを担うことが望ましいが，ここではこの問題には触れない）。しかし，「でんでんむし」と「かたつむり」，「デパート」と「百貨店」のように，どの言語にも，同じ意味を表す複数のことばがあるのがふつうである。話し手の意図についても，たとえば映画に誘うという同じ意図を表現するのにも，

　　(1)　今度の日曜日，あの映画見に行かない？
　　(2)　あの映画，面白そうだね。今度の日曜日，暇？

など，いろいろな言い方がある。◁1

　では，同じ意味や意図を表すのにいろいろな言い方（バリエーション〔variation〕）があるのはなぜなのか。このことを考えるためには，ことばそのものだけではなく，そのことばが使用される社会的な状況を考える必要がある。
　ことばの多様性を整理するためには，
　　(a)　そのことばはどのような人が使用するのか
　　(b)　そのことばはどのような場で，どのような相手に使用されるのか
の 2 つの観点で整理するのが便宜である。(a)の，どのような人がということから整理する観点は，使用者の出身地，性，年齢，社会的階層などの属性に注目するものである。使用者の出身地によることばの違いは地域方言（regional dialect）といい，その他の属性による違いは社会方言（sociolect）という。一方，(b)の，そのことばがどのような場で，どのような相手に使用されるのかということから整理できる多様性を，スタイル（style）◁2という。スタイルは，同じ話し手が，それぞれの場面や相手に応じて使い分けることばのレパートリーで，たとえば，就職の面接の際などに使用するフォーマルなスタイルや，友人と話すときのカジュアルなスタイルなどがある。
　「山」や「川」，「目」，「口」のような，誰でも，どのような場面でも使用する基礎的な語とは異なって，日本語のバリエーションを構成することばには，そのことばを使用する人の属性や使用場面のような社会情報が焼きついている。

▷1　「でんでんむし」と「かたつむり」のペアが意味的同一性（辞書的意味が同じ）を持つのに対して，(1)(2)の発話は機能的同一性を持つということがある。(1)(2)の発話は，辞書的意味は異なるが，勧誘という機能（発話行為）は同じである。

▷2　Ⅲ-8-2 参照。

▷3　Ⅲ-8-4 参照。

2 ことばの地域的多様性が担う社会情報

ことばに焼きついている社会的な情報の中で，われわれにとってもっとも身近なものは，地域方言が担う話し手の出身地に関する情報であろう。[4]

(3) あした映画見に行かない？

といった誘うことばのうち，「あした」，「映画」などは，（沖縄の方言を除けば）どの地域でも同じようなことばが使われることが多い（社会的な情報が焼きついていない要素）。しかし，「見に行かない」の部分は，ミーンガネ（山形市），ミニイカネー（東京），ミニイカヘン（大阪）など，地域によって形式が異なり，それぞれの形式を耳にすると，その話し手がどの地域の出身かが（その正確さの度合いは経験等によってさまざまであるが）理解できる。

3 ことばの地域的多様性が現れるところ

このようなことばの地域差は，語彙面（「かたつむり」など）に現れることもあれば，アクセント面，音声面，文法面などに現れることもある。東京方言と大阪方言を例にすれば，アクセントが東京と大阪で異なっていることはよく知られているが，音声面でも，東京のウは平唇（唇を丸めない）ウ [ɯ] であるのに対し，大阪のウはより丸めを伴ったウ [u] である。「キタ（来た・北）」の [i] の部分の発音も，東京では無声化する（声帯が震えない）が，大阪では有声（声帯が震える）である。文法面でも，上に見た否定形式（東京：ネー・大阪：ヘン）に見られる違いのほか，

(4) 100メートルも泳げない

(5) プールが工事中で泳げない

の2つの文の述語（「泳げない」）を，東京では区別しないが，大阪では(4)にヨーオヨガン，(5)にオヨガレヘンを使用して区別するといった違いがある。動作主体の能力による可能と，まわりの状況に依存した可能の区別である。

4 ことばの地域的多様性が生じる要因

では，このような地域によることばの違いは，どのようにして生じるのだろうか。このことには，歴史言語学で指摘される2つの変化のモデルである，系統樹モデルと波状モデルが，方言にもそのまま適用できる。系統樹モデルは，方言が各地でそれぞれ独自の変化を起こし，隣接する地域の方言と異なった言語的特徴を持つように分化する変化を捉えたもので，事実，各地の方言はこのようにして変化してきたところがある（方言学では方言孤立変遷論[5]と呼ぶ）。一方，波状モデルは，たとえばかつての都であった京都で，異なった時代に同じ意味を表す新たな語が発生し，それぞれが周囲に広がっていく（伝播する）様子を描いたものである（方言周圏論と呼ぶ）。 （渋谷勝己）

▷4 「方言」ということばは，①個々の単語などについていう場合（オオキニは大阪方言だ）と，②1つの地域で使用される言語体系全体を指す場合（私は家では大阪方言を使う）の，2つの意味で使用される。前者は俚言と呼ばれることもあるが，社会言語学では，一般に，個々の言語要素をいう場合は「変異（variant）」，体系に言及する場合は「変種（variety）」という。

▷5 方言孤立変遷論とは，京都や明治以降の東京などの中央のことばの影響を受けずに，各地で独自の言語変化を起こすことからの命名。今は広く使われるラ抜きことばなどもその例である。五段動詞走ルについて，その可能形として走レルが使用されるのと同様に，一段動詞見ル・寝ルについても見レル・寝レルなどの形式を使用するようになった。ラ抜きことばは，東北地方北部や中部地方，中国地方や四国地方など，先に大都市以外の地域で個別に発生し，定着している。

（参考文献）

木部暢子他（2013）『方言学入門』三省堂。
小林隆・篠崎晃一編（2003）『ガイドブック方言研究』ひつじ書房。
真田信治編（2006）『社会言語学の展望』くろしお出版。

8　方言・社会言語学

社会方言
それはわしが発見した法則なんじゃよ

1　ことばの社会的多様性

Ⅲ-8-1 で，話者の属性情報が焼きついたことばには，地域方言のほかに，社会方言があるとした。では日本語にはどのような社会方言があるだろうか。

(1)　それはあたしがやったことなのφよ（φは形式がないことを表す）
(2)　それは僕がやったことなんだよ

(1)の例は，アタシという人称詞の使用，断定の助動詞ダの不使用によって，その話し手が女性であることがわかる。また(2)の例は，ボクという人称詞とダが使用されており，男性の話者が想起されるであろう。日本語では，女性語と男性語のほかに，幼児語と若者語と老人語，さらに江戸時代のことばなどでは町人語と武士語なども区別されることがあるが，すべて社会方言である。

ことばに焼きついた社会情報が，実態を越えて社会的にステレオタイプ化したものが，役割語である。たとえばアニメの中で次のようなセリフを見かけることがある。

(3)　それはわしが発見した法則なんじゃよ
(4)　それは拙者が編み出した剣法なのでござるよ

(一部の方言にある一部の形式を除き）このようなことばを日常の会話の中で耳にすることはないが，絵を見なくとも，これらのセリフを発した登場人物は，(3)は老博士，(4)は武士などであることが，即座に推測されるであろう。

(1)や(2)のような社会的な情報が焼きついた日常語にせよ，(3)や(4)のような役割語にせよ，ことばに焼きついた話者の属性に関する情報は社会の中で共有されており，その社会の中で育った構成員であれば誰でもその知識（社会言語能力〔sociolinguistic competence〕）を身につけている。小説やマンガなどは読者のこの知識を巧みに利用したもので，読者が登場人物の社会的属性を瞬時に把握するのにきわめて効果的に働いている。

2　ことばの担う社会的意味・役割

Ⅲ-8-1 で，地域方言は，それぞれの地域でどのような変化を起こしたかということや，都（中心部）のことばをどれだけ受け入れたかによって生じてくると述べた。これらの変化の背後にあるのは，それぞれの地域はそれぞれ独自の生活を営みつつ，隣の集落との間に距離や，高い山，大きな川などの障壁が

▷1　金水（2003）など参照。「ある特定の言葉づかい（語彙・語法・言い回し・イントネーション等）を聞くと特定の人物像（年齢，性別，職業，階層，時代，容姿，風貌，性格等）を思い浮かべることができるとき，あるいはある特定の人物像を提示されると，その人物がいかにも使用しそうな言葉づかいを思い浮かべることができるとき，その言葉づかいを役割語と呼ぶ」と定義される。
▷2　1人の言語使用者が持っていることばの能力全体をコミュニケーション能力（communicative competence）といい，そのうち，適格な文の産出・理解に関わる能力を文法能力（grammatical competence），社会の中で適切に使用・理解するための能力を社会言語能力という。ある日本語学習者が先生に対して「ちょっとここ教えて」と言ったとき，その学習者は，この文についての文法能力は身につけているが，社会言語能力は身につけていないといえる。
▷3　近年では，体系面でも，それぞれのことばがおかれた社会的な状況と相関

ある場合には隣接集落間のことばの違いが大きくなり，日常的に接触する度合いが高い場合には隣接集落間のことばが似てくるという，複数の集落間のことばの異同を説明するメカニズムである。一方，この節で観察している，それぞれ異なった社会的属性を帯びたことばを使用する人々は，同じ共同体（集落や家庭）に住んで，日常的にことばを交わしている人たちである。では，なぜ，同じ共同体に住んでいながら，違うことばを使用する必要があるのだろうか。

この答えは，役割語の名称が的確に示している。人間が構成する社会においては，それぞれの構成メンバーは自身が果たすべき社会的な役割を担っている。日本社会においては，「（学生，教師，子どもなど）らしく振る舞う」ということが大事にされるが，この「らしく」の中には，服装や礼儀などとあわせて，使用することばも含まれている。このようにしてことばが担う「らしさ」が定着したものが，社会方言である。社会方言は，話し手が実際にはそのような属性を持たない場合でも，「らしく見せたい」ときにも使用されるものである。

❸ ことばの社会的情報と言語学

ことばには社会的な情報が焼きついているということは，社会方言だけでなく，個々の言語についてもあてはまる。このような社会情報は，言語学の歴史や言語政策に大きな影響を与えてきた。ここではその例を2つだけ見ておこう。

(a)言語の社会的不平等性：言語学は，世界には未開の言語などはない，すべての言語はそれぞれのあり方で複雑な体系を作り上げている，どのような言語も複雑さの面では対等なのだと教えるのがふつうである。これは，言語の体系面では事実であるが[3]，それぞれの言語が社会の中でどのように見られているかという社会的評価の面では対等ではない。一方の極には，社会的に評価される威信（prestige）を持つ言語があり，別の極には社会的に評価されない言語がある。この威信を反映して，世界には，一方には外国語として学校などで広く学ばれて，使用者が大幅に増加しつつある英語のような言語があり，また一方には，話し手の数が激減して消滅の危機に瀕した言語がある[4]。

(b)言語研究の歴史：言語研究の歴史も，言語や変種に焼きついた社会的情報や社会的不平等性を反映している。言語研究の歴史は，威信を持つことばから着手され，それを持たない言語も言語学の正当な対象として認識し，広げていく過程であった。このようにして，言語研究は，一方では印欧語の古典語（ギリシア・ラテン・サンスクリット）から始まって，ヨーロッパの現代語，さらにアジア・アフリカの諸言語，ピジン・クレオール[5]などへとその研究の対象を広げている。また一方では，社会的に高い階層や都市部のフォーマルな男性のことば，文章語の研究から始まって，都市部の日常口頭語，地域方言，女性語，さらに幼児語，中間言語[6]（interlanguage）などがその射程に入るようになった。

(渋谷勝己)

して，複雑さ（complexity）にさまざまな度合いがあるということが議論されている（P. Trudgill, 2011, *Sociolinguistic Typology*, Oxford University Press など参照）。

▶4　2009年にユネスコが世界の危機言語のリストを作成している。日本のことばについても，国際基準では言語と扱うのが適当として，アイヌ語（極めて深刻な危機），八重山語・与那国語（重大な危機），沖縄語・国頭語・宮古語・奄美語・八丈語（危機）がそのリストに含まれている。http://www.unesco.org/languages-atlas/ 参照（2018. 9. 1 最終アクセス）。

▶5　ピジンは異なる言語の話者が接触して作り出した，（一般に）簡略な言語を言う。クレオールはピジンが次世代に引き継がれ，母語化したもの。

▶6　第二言語を学ぶ学習者が身につけた，その目標言語の体系のこと。以前は，母語話者が使用することばとの違いは誤用（error）と見なされたが，中間言語研究では，学習者は，母語話者とは異なる独自の体系を持っているとみなす。Ⅲ-8-3 参照。中間言語は，本節の視点から見れば，学習者という話し手の属性が焼きついた社会方言である。

（参考文献）

金水敏（2003）『ヴァーチャル日本語 役割語の謎』岩波書店。

真田信治編（2006）『社会言語学の展望』くろしお出版。

田中章夫（1999）『日本語の位相と位相差』明治書院。

第Ⅲ部　言語研究の多様なアプローチ

8　方言・社会言語学

3 言語接触

Us Japan come wakaran

1 ことばの混淆と多様性

　たとえば日本語や大阪方言などの中にある外来語や標準語の要素は「不純な」ものであり，なにか「純粋な」日本語や大阪方言があるように思うことがある。しかし，このような，他の言語や方言の影響を受けたことばは不純なものなのだろうか。

　Ⅲ-8-1 で取り上げた方言周圏論や，標準化といったプロセスは，ある地域の方言が隣接する地域の方言や標準語と接触し，その言語要素を受容（借用）することを描いたものにほかならない。また，国内外での進学や転校，就職，転勤など，人々の流動性を特徴とする現代社会では，個々の話し手は複数の言語や方言を習得し，それらをまぜて使用することもごくふつうに行っている。ピジン，クレオール[1]，中間言語，コイネー[3]，ネオ方言[4]などはこのようにして形成された接触言語である。

　このように，ことばの接触は特別なことではない。むしろ，「きょう」と「本日」，「イメージする」と「想像する」などのペアに見るように，言語の接触は語彙の数を増やし，その体系を意味的，社会的に豊かにしているところがある。ここでは日本語を例にして，言語接触をめぐる事象をいくつか見てみよう。

2 借用とその社会的条件

　言語接触の結果が見えやすいのは，他の言語や方言の要素の借用という側面である。1つの言語が他の言語と接触したときにどのような要素を借用するかということには，接触する言語の類型的な特徴や，接触を取り巻く社会的な条件（接触する人々の数や社会的力関係，接触する度合い，ことばを使用する目的など）が複雑に絡み合う。たとえば，接触の度合いがそれほど高くない場合には，おもに文化的な語彙の借用が行われる。フランス語からの料理やファッション関係語彙の借用などがその例である。より接触度の高い英語からの借用は文化的語彙の借用を超え，ファやティなどの音，「おしゃれイズム」「アンチタイガース」などの接辞も，日本語の中に定着している。「アメリカ大陸はコロンブスによって発見された」などの無生物主語を持つニヨッテ受身文なども英語（西洋語）の影響によるとされる[5]。中国語からの影響は，接触の歴史の長さもあっ

▷1　Ⅲ-8-2 側注5参照。
▷2　Ⅲ-8-2 側注6参照。
▷3　同じ言語の複数の方言が接触する中で形成された共通語をいう。日本各地から移住した人々が形成した北海道共通語などがこれにあたる。
▷4　主に若年層方言話者の使用する，標準語の影響を受けた方言のこと。真田信治（2001）『関西・ことばの動態』大阪大学出版会など参照。
▷5　金水敏（1991）「受動文の歴史についての一考察」『国語学』164：1-14。
▷6　山田孝雄（1935）『漢文の訓讀によりて傳へられたる語法』宝文館など。
▷7　たとえば辞書でラ行音や濁音で始まる語を調べてみると，「雷雨・ラード」や「大学・ダンス」など，漢語や外来語が多いことがわかる。
▷8　渋谷・簡（2013）参照。この変種も日本語の社会方言である。
▷9　(1)は井上史雄（1971）「ハワイ日系人の日本語と英語」『言語生活』236：53-61より。話し手は福島出

て，日本語のさらに広範な部分に及んでいる。日本語の語彙の半数以上を占める漢語の他，「非〜」や「〜的」などの生産的な接辞がある。漢文訓読文を媒介としたケースを含めると，数多くの語法が中国語の影響のもとで生じ，語頭のラ行音や濁音，撥音便・促音便なども中国語の影響が指摘されている。[16][17]

③ 海外の日本語──いくつもの言語接触を経たことば

②で取り上げた借用の事例は，書物や現地で学んだことのある一部の知識人を介して取り込まれたという色彩が強い。それに対して，多くの日本語話者が海外に移住してコミュニティを形成し，日本語を使用し続けるとともに，現地で使用される言語と日常的に接触して新たな日本語変種を作り上げたというケースもある。ハワイやカナダ，ブラジル等の日系人が使用する日本語変種がその代表的なものである。[18]たとえばハワイでは，1868年に渡ったいわゆる元年者以降，多くの日本人がさとうきびプランテーション等で労働に従事したが，ここでは，日本人同士では(1)のような広島方言や山口方言をベースにしたハワイ共通日本語（コイネー）が使用され，他言語の話者とは，一部に日本語の要素を含む，(2)のようなピジン英語が使用された。[19]

(1) 日本語でしゃべっどのう。何が何が言うてがら。わがらん言うて（日本語でしゃべるとね。「何が何が」って言って。「わからん」と言って）

(2) Us Japan come wakaran（おれたち日本から来たものは　わからん）

広島や山口の方言がハワイ共通日本語のベースになったことには，最初に定着した人々にこの地域の出身者が多く，そのことばがあとに来た人々のモデルになったことが関係している。[10]日系人の日本語変種には，その他，現地の植物や動物，食べ物，職業関係の概念を表すことばはもちろんのこと，数字や代名詞，応答詞なども，現地で有力な言語から取り込まれている。[11]

④ 第二言語としての日本語（中間言語）

③で取り上げたのはもともと日本語を使用していた人々が他の言語と接触することによって新たな日本語変種を作り出すという事象であるが，中間言語は，もともと別の言語を話していた人々が日本語を習得することによって特徴的な日本語変種を作り出したものである。中間言語には話者が行う習得上のさまざまな認知的操作が反映するが，その中でも，母語の特徴の転移と，規則の過剰な一般化が代表的なものである。[12]

(3) 台湾除いで，欧美も日本の会社がたくさんあります。

(4) 家族と食事を食べった時，私はみんなの後，10分位終わりました。

このような日本語変種が社会的に定着することはあまり考えられないが，英語が第二言語として日常的に使用される地域（インドやシンガポール）では，独自の特徴を持った英語変種が広範に使用されている。[13]　　　　　（渋谷勝己）

身の1世で1900年生まれ，19歳でハワイに渡った男性。間投助詞ノー，ウ音便形ユーテ，否定辞ン，引用のトの脱落など，西日本方言の特徴が目立つ。(2)は小林素文（1989）『複合民族社会と言語問題』大修館書店，164頁から。wakaran は日本語出自。語順も基本的に日本語のものである。

▷10 Founder's Principle と呼ばれる（S. S. Mufwene, 2001, *The Ecology of Language Evolution*, Cambridge University Press）。現地に最初に持ち込まれる変種は，移民の社会的背景を反映して，標準変種ではないことが多い。

▷11 比嘉正範（1974）「ハワイの日本語の社会言語学的研究」『学術月報』26-11：29-35（文部省大学学術局）などにリストがある。

▷12 (3)は台湾，(4)はオーストラリア出身の日本語中級学習者の作文から。(3)では「欧美（欧米）」が転移（transfer）されている。過剰一般化（overgeneralization）とは規則を適用すべきでないところにも適用するもので，(4)では一段動詞「食べる」に五段動詞の活用規則を適用している。

▷13 World Englishes として研究が盛んである。

参考文献

渋谷勝己（2008）「ことばとことばの出会うところ」金水敏他『日本語史のインタフェース』（シリーズ日本語史4）岩波書店，139-175頁。

渋谷勝己・簡月真（2013）『旅するニホンゴ──異言語との出会いが変えたもの』岩波書店。

第III部　言語研究の多様なアプローチ

8　方言・社会言語学

 ## スタイル
「あした行くよ」か「あす参ります」か

▷1　その代表的な考え方が，「言語はその話し手の思考のあり方を支配／左右する」というサピア・ウォーフの仮説である。J・ペン（1980）『言語の相対性について』有馬道子訳，大修館書店参照。
▷2　それぞれの考え方と文献については，渋谷勝己（2007）「なぜいま日本語バリエーションか」『日本語教育』134：6-17など参照。これらのアイデアはいずれも，話し手が，どのような要因によってことばを選択するかを述べたものであるが，近年は，話し手のみがことばの選択に関わっているのではなく，話し手と聞き手が共同で会話を構築し，その中で使用するスタイルを形作っていく（共創する）という視点が顕著になっている。
▷3　たとえば依頼という行為について，聞き手から少しの時間だけペンを借りるのと，1カ月間パソコンを借りるのとでは，依頼する側，される側ともに，心理的な負担の度合いが異なる。
▷4　III-8-5 側注1参照。
▷5　ことばを，「こういう場ではこのようにするものだという社会的に共通に認識されているものに従って」使用するもの（井出祥子，2006，『わきまえの語用論』大修館書店，73頁）。その場において話し手と聞

 もう1つの多様性

　ここでは地域方言や社会方言，接触変種のような，言語使用者の属性と対応した多様性から目を転じて，1人の話者が使い分ける多様性に注目してみよう。わかりやすいのは，標準語と方言の使い分けや，丁寧体（デス・マス）と普通体（タメ口）の使い分けである。たとえば東京の大学で学ぶ山形出身の大学生の場合，大学の演習で発表するときには丁寧体の標準語，東京出身の同級生と雑談するときには普通体の標準語，地元に帰って高校の先輩と話すときには丁寧体（終助詞スを使用）の方言，同じく友人と話すときには普通体の方言を使用する。では，そもそも，われわれはなぜことばを使い分けるのだろうか。
　このことにも，社会的な要因が大きく関わっている。われわれは結婚式やよその家への訪問，大きな街や近所のスーパーでの買い物，家の中，寝るときなど，場面に応じて服を着替えるが，ことばについても同様に，使用する状況に対応したことばを選び（時に創り出し），使い分けている。言語学では，ことばがそれを話す人間の世界観を決定（影響）するのか，社会のあり方が言語を決めるのか，といった問題提起がなされてきたが，スタイル（や社会方言）は，社会構造を反映しやすい部分である。日本語が敬語を発達させてきたことには，日本社会の構造や身分関係，その中での対人配慮のあり方などが大きく関わっている。

スタイルを使い分ける要因

　われわれは，どのような要因に対応して（意図的にあるいは知らないうちに）ことばを使い分けているのだろうか。このことにはいろいろな要因が複雑にからみあって関わっているが，その中のいくつかを取り上げると，次のような要因がある。
　（a）　話者自身の要因
　　（a-1）　発話の最中に，自身のことばをどの程度意識（モニター）するか
　　（a-2）　発話の前に，どの程度話の内容や使用することばを計画するか
　（b）　聞き手（聴衆一般）のことばへの配慮
　　（b-1）　話し手がどの程度聞き手の使用することばに自身のことばを合わせるか（アコモデーション〔speech accommodation〕）

150

（b-2）　話し手が，どの程度，聞き手だけでなく，その場にいる第三者，あるいは目の前にいないが想定される聴衆に配慮して，自身のことばを調整するか（オーディエンス・デザイン〔audience design〕）

（c）　複数の社会的要因の計算

話し手が，話し手と聞き手の力関係や親疎関係，負担の度合いに，どのように配慮するか（ポライトネス[43]〔politeness[44]〕）

（d）　話し手に選択の余地のない，慣習化されたことば切り替えの存在（わきまえ[45]）

③　使い分けのタイプ──ドメインタイプとスタイルシフトタイプ

このようなことばの使い分けには，大きく分けて２つのタイプがある。１つはドメインタイプ[46]の使い分け，もう１つはスタイルシフト／コードスイッチタイプの使い分けである。

ドメインタイプの使い分けは，ドメインごとにことばを切り替えるもので，たとえば教室で出席者に向かって自身の研究成果を発表するときには標準語を使用し，親しい友人と食堂で雑談する場合には方言に切り替えるといった使い分けがその例である。一方，スタイルシフト／コードスイッチタイプは，同じドメインでの会話でも複数の言語や変種をまぜるもので，同じ人と同じ場所，同じ話題で話していても，標準語や方言をまぜたり，移民二世同士の会話のように２つの言語をまぜたりするタイプである[47]。そのまぜ方にもいろいろな種類があり，たとえば目上の人との会話の中で，丁寧体を基調としながらも（わきまえ），ときおり普通体をまぜるケースなどがある。

④　言語使用者の持つ多言語・多変種能力

われわれがこのように多くの言語や変種を使い分けることには，もちろんその前提として，われわれが，複数の言語や個々の言語の複数の変種の能力を身につけているということがある。この能力には，使用する能力と，理解する能力の両者が含まれる。理解する能力は，たとえば会話の中で誰かの発話を声色を含めて引用したり，シナリオを書いてみたりするとわかるように，潜在的に使用に転じる可能性のある能力である。

この能力に関連して，この節で提示した使い分け観は，言語や変種は話し手の頭の中で明確に分離されているということを前提にしている。「標準語と方言を使い分ける」といった述べ方はそのような見方を反映したものであるが，近年では，１人の話し手の頭の中では，それぞれの言語や変種は明確には分離されていない，あるいは，話し手の持つすべてのことばが会話のための資源として，言語の境界に関係なく創造的に使用されうるといった考え方も，さまざまな実例に基づいて提示されている[48]。　　　　　　　　（渋谷勝己）

き手の間の上下関係や親疎関係，行おうとする発話行為の内容などの要因を計算してストラテジーを選択する「働きかけ」（ポライトネス等の考え方）と対立する概念である。

▷6　ドメイン（domain）とは，ある特定の聞き手（addressee）・場所（setting）・話題（topic）によって構成される典型的な場面のこと。

▷7　日本では，東北地方の高年層や全国の若年層は標準語と方言をドメインタイプで切り替え，大阪の高年層などはスタイルシフトタイプで切り替えを行っているように見える。『阪大社会言語学研究ノート』4〜7号のスタイル切換えプロジェクトの報告論文参照。

▷8　研究目的や対象は異なるが，多言語・多変種能力（渋谷勝己，2013，「多言語・多変種能力のモデル化試論」片岡邦好・池田佳子編『コミュニケーション能力の諸相』ひつじ書房，29-51頁），multi-competence（V. Cook & W. Li, 2016, *The Cambridge Handbook of Multi-competence*, Cambridge University Press），Translanguaging（O. Garcia & W. Li, 2014, *Translanguaging,* Palgrave Macmillan）などのアイデアが提案されている。

参考文献

真田信治編（2006）『社会言語学の展望』くろしお出版。渋谷勝己（2008）「言語変化のなかに生きる人々」金水敏他『日本語史のインタフェース』（シリーズ日本語史4）岩波書店，177-203頁。

第Ⅲ部　言語研究の多様なアプローチ

8　方言・社会言語学

インターアクション
手伝ってくれない？　親友じゃないか

 社会とは

「社会」という語は多義的であるが，ことばと社会の問題を考えるときには，日本社会，女性社会，移民社会のように，多くの構成員を含む大きな社会（マクロの社会）と，会話の場面で対話者が一対一で構成するミクロの社会に分けるのが便宜である。Ⅲ-8-1〜Ⅲ-8-3で取り上げた地域方言や社会方言は，社会をマクロの視点で捉え，個々の下位社会で使用される変種を整理したものである。一方，Ⅲ-8-4のスタイルシフトやコードスイッチは，一対一のミクロの社会で観察されることばの切り替え行動を取り上げたものであった。

　ミクロの社会では，他にどのような言語行動が観察されるだろうか。たとえば，会話に参加している話し手と聞き手は，どのようにして社会秩序を構築し，また良好な関係を維持しようとしているのだろうか。ここでは，そのような相互行為の中から，会話の運び方全般に関する側面と，たがいに相手を気遣う側面（ポライトネス▷1）について考えてみることにしよう。

 会話の運び方

　われわれが都会の混雑する駅で電車に乗るときの様子を思い出してみよう。降りる人が先に降り，その間，乗る人たちはドアの外側の両脇で待っている。そして降りる人たちがすべて降りたところで，乗る人たちは行動を開始する。この，いまでは当たり前になった光景も，以前はそうではなかった。いまでも，降りる人と乗る人がそれほど多くない駅では，席を取ろうと乗り込む人と降りる人がドアのところで衝突する姿を目にすることがある。このように，人間は，なにかしら社会的に不自由な（無秩序な）ところに直面すると，そこに秩序を作り上げようとする性向を持っているようである。このことは，われわれが日常的に交わしている会話についても同じである。会話は，ほうっておけばたがいに言いたいことを言い合う状況に陥る危険性を潜在的に抱えているが，実際にはそのような状態になることはほとんどない。人々は，相手の発話が終わるところを敏感に感じ取り，相手の発話に重ねることもなく，また間があくこともなく自分の発話の順番（ターン〔turn〕）を取って，会話に整然とした秩序をもたらしている。また，会話は，「おはよう」に対して「おはよう」で答えるといった，2つの発話がペアになる形で進められることが多いが（隣接ペア

▷1　ポライトネスとは，対人的な配慮の表現一般について述べるものである。敬語に限定するものではない。ブラウン＆レビンソン(2011)参照。

▷2　男女の会話では，社会に存在する男女の力関係を反映して，男性側に割り込みが多いことが指摘されている。山田富秋・桜井裕明(1991)『排除と差別のエスノメソドロジー』新曜社のScene 5など参照。

▷3　会話に見出される秩序は，会話分析（Conversation Analysis）の分野で研究されている。会話分析は，人はいかにしてボトムアップ的に社会的な秩序を構築するのかということに興味を持った社会学者によって始められた。

▷4　教室での談話（先生の質問〔明治は西暦何年からですか〕→生徒の答え〔1868年です〕→先生の確認〔よくできました〕）な

152

〔adjacency pair〕），このような規則的な連鎖も会話に秩序をもたらすことに貢献している。

　　　Ａ１：あした時間ある？
　　　Ｂ１：なんで？
　　　Ａ２：時間があるようだったら学園祭の手伝いをお願いしたいんだけど
　　　Ｂ２：一日あいてるよ

のように，質問に対して質問を返すような，一見流れを壊しているように見える発話連続もあるが，よく見れば，Ｂ１—Ａ２（挿入連鎖），Ａ１—Ｂ２がペアになって会話を構成していて，秩序は維持されている。

③ ポライトネス

　会話の中ではまた，話し手は，聞き手にさまざまな情報を伝える中で，聞き手との関係を維持する工夫（ポライトネス・ストラテジー〔politeness strategy〕）も随所に埋め込んでいる。たとえば，聞き手に学園祭の仕事を手伝ってもらおうとするとき，話し手は次のように言うことがある。

　　（1）　時間があったらでいいんだけど，少し，手伝ってもらえないかな
この中の下線部は聞き手にあまり負担をかけまいとする表現上の配慮である。[5]

　　（2）　あした手伝ってくれない？　君と僕の仲じゃないか
の下線部などは，聞き手との親しさに訴える表現上の手段である。[6]

　相手に対する配慮は，もちろん聞き手も行っている。相づちがその代表で，ウンやエエなどの応答詞の他，ソウナンダ，ホントニ？　のような発話や，話し手の使用したことばの反復などで，話し手の話に興味を示しているという態度を表現している。話し手のポジティブフェイスを立てる行為である。

　なお，どのようなことばが配慮表現になるかは状況によって異なり，

　　（3）　おまえ，アホやな
という発話は，ごく親しい仲では親しさを確認するポジティブポライトネス・ストラテジーであるが，それほど親しくない仲の友人に対しては相手との関係を損なうことになりかねない。また，配慮表現のタイプは，言語や文化によっても異なっている。日本では，客を食事に招いたときのことばとして，

　　（4）　なにもありませんが，どうぞ召し上がって下さい
のように謙遜する（自分をほめない）ことが丁寧であるが，アメリカなどでは，

　　（5）　It's very nice. (Please) help yourself.
のように，自分の料理をほめることになっても，命令文を使って食べること（聞き手の利益になること）を強く勧める行為のほうが丁寧になる。[7]

　このような「異文化」は，実は同じ社会に暮らす男女や，高年層と若年層，同じ高校に通う異なった中学出身の生徒の間などにも観察され，知らないうちに摩擦を引き起こしていることがある。[8]　　　　　　　　　　　（渋谷勝己）

どが例外になる。

▷5　この発話の下線部のように，聞き手の持つ，他人に邪魔されたくないという側面（ネガティブフェイス〔negative face〕）に配慮する手段を，ネガティブポライトネス・ストラテジーという。この発話の最後の「かな」は発話を独り言にする形式であり，これを使用することによって，「手伝ってくれない？」のように聞き手に直接依頼することを避けた発話となっている。

▷6　聞き手の，他人に認められたいという側面（ポジティブフェイス〔positive face〕）に配慮する，ポジティブポライトネス・ストラテジーである。

▷7　リーチ（1987）6章のマキシムや，ブラウン＆レビンソン（2011）のストラテジーの分類枠が，異文化間の違いを観察する枠組みとして有用である。

▷8　男女の異文化性については，D・タネン（2003）『わかりあえる理由　わかりあえない理由』田丸美寿々訳，講談社＋α文庫など参照。

参考文献

串田秀也・平本毅・林誠（2017）『会話分析入門』勁草書房。
高木智世・細田由利・森田笑編（2016）『会話分析の基礎』ひつじ書房。
P・ブラウン＆S・レビンソン（2011）『ポライトネス——言語使用における，ある普遍現象』田中典子監訳，大修館書店。
G・N・リーチ（1987）『語用論』池上嘉彦・河上誓作訳，紀伊國屋書店。

第Ⅲ部　言語研究の多様なアプローチ

9　心理言語学

音素の特定・モーラの切り出し
シニチと呼ばないで！（by 伸一）

1　シニチと呼ばないで！（by 伸一）

　外国に行くと名前をちゃんと発音してもらえない——というのは言語を問わずお互い様，な悩みである。相手に合わせるのが得意な日本人は，最初からわざわざ自分の名前を英語なまりにして自己紹介していたりして。「自分の名前が外国語話者にあまりに予想外の発音をされてしまう」という場合，それはなぜだろう。その「予想外な違い方」にもいろんなパターンがあるが，ここでは伸一さん，健一さんにご登場願いたい。

モーラの切り出し（分節）

　これは，人間の言語理解の過程で音の連続をどのような単位に切り出して処理をすすめるか，という話に関係がある。私たちが，話されていることばを理解するとき，最初から単語単位にパッケージされたものが入力される（耳に入る）わけではない。耳に入ってくるのは単なる音の連続で，その中に「ここからここまでが1つの単語」という情報はないのだ。またその音の連続は時間軸に沿って得られるため，最初からその全貌はわからない。そんな中で個々の単語を突き止める作業をわれわれは日常的に行っている。このとき，入力中の個々の単音と，頭の中の辞書内の語との結びつきの中間に，その言語で採用した「リズム単位（rhythmic unit）」というものが活躍する。

　このリズム単位は言語によって異なるとされる。音節（syllable）は多くの言語で用いられるが，その音節の種類・レパートリーはこれまた言語によって違う。英語のように強弱の強勢（stress）が単位として機能する言語もある（「強」から次の「強」の直前までが一単位）。日本語ではモーラ（mora，拍）という単位が基礎となり，われわれはモーラをもとに五七五を数え，日本語の仮名も原則1モーラを1文字で表すようにできている。これは，母音1つ分（ア行）もしくは子音1つ＋母音1つ（カ行以降）が原則だが，それ以外に「ー」（長音），「っ」（促音），「ん」（撥音）などの特殊モーラが日本語にはある。これらを独立した単位として扱うのは日本語の特殊な一面であり，母語話者以外には学習が困難な部分である。「ん」は大概の言語では独立した分節単位という発想はなく，前後の音節の一部と見なされる（母音と一緒に）。日本語話者が「ナニヌネノ」と認識している音の頭の子音 /n/ との区別も特にしないのである。

▷1　音節については I-1-9 を参照。

▷2　モーラについては I-1-9 を参照。

▷3　日本語以外でも，一部の言語では鼻音子音が母

154

|9-1| 音素の特定・モーラの切り出し

そういうわけで，われわれにとってはモーラでカウントして当然3つに分けたい「sa・n・go」「mi・ka・n」は，多くの他の言語を話す人にとっては「san・go」「mi・kan」と音節に区切るのがより自然で，「ke・n・i・chi」「shi・n・i・chi」は単独の母音iを子音nが同伴する形で「ke・ni・chi」「shi・ni・chi」と区切るのがもっとも妥当な分節となる。これは，表音表記であるローマ字の表記をどう区切るかという問題だと考えることもできるが，それでもわれらが「ん」は彼らにはそのように聞こえるようだ。

なお，モーラ単位のリズムは日本語においては後天的に習得されるもので，生まれたときは音節がユニバーサルな単位なのではないかという考えがある[4]。以下は5歳児の発言であるが上記の点について示唆に富むといえる。

　　「「うん」って1つのことばだと思うでしょ。じつは2つなんだよ。「う」「ん」。」

③　音素の特定──シンスケ・シンベイ・シンゴ

上に挙げたような「特定の単位に区切る」作業の前段階として，今聞いている音声にどんな言語音（音素）が含まれているのかを同定する必要があろう[5]。

発音のされ方（調音的特徴）と，その結果その音に備わる物理的な特徴（音響的特徴）は直接関係があるのだから，聞き手はその音響的特徴から，自分の知っているどの音かを自動的に割り出せるはず，と考えるかもしれない。また同じ音なら，調音的特徴も音響的特徴も当然共通しているはずだとも期待するだろう。しかし現実では全然そうなっていない。

先ほどの「ん」を例にとってみてもシンスケ・シンベイ・シンゴに共通するはずの「ん」の音は，表面的にはかなり異なる音響特徴を持っており，それはそもそも発音が異なるからである。試しに「ん」のところで発声を止めてみたとき，口の中は違った形をしていることがわかる（それぞれ後続する「ス」「ベ」「ゴ」を発音するときの口の中の形に対応）。このように隣接する音の調音位置の情報が，ある音の調音において引き継がれることを，調音結合（co-articulation）という。こうした調音の連携プレイにより，われわれ人間は連続した音声の発音をスムーズに行えるわけだが聞く方にとっては困難である。ある音とその調音的特徴の間に確実な一対一対応がない（lack of invariance）のだから。

いや，聞き手としての人間はそれが理由で困っている，相手の言うことがわからない，というトラブルに直面している様子も実感もないので，むしろ「人間はそれでもなぜ連続音の中から音素を特定できるのか」という答えを考えることが，研究者にとっての長年の挑戦なのである[6]。　　　　（広瀬友紀）

Ⅲ-9

音なしで独立した一音節語をなす（例：広東語にはNg（ン）さんという名字がある）。

▷4　乳幼児を対象にした日本語・フランス語の言語比較実験（Mazuka et al. 2011）で，モーラという音声知覚単位は0～1歳頃にかけて形成されることが示唆されている。

▷5　音素については|Ⅰ-1-6|を参照。
▷6　川添（2017）の第1章でこの問題がわかりやすく取り上げられている。

（参考文献）

Kawahara, S. (2016), "Japanese Has Syllables: A reply to Labrune," *Phonology* 33(1): 169-194.
川添愛（2017）『働きたくないイタチと言葉がわかるロボット　人工知能から考える「人と言葉」』朝日出版社。
Mazuka, R., Y. Cao, E. Dupoux & A. Christophe (2011), "The Development of a Phonological Illusion: A Cross-linguistic Study with Japanese and French infants," *Developmental Science*, 14(4): 693-699.
Otake, T., G. Hatano, A. Cutler & J. Mehler (1993), "Mora or Syllable ? Speech Segmentation in Japanese," *Journal of Memory and Language*, 32: 258-278.

9 心理言語学

2 多義性とガーデンパス
警察が，盗んだバイクで走り出す♫

1 ギョッとする文

お子様がレーンを廻っております
お皿の上のお寿司や商品に
直接触れませんようご注意を……

お子様がレーンの上を廻ってるって!? 日常生活でありがちな一瞬ギョッとする文（この場合は改行位置も悪い！）。このような「ギョッ」が引き起こされるしくみはあらためて考えるとどのようなものなのだろうか。

図1　回転寿司の店内表示

2 構造的多義性（曖昧性）

自然言語は，語レベルであれ句レベルであれ，多義性がつきもの。多義性とはある対象・形式が複数の意味や解釈を持ちうることをいう。"bank"（銀行／川岸）や「さる」（猿／去る）のように，表面的には同じ音を持つが異なる語であるという場合は単語レベルでの多義性がある（つまり同音異義語）というが，下のように特定の単語の並びが，異なる統語構造に対応しうるために2通りの解釈が生じる場合もある。これを構造的多義性という。たとえば以下の文をみてみよう。

▷1　構造的曖昧性(structural ambiguity, syntactic ambiguity) ともいう。

警察官が盗難バイクで逃げたコンビニ強盗犯を追った。

何度か読み返してみても，盗難バイクに乗っていたのはコンビニ強盗犯なのか警察官なのか，2通りの解釈が可能なままであることがわかるだろう。

警察官が［盗難バイクで逃げたコンビニ強盗犯］を追った。
警察官が盗難バイクで［逃げたコンビニ強盗犯］を追った。

これは「盗難バイクで」という副詞句が，関係節内の要素か（上），または外の（主文の）要素か（下），どちらの構造にも対応可能だからである。

もし「逃げたコンビニ強盗犯に決まってるでしょ」と思う人がいるとしたら，それは世界知識（世間の常識）として普通は警察官がバイクを盗んで走り出すことはありえないという判断からだろうが，あくまで統語規則上はその解釈も排除されないことに注目してほしい。

一方「警察官が盗難バイクで逃げた」のかと思って驚いた，という人がいる

としたら？　あえて常識に反するような解釈が優先される理由はあるのだろうか。この文は下に示すように，さらに別のレベルの多義性が関わっているのだ。

③ 一時的多義性（曖昧性）と袋小路現象

　人間の現実的な言語理解過程を前提にする場合，1点考慮すべきことがある。普通は上記の例を紹介したときのように「何度か読み返して」初めて解釈に到達するわけではない。われわれが文を読んだり聞いたりする際は，時間軸に沿って徐々に入力される情報にその場で素早く解釈を与えていくのがリアルな姿である。その瞬間，入力の続きがどうなっているかという情報のないままその場で統語構造を割り出すという高度な，もしくは多分にバクチ的な処理を人間は行っていることになる。すると，上記の文を処理する際には，ある時点では

　　　警察官が盗難バイクで逃げた……

までしか入力されていないことになる。この段階での入力に対し，日本語の文法規則に反しない範囲でもっとも無駄のない構造を当てはめるとすれば，「警察官」が「盗難バイクで逃げた」の主語であるような単節構造であろう。それが確実な解ではなかったことは次の「コンビニ強盗犯を」の入力で明らかになる。ここで初めて，目下処理中のこの文が関係節を含んでいたこと，さらに今処理していた単語列はすでに関係節の一部であったことが示され，構築中の単節構造が正しくないことがわかるのである。

　このように，文を処理する途中でそれまでの入力が構造的多義性を有していて，ある1通りの解釈を優先させた結果，その後の入力との矛盾により処理の滞りが起こることが観察される。これは心理言語学では袋小路（garden path, ガーデンパス）現象とよばれる。袋小路現象は，構造の詳細が明らかになるより前の時点で，不完全な情報に基づいて（結果的に）誤った解釈を優先させることもあるのだ，ということを示している。

　どのような場合に袋小路現象が起こるのか，またどんな情報によりその生起が左右されるのかをうまく捉えるような実験を工夫することにより，人間の文処理のしくみについて間接的に多くの知見を得ることができる。たとえば，

　　　警察官が盗難バイクで逃げたコンビニ強盗犯を……

までの時点で関係節構造の存在が明らかになったとして，具体的にその関係節は「盗難バイクで逃げたコンビニ強盗犯」なのか，「逃げたコンビニ強盗犯」なのかについてはまだ自明でない。関係節の始まりをどこだとして再分析を行うのかについてもさらなる多義性が発生しているので厄介である。

（広瀬友紀）

▷2　Bever (1970) の "The horse raced past the barn fell" という文（関係代名詞の省略された受身の関係節が，主節に解釈されがちで，母語話者においても処理が破綻する例）が garden path 文の例として最も知られているといえよう。

▷3　そのためのさまざまな実験手法については III-10 を参照のこと。

▷4　日本語において，初分析・再分析のそれぞれで多義性が発生する例は珍しくないことが Hirose (2006) で解説されている。

参考文献

Bever, T. G. (1970), "The Cognitive Basis for Linguistic Structures," J. R. Hayes (ed.), *Cognition and the Development of Language*, New York: John Wiley, pp. 279-362.

Hirose, Y. (2006), "Processing of Relative Clauses in Japanese: Coping with Multiple Ambiguities," Nakayama, Mazuka, Shirai & Li (eds.), *Handbook on East Asian Psycholinguistics*, Cambridge University Press, pp. 264-270.

9 心理言語学

文法の個別性と文処理装置の普遍性
日本語と英語はどちらが理解しやすいの？

1 主要部前置 vs. 後置

Ⅲ-9-2 で取り上げた「警察官が盗難バイクで逃げたコンビニ強盗犯を……」の例で気づくことがあるとすれば，日本語では関係節の始まりがどこかわからないという事態が多々ありうるということだろう。さらにいえば，従属節においても日本語の補文標識は補文の後につけられるため従属節が始まった時点では単語列の中で補文が開始していることがわからない。したがってこういうどんでん返しもありうる。

　　警察官がバイクを盗んだというのは嘘です。

もっというと，単文においても，動詞が得られるのは文末なので，それまでの間に入力されるあらゆる要素は，何の動詞の要素として解釈されるべきなのかという情報すら得られないことは珍しくない。

　　警察官が手錠をコンビニ強盗に昨夜3時すぎに事件現場のすぐ前で……
　　　（かけた？　奪われた？　ちらつかせた？）

日本語は主要部後置型言語であり，節の終わりは必ず動詞（あるいは述部）なので右側境界の位置ははっきりしている。その反面，埋め込み節の左側境界，つまり始まりの位置がわからない状態で処理を始め，入力された名詞句や副詞句などの要素がどのような意味役割を持って，お互いどのような構造の中で関わるのかを，動詞の情報なしで推測していかなければならないということになる。ずいぶん無理なことをわれわれは日常的に行っていることになるが，何を手がかりにしているのだろう。

2 動詞がなくてもわかること

動詞がまだ入力されないのに

　　警察官が手錠をコンビニ強盗に……

のような入力の構造をどうやって構築すればいいのか。ヒントがないわけではない。まずは助詞の存在。「が」「を」「に」がそれぞれあれば，まずこのあと入力される動詞は，ガ格主語，ヲ格直接目的語，ニ格間接目的語（人間を表す名詞についているので）をおそらく「誰かが何かを誰かに〜した」という形でとるような他動詞である可能性が高い，くらいは推測してよいだろう。しかもガ格名詞句が文頭にあるので，文の主語である見込みはますます高い。このよう

▷1　補文標識とは，補文（埋め込み文）の前後につき，それが補文であることを示す要素。英語では埋め込み文の前につく that，日本語では埋め込み文の後につく「と」や「こと」がそれにあたるが，この節で示すように，文を実際に入力に即して理解するという観点からいうと，前についているか後付け的に入力されるかの違いは，ずいぶん処理の効率に関わるように見えることが多々ある。

▷2　語順の類型について詳しくは Ⅳ-11-3 を参照。
▷3　「格」とは名詞・代名詞が文中で他の語とどのような関係にあるかということを示す文法範疇をいい，それらは日本語では格助詞（ガ格，ヲ格，ニ格など）によって示される。それらの形は意味的な役割とは必ずしも完全に一致しているわけではない（〜にあげる／〜にもらうの両方が，与える側か受け取る側かで意味は逆でありながら両方「ニ格」で示されるように）。

に日本語では，格助詞，基本語順，名詞の内容に関する情報（生物か，人間か，物か等によってとれる動詞が異なる）が，動詞から得られる予定の情報をある程度補ってくれる。

　しかしこうした情報も盤石ではない。「が」格名詞が主語としての動作主体でないこともあれば（「僕はアイドルが好きだ」「英語がわからない」），日本語の語順は少なくとも動詞より前の部分はかなり自由（かき混ぜ可能）だし，動詞がとる主語や目的語が文中で省略されることも日本語では多々ある。たとえば

　　　コンビニ強盗犯を……

で文が始まったような場合，主語が省略された形で文頭に位置していることを想定するべきなのか，かき混ぜ語順をとっているのでこのあとに主語にあたるものが入力される予定なのか，はたまた主語不在に見えるのは主語関係節の一部だからなのか，この時点で多数の可能性を残したまま一時的曖昧性は全く解消していないことになる。

　　　e コンビニ強盗犯をつかまえたぞ。どや！（主語＝私　を省略）

　　　コンビニ強盗犯 i を　アルバイト店員が　e i　つかまえた（かき混ぜ文）

　　　e i コンビニ強盗犯をつかまえた店長 i が警察に表彰された（主語関係節）

③ 英語と日本語はどちらが理解しやすいのか

　翻ってみると，英語においては，主語，目的語など主要な要素の間の語順は固定しており，またそれらが省略されることはない（代名詞等の形で必ず表出される）。さらに，主語の後には動詞が登場し，どんな目的語をとるのかという情報を早くも提供してくれる。オプショナルな副詞句や前置詞句が続く可能性もあるため節の終わり（右側境界）は予測しにくいが，さすがに節の始まり（左側境界）がどこかわからないまま入力を処理する羽目には陥らない。

　ただし付け加えると，だからといって「なので英語より日本語のほうが理解が困難なのである。」という結論にはつながらない。実際，どちらの言語でも母語話者たちは（ほぼ不自由なく）リアルタイムでコミュニケーションをとれている。問題は，どうやって人間の脳内のシステムはそれを可能にしているかという説明の難しさにある。「日本語のような言語でもどうして速やかかつ自然な文処理が可能なのか」という問題は世界の研究者の好奇心をずっとかきたててきた問いなのである。　　　　　　　　　　　　　　　　　（広瀬友紀）

▷4　Ⅱ-4-3 側注 1 参照。

▷5　「e」で示されているのは，統語構造的に要素の収まる位置は用意されているのに，そこに実際に音形（実体）のある語が現れていないことを示す。音形のない要素は，Ⅱ-4-3 で説明されているように，本来意味解釈がその場でなされるべき要素が移動した結果なのかもしれないし（そのような場合は移動元と移動先の関係を示すために "i" という目印をつけてある），単に音形をとる語を置かずに省略しているだけなのかもしれない。それらは統語論上は区別されねばならないが，文理解を行う立場に立てば，入力情報だけから唯一わかるのは「音形を持つ語が然るべき位置に現れていない」ということだけなので，あえてすべて e と表した。

▷6　なので Sam reported Mary cried yesterday. といった場合 yesterday が埋め込み文の要素なのか（＝cried yesterday）主文の要素なのか（＝reported yesterday）わからないこともありうる。

▷7　解説論文の一例として広瀬（2011）を挙げる。

参考文献

広瀬友紀（2011）「文処理研究と日本語」『日本語学』30(14)：192-204頁。

9 心理言語学

 ## 文処理で使われる情報いろいろ
使えるものは何でも使う？

① 目で音をみる？（音素の特定をお助け）

"ba … ba … ba …"と発声しているところを動画に撮って，音声情報はそのままでそのヴィジュアル情報だけを"ga … ga … ga …"と発声している映像とすり替える。そうした合成動画を人に観せると，なんと"da … da … da …"と聞こえることが報告されている▷1（目を閉じて再度試すと音源通りにちゃんと"ba … ba …"と聞こえる）。これはどういうことだろうか。

/b/ は両唇音であるため，両唇を閉じて発音するという特徴が期待されるが映像ではそうなっていない。しかし音響的には紛れもなく /b/ の情報が入ってくる。このような視覚と聴覚のミスマッチが起きた場合，妥協点として /d/ が知覚されるのである（調音点は /g/ よりは /b/ により近い）。ネタバレした後で再度映像を視聴しても同様の結果になるところが面白い。これはマガーク効果（McGurk effect）と呼ばれており，人間は「耳から入ってくる音の音響的特徴」だけに従って音声理解を行っているわけではないことを示してくれる。音を聞くのに視覚的情報を用いるとは一見かなり無駄なことをしているように感じられるだろう。しかし人間が入力中の音素を特定する際には，音素が常に一定の音響的特徴を伴っているわけではない▷2（このような物理情報が得られたら自動的にこの音素だ，という一対一対応が期待できない）。にもかかわらずわれわれは異なる話し手による音声を聞く場合でも，同じ話し手でも特定の音がその都度別の音と隣接することにより音響的特徴が変化している場合でも，正しく個々の音素を特定できる。音響的特徴が，必ずしも盤石な情報でないのであれば，一見余分な別のところにもヒントがあると考えるべきではないか▷3。

② 頭の中の辞書検索をスピードアップ？（単語認識をお助け）

われわれが入力としての音声情報や文字列から単語を見いだすには，得られた情報を用いて頭の中の辞書（心内辞書，レキシコン）を検索するという処理が関わっている。入力が音声の場合は，個々の音素情報をもとに検索されるが（紙の「辞書」の引き方にイメージとしては近い？），加えて Ⅲ-9-1 で述べたような，言語ごとのリズム単位が一役買う構造になっているとも考えられる▷4。

ところで現実世界で辞書を引くとき，どういう単語がより手間がかかるだろうか。似たような音の語が多数ある場合はそこから目的の語を探すのは時間が

▷1 McGurk et al. (1976).

▷2 音素については Ⅰ-1-6 を参照。

▷3 Phonemic restoration effect（Warren 1970）と呼ばれる，意味，統語，単語知識などの情報が，実際にはノイズなどでかき消された音声情報の知覚を補完するという現象も例としてあげられる。

▷4 Ⅰ-2-1 側注2参照。

160

かかりそうだ。脳内の単語検索でも同じことがいえる。類似した音を持つ語（neighborhood と呼ばれる）を多く持つ語はそうでない場合に比べて，ミリ秒の世界ではあるが認識（検索終了）するのに時間がかかることがわかっている。

　一方，紙の辞書についていえばどういう場合に引くのが速くなるだろう。「さっき同じページを開いたばかりで，しかも印をつけてた場合！」……反則回答に聞こえるかもしれないが脳内の辞書検索と通じる部分がないわけではない。直前に認識したばかりの単語は再度登場した際の認識速度が速いことは直感的にうなずけるだろう。しかし全く同じ単語でなくても，直前に出てきた語と共通した意味内容・概念を持っている場合（たとえば，「医者」の後の「看護師」），その語の検索が速くなることもわかっている（意味的プライミング効果）。紙の辞書では，似たような意味の単語ごとに並んでいるわけでもなければ，意味ごとのラベルでまとめられているわけでもないので想像しにくいが，脳内の辞書検索においては，入力の中にある語を認識した際，その語の持つあらゆる情報（音声，文字といった，検索に直接用いてそうな情報以外も）が活性化するとされる。こうした知見を通して，脳内の辞書検索にどのような情報が用いられるか，さらに，脳内の辞書そのものの仕様としてどのような情報が整理されているかなど，人間にとって直接観察できない問題にいろんなヒントを与えてくれる。

③ 文を読むのに空気は読むべき？（統語処理をお助け）

　文レベルの処理，すなわち入力された単語列に対応する統語構造を構築する過程において，どのような情報がどのようなタイミングで用いられるのかは長く研究者が意見を闘わせてきた問題である。前述（Ⅲ-9-2）の例でいうと

　　警察官が盗難バイクで逃げたコンビニ強盗犯を追った。

　　警察官が白バイで逃げたコンビニ強盗犯を追った。

という場合，全く同じ統語的多義性が生じるにもかかわらず，その乗り物に関する世界知識・常識によって，構造分析の結果が異なるかということである。いや，誰だって「そりゃそうでしょ」と思うかもしれないが，文をある程度時間をかけて吟味した結果の判断ではなく，脳内で無意識かつ自動的に行われる構造計算において，世界の常識情報が作用する余地がどうあるのかという問題である。近年では，音声で提示された文を聞いて理解する最中に目の前の画像に対する視線の動きを記録することができる眼球運動測定機の性能がめざましく進歩している。心理言語学の分野では Tanenhaus らの1995年の論文をきっかけに統語構造処理の途中段階の解釈をリアルタイムで把握することを可能とするような視覚世界パラダイム（visual world paradigm）と呼ばれる実験方法が普及し，統語処理において，言語内外のさまざまな情報が，かなり早い段階で作用することが示されている。　　　　　　　　　　　　（広瀬友紀）

▷5　Ⅲ-9-2 参照。

（参考文献）

McGurk, Harry & MacDonald, John (1976), "Hearing Lips and Seeing Voices," *Nature,* 264 (5588): 746-748.

Tanenhaus, M. K., M. J. Spivey-Knowlton, K. M. Eberhard & J. C. Sedivy (1995), "Integration of Visual and Linguistic Information in Spoken Language Comprehension," *Science,* 268 (5217): 1632-1634.

Warren, Richard M. (1970), "Perceptual Restoration of Missing Speech Sounds," *Science,* 167 (3917): 392-393.

第Ⅲ部　言語研究の多様なアプローチ

9　心理言語学

 音のきまりの獲得
「日本語耳」ってなあに？

1　ザ・カタカナイングリッシュゥ〜

　日本語母語話者が英語を学習するとき，あるいは日本語に取り入れた外来語を発音するとき，よく「カタカナ英語」などと揶揄される，というか自虐のネタにもされることはおなじみの通りであるが，カタカナ語はどのようにして生まれるのだろう。「日本語のカナで無理矢理表したような発音」という意味だろうが，つまり日本語で許容されない音の単位（V・CV・(C)VN にあてはまるもの以外）を，日本語のこうしたモーラの単位に修正した発音ということになる（V は母音，C は子音一般を示す。ここでは N は「ん」にあたる音と考えてほしい）。

▷1　モーラについては Ⅰ-1-9 および Ⅲ-9-1 も参照。

　　日本語　V（ア行音），CV（カ〜ラ行），CVC*　　*ただし N（ん）に限る。
　　英語　　V (oh), CV (no), CCV (flew), CCCV (spree), VC (at),
　　　　　　CVC (not), CCVC (flute), CCCVC (spleen), VCC (ask),
　　　　　　CVCC (ramp), CCVCC (flutes), CCCVCC (strength),
　　　　　　VCCC (asked), CVCCC (ramps), CCVCCC (crafts),
　　　　　　CCCVCCC (strengths)

　どのような音の組み合わせが，単位としてアリか，その配列のレパートリーはいくつあるか，という決まりは音韻配列制約（phonotactic constraint）と呼ばれ言語ごとに異なる。レパートリーが多かろうが少なかろうが，その言語の話者同士同じ決まりを共有するので何の問題もない言語の個性である。またこれに違反するものはそもそもその言語に表れるはずもないが，外国語の語彙を取り入れるとなると，自分の言語の音韻配列制約に違反するものでもどうにか対処して外来語として取り入れることとなる。たとえば英語では子音が2つ続くこと自体はパターンとしてはありうるが個別の子音の順によっては許容されない場合がある。たとえば頭子音の pt は許されないので，古代ギリシアの天文学者プトレマイオス（Ptolemy）は /tɑləmi/ と発音される。違反を引き起こす語頭の p を無かったことにしてしまうのだ。

▷2　「音素配列制約」とも呼ばれる。

　さて日本語では，子音で終わる，または子音が連続する例は（「ん」「っ」を除いて）ないので，多くの外来語は日本語の音韻配列制約に違反することとなる。日本語の場合はそこで母音を補うという手段で調整するため，たとえば "strike" は su̲toraiku と発音される。これを母音挿入（epenthesis）という。挿入されるのは原則 /u/ で先行子音によっては /o/, /i/ が使われる。

▷3　"strike" → "su̲toraiku", "pitch" → "pitʃi" の下線部に挿入された u 以外の母音が仮に u だった場合を考えてみてほしい。従来の日本語に用意されていなかった，つまり基本的な仮名1文字で表せない音になってしまう（ストゥライク，ピッチュ）。このような場合は u 以外が使われる。

162

図1　"shake"[ʃeɪk]の語末に挿入される母音にみられるゆれ

　母音を伴ったモーラの形をとってくれないとカナで表記できないという事情もあるが，心理言語学的研究においてはこの母音挿入は発音する段階の問題でなく，すでに日本語話者の知覚システムにおいて起こることがわかっている。つまりわれわれは，耳で聞く段階で，入力に存在しない母音を補って知覚しているというのだ。そのエビデンスとは，日本語母語話者にとっては，子音の連続を伴うため母音挿入の対象となるような入力（例：ebzo）と，最初から当該子音間に u が存在するような入力（例：ebuzo）を区別するのが困難だという実験結果である[4]。

2 エプソン vs. エピソン？

　ところで，このように，子音の連続が音韻配列制約に違反するので母音を挿入する，という言語は日本語だけでない。ブラジルで話されているポルトガル語においても同様の対応がされることがわかっている。ブラジル・ポルトガル語では語や音節は閉鎖子音で終わることができないので，ebzo のような場合は母音挿入が起こるのだ。ただしデフォルト[5]として使われる母音は /u/ ではなく /i/ である。この，日本語とブラジル・ポルトガル語における共通点（母音挿入）と相違点（使われる母音）を利用した言語間比較実験では，日本語母語話者にとって ebzo-ebuzo の聴覚的区別は難しいが ebzo-ebizo の間の混乱はなかったのに対し，ブラジル・ポルトガル語話者においてはこの傾向が反転することが報告されている[6]。たとえば EPSON の製品は日本では「エプソン」と認識されているがブラジルに行けば「エピソン」と呼ばれるそうである。日本語耳で，あるいはブラジル・ポルトガル語耳では本当にそのように知覚されるフィルターが埋め込まれているのだといえよう。

（広瀬友紀）

▷4　参考文献にあげた Dupoux et al. (1999) 等。

▷5　デフォルトについては I-2-4 側注5，II-5-2 側注2を参照。

▷6　参考文献にあげた Parlato et al. (2010) 参照。

参考文献

Dupoux, E., K. Kakehi, Y. Hirose, C. Pallier & J. Mehler (1999), "Epenthetic Vowels in Japanese: a Perceptual Illusion ?" *Journal of Experimental Psychology : Human Perception and Performance*, Vol. 25, No. 6: 1568-1578.

Parlato, E., A. Christophe, Y. Hirose & E. Dupoux (2010), "Plasticity of Illusory Vowel Perception in Brazilian-Japanese Bilinguals," *Journal of the Acoustical Society of America*, 127: 3738-3748.

9 心理言語学

 ## 語の獲得
「にんげんのいぬ」って何だ？「坊主」って何だ？

 ### 何でも「ワンワン」

子供が「ワンワン」ということばを覚えたのはいいが犬だけでなく牛も馬も自動車も動くものなら何でも「ワンワン」と呼ぶ，というのはありがちな事例である。だがその後，正しい意味範囲に彼らはどうやって辿り着くのだろうか。

同じ問題には大人でも遭遇しうることが「Gavagai 問題」として示されている。たとえば未知の言語圏で現地の人がウサギが跳びだしたのをみて「Gavagai！」と叫んだとしてここから何がわかったことになるのか。動物の「ウサギ」を示すのか，「見ろ！」と注意を促す表現なのか。はたまた「獲物だ」「夕飯だ」「長い耳」……つまり子供の母語習得であろうが大人の外国語習得であろうが，ある未知語が意味する内容や範囲は何か，あるいはその状況のどの側面を指すのか，までは明確に示されないのが自然な状況なのである。

たとえ「ワンワン」が目の前の動物のことを指しているとまではわかったとしても，特定の個体（隣のポチ）限定なのか，特定の犬種限定なのか，もしくは犬を含む哺乳類全体なのか，四つ足で動く物をくくっていう語なのか，その意味の範囲まで一発で特定することは難しい。実際の意味範囲より広い範囲に解釈した場合を過剰拡張（overextension）と呼び，逆にそれより狭い範囲と解釈した場合を過剰縮小（underextension）と呼ぶ。これらが起こりうることは言語獲得においては全く織り込み済みの事態といってもよい。

「にんげんのいぬ」（と「にんげんじゃないいぬ」）

「にんげんのいぬ」は，2歳児の発話例で，ぬいぐるみの犬と区別して生きている本物の犬を指して言ったものである。ここからわかるのは，彼女にとって「いぬ」がどのような特徴を持つ動物を指すのかはおそらく特定されていて，そして現実世界の犬か作り物の犬かにかかわらずその特徴を抽出できるに至っていることである。一方，「にんげん」の方はどうやら彼女の中では目下人類だけでなく生き物全般に過剰拡張されている。そんな中，この2つを創造的に組み合わせることにより「犬は犬でも作り物でない犬」という意味範囲を特定する工夫をしていることがわかる。

▷ 1　Gavagai というのはあくまで未知語の例だがこの問題そのものが Gavagai 問題として広く認識されている（Quine 1960）。

▷ 2　「にんげんのいぬ」「坊主」のいずれの例も，参考文献にあげた広瀬（2017）より。

❸ 「坊主」の悲劇

　上記過剰拡張の例は巷に微笑ましい報告が絶えないが，過剰縮小はあまり報告されない。これは，そうした事象が自然には観察されにくいということが関係する。ある語（「いぬ」）を実際より狭い範囲（隣のポチ限定）を意図して発したところで表面的には間違っていないからである。日常生活の範囲でいえば，何かしらの誤解などをきっかけに明るみに出ることはあるだろう。笑えない例として，「「坊主」とは坊主めくりにでてくる，髪のない袈裟姿の人」と認識していた幼児の話をしよう。法事の席で髪のあるお坊さんに出会うも無反応。しかしやがて「髪型以外すべてが「坊主」の条件に合致している」ことに気づき，読経の最中にヘレンケラーよろしく「あれ坊主なのっ！　坊主なのっ！」と発見の感動を伝えたという。これはある語の意味範囲を，広げる（「坊主」は坊主頭とは限らない）方向に修正した瞬間である。

▷ 3　前掲▷ 2。

❹　意味範囲の修正

　上述した「坊主」の例から，過剰縮小から本来の意味範囲に自ら修正を加える機会（自分の知識と現実世界の食い違い）は子供自身が見つける場合もあることがわかる。同様に「いぬ，はポチ以外も指す」という証拠は子供にも見つけやすい。一方，より広く報告されている「過剰拡張」は，どのように修正されるのだろうか。子供の過剰拡張はそもそも制限のないあてずっぽうというわけではない。たとえば子供に架空の動物名「ネケ」を紹介するという実験では，これを未知の架空の動物として導入した場合に子供は「ネケ」をこの動物の種を示すものと解釈し，一方「ネケ」といいながら「サル」「クマ」などすでになじみのある動物を指した場合は個体名を示す名前だと解釈した傾向が高かったという。これは，子供は未知語に出会った際すでに「違う語は異なる意味対象・範囲を担当する」という（その時点で大人から教わったわけもない）前提のもと推論を行っている証拠である。

　同様の知識は，意味範囲の修正場面でも活躍する。「スプーン」という語をすでに獲得済みの３歳児に，特殊なデザインのスプーンを見せて「ネケ」と呼んでみせると，子供はそこから「よく知っている形のスプーンのみが「スプーン」と呼ばれ，そうでない特殊な形のあれは「ネケ」である」というふうに，「スプーン」の意味範囲を狭める形で知識の修正を行うことが示されている。「サル」「クマ」等の生き物と違って事物には個体名はないのが普通という知識も併せて学習されつつあることがわかる。子供にとって最初から意味範囲が特定できないことは大問題ではない。外界から直接得られる情報（大人からの働きかけ等）と，内在する知識や推論能力を駆使して，語彙の知識を習得・調整し，大人のそれに近づけていくのである。　　　　　　　　　　（広瀬友紀）

▷ 4　ここで紹介した一連の実験は，参考文献にあげた，今井（2013）で解説・紹介されている。
▷ 5　前掲▷ 4。

参考文献

今井むつみ（2013）『ことばの発達の謎を解く』ちくまプリマー新書。
広瀬友紀（2017）『ちいさい言語学者の冒険　子どもに学ぶことばの秘密』（岩波科学ライブラリー）岩波書店。
Quine, W. V. O.（1960），*Word and Object*, Cambridge, MA: MIT Press.

9 心理言語学

 ## 文法の獲得

それって「間違い」ですか？

 「ガチャガチャすれるよ」（五段からサ行変格への過剰一般化）

　子供が母語の文法規則を習得する際，体系的に規則を教わっていくわけではないのに，結果的にそれがちゃんと身につくのはどういうことだろう。大人のことばをそのまま聞いて覚えていくしかない，といっても，明らかに大人の言うことをそのままコピーして使っているとは思えないような発話をする。大人から見ると明らかに「間違って」いるのだが，それらは子供が自力でどのような仮説を立てているところなのかをわれわれに見せてくれる。

　「する＋可能形」が意図されているとみられる「すれる」「しれる」は，巷でも頻繁に観察されている。「～れる・られる」が可能を表す形態素であることはすでに学習できているが，動詞には個別の活用タイプがあるという部分においてはまだ学習途上である段階と思われる。「取る-取れる」「切る-切れる」という五段活用においての終止形-可能形の間に成り立つ音韻・形態的な関係を，本来の範囲を超えた別の活用形にまで当てはめてしまった結果，出てきたのが「～すれる」「～しれる」である。大人の発話にはこれらの形が現れるわけはないので，子供自らの試行錯誤の結果であることを示してくれる。このように，ある決まりを本来より広い範囲に拡大適用してしまうことを過剰一般化というが，これが子供の言語獲得能力の鍵であるともいえる。

▷1　これらの例はすべて広瀬（2017）より。

「きない」「こた」（上一段からカ行変格への過剰一般化）

　同様に，「きない（来ない）」「こた（来た）」もしばしば報告される。研究者仲間から提供された例では「きない（来ない）」「こた（来た）」ともに同じ場面で同じ子供から発せられたものである。「お兄ちゃんきないね」という子供に対し，いったん母親が「うん，こないね」とさりげなく訂正を加えて繰り返し，それに子供が「え，こない，って言うの？」という反応をしている。これを母親が受けて「うん，「きた」っていうけど，「こない」って言うんだよ」と説明をした直後に子が「あ，こたよ！」と声をあげる，というシーンである。ここでは，子供はすでに，自分の最初の発話がどうやら正しい言い方とは違うらしいということを意識できていることがうかがえる。さらに母親がそれにさりげなく，しかし明示的な指摘をしていてそれを子供が不完全ながらも受け入れているという点が興味深い。ただし親は「「きた」っていうけど」といったん正

解を提示しているものの、子供はそれを丸覚えするわけではない。「こない」というからには「こた」だろう（通常動詞の語幹は同じ音で共通しているのだから）という類推が子供にとっては優先されていることをこうした例は示してくれる。

▷2　前掲▷1。

③ 「死む」「死まない」「死めば」（ナ行からマ行五段活用への過剰一般化）

「死の活用形」はどうやら多くの子供が通る道であるようだ。これは、五段活用で（現代東京方言では）たった一例しかない、ナ行で活用する五段動詞「死ぬ」に対して、数としては多く存在するマ行の五段動詞（「読む」、「飲む」、「はさむ」……等）の活用形を過剰に適用したものと考えられる。連用形の音便において両者は一致するからである（「読んだ」、「飲んだ」、「はさんだ」、そして「死んだ」）。「死の活用形」は、活用形の中のたった1つの一致から、体系全体を類推する能力の証左といえる。

▷3　前掲▷1。

④ 「去う」,「（おむつを）替う」（過剰一般化に基づく終止形）

「去って行く」という表現を耳にして「「さう」ってどういう意味？」と6歳児に尋ねられた、というエピソードを紹介したことがある。これは「さっていく」が「さって」と「いく」の2つの動詞に分解できること、またことばの意味を尋ねるなど、ある動詞に言及するときにはしかるべき形（終止形）があること、さらにそれは「買って-買う」「言って-言う」などの類推から、「さう」ではないかと推論したことの結果であろうということが窺える。子供は結構高度な思考を操って規則を見いだす試行錯誤をしている例であるが、最近驚くべき例をTwitterで見つけた。

▷4　前掲▷1。

ミニかんたべ @kantabe_mini・8月29日
こども「オムツかえてー」
わたし「おっ、教えてくれてえらいね！　これ終わったら替えるね」
こども「かう」
わたし「？？？　替える？」
こども「かえる、は　かう、っていうんだよ！（ドヤァ）」
#ちいさい言語学者の冒険

図1　「替える」から終止形「替う」を導く過剰一般化の例

出典：Twitterより投稿者の許可を得て転載。

「替える」は「替う」っていうんだよ、というのは、「買える」-「買う」（関係性は少し異なるが）から思いついたのかどうかは想像するしかないが、おむつをしているような年齢の子供の中にすでに「動詞は活用によって形を変え、その中には基本形となる言い切りの形が存在する」という抽象的な知識が芽生えていることを示す例である。

（広瀬友紀）

参考文献

広瀬友紀（2017）『ちいさい言語学者の冒険　子どもに学ぶことばの秘密』（岩波科学ライブラリー）岩波書店。

9　心理言語学

 第二言語の獲得
　　　　　プロレスで負けたら「レモネード？」

▷1　I-1-13 参照。

プロレスで負けたら「レモネード？」

　母語の習得と，外国語（第二言語，あるいはそれ以上）の習得のあり方はどれくらい異なるのだろう。本節では，実例をもとに，子供の母語習得と第二言語習得の共通点と相違点を考えてみたい。ここでは，母語の文法知識はほぼ完成したと考えられる年齢である 7 歳で，英語圏に一時滞在中，自然環境（主に小学校）で第二言語習得を開始した日本語母語話者児童の例を取り上げる。

　耳から入力される音の連続を区切る単位が言語によって異なるということは Ⅲ-9-1 ですでに述べた。英語の場合は強勢が重要な役割を果たす。強勢を担う音節は明瞭に強調され，強勢が置かれなければその音節を構成する音素の特徴は弱化し，聴覚的にも弱くなる。母語話者あるいは上級学習者でなければ，その弱化した音節の情報を補って聴くことも難しい。

　　「プロレスで負けたらどうして「レモネード」って言うの？」
　　　　　　　　　　　　　　　　　　　　（7 歳，英語圏生活歴 2 カ月）

　プロレスの実況中継で "xx has been eLIminated"（ここで大文字は強勢を表す）(xx は敗退した）というフレーズの "eLIminated" 部分が "LEmonade" と聞こえた訳は，強勢の直前の "e" が弱化して認識されず，"LI" の部分から語が始まると判断されたからである。これらは実は英語母語話者の子供の母語習得でもみられる。

　　"I want you to beHAve"（behave〔お行儀よく〕していなさい）
　　"I am being HAve !"（be HAve [héɪv] してろっていいたいんでしょ，してるよ！）
　語を切り出す境界を，強勢の位置にあわせて解釈し，結果聞いたことのない（存在しない）単語が出てくるがその意味は想像力で補っている。

❷ getyourbackpack──語の切り出し

　複数の語からなるまとまりを，それ以上構造的な分析をすることなく意味を担う単位として解釈する（chunking）は母語の習得においてよく報告される現象で，もっともよく知られた英語の例は "allgone"（なくなっちゃった）であろう。ただ母語話者であれば語彙の習得さえ進めば，既存の語の知識を利用して単語の境界の推測が可能であるが，語彙の知識が乏しい第二言語話者においては，意味のまとまりとしてかなり大きい単位を切り出してくることもあるよう

だ。

> I was …… bringyourbackpack everyone（みんなにリュックを 1 人ひとり渡
> してあげたんだよ，の意。8 歳，英語圏生活歴 4 カ月）

学校の先生に "Bring your backpack." と指示された経験から，"bringyour-
backpack" を，「リュックを持ってくる」という意味の，それ以上構造的に分
解されないひと塊として捉えていることがわかる。このような chunking の例
は，子供の母語習得だけでなく，第二言語習得においても指摘されている，典
型的な発達過程なのである。

③ 過剰一般化

母語の文法習得は過剰一般化によって達成されるといっても過言ではない。
第二言語習得においても，自然な習得においては多く観察される。

> I am tolding you!（〜 ing 形を過去形動詞にも適用）
>
> Killeded（〜 ed 形を，すでに過去形形態素のついた動詞にも適用）
>
> This is the goodest one（最上級〜 est をつける一般規則を，例外であるべき
> 形容詞にも適用）

このような例は入力（実際に見聞きする手本）の中に存在しないはずなので，
第二言語習得においても母語と同様な試行錯誤をとおして文法知識が培われて
いることがわかる。

④ Door open ok？──母語知識の転移

母語習得と第二言語習得の明らかな違いといえば，後者においてはすでに 1
つの言語の知識体系が完成しているという点である。母語の特性が第二言語に
おいて構築中の文法知識のあり方に影響を及ぼすことを「転移（transfer）」ま
たは「干渉（interference）」と呼んでいる。以下は母語（日本語）の語順（目的
語―動詞）が英語の習得に干渉を及ぼしているとみられる例である。

> "Me, knock knock is, <u>door open</u>, ok?"（ぼくがノックしたらドア開けてね）

その他，母語習得と第二言語習得の相違点としては，後者はおしなべて年齢
のうえで高く，言語知識とは独立した認知機能が，典型的な母語習得よりは高
い状態で進むことも挙げられる。このため複文構造など複雑な構文の出現時期
が典型的な母語習得より早い，また語彙の増加スピードも速い点等が第二言語
習得においてよく挙げられる特徴であるが，紙面の都合によりこれらはまた別
の機会に議論したい。　　　　　　　　　　　　　　　　　　（広瀬友紀）

▷ 2　「干渉」というとネ
ガティブな方向での影響
（障害となる）を指すが，
母語の知識が第二言語習得
を助ける方向で働くことも
あるため，特にネガティブ
な意味合いにこだわらない
「転移」が多く使われる。

▷ 3　なお，"is" が濫用さ
れる傾向も興味深い。

▷ 4　詳しくは Paradis
（2007）を参照。

（参考文献）

Paradis, J.（2007），"Second
Language Acquisition in
Childhood," E. Hoff & M.
Shatz（eds.），*Handbook of
Language Development*,
Oxford: Blackwell, pp. 387
-406.

第Ⅲ部　言語研究の多様なアプローチ

10　実験言語学

 実験言語学とは何か
　　　　科学としての言語学になくてはならないもの

1　言語研究の目標

　大人の人間なら誰でも頭（脳）の中に少なくとも1つの言語の単語や文法に関する知識（言語知識）を持っている。その内容や，獲得・使用のメカニズム，ならびにそれらを可能にする神経基盤の仕組みなどを解明することが現代言語学の目標である。その目標に向かって，理論的仮説を立て，それを検証していく過程が言語研究の中核である。仮説の検証には，話者の内省に基づく方法と，実験を用いる方法とがある。後者を特に実験言語学と呼ぶことがある。では，実験言語学では具体的にどんなことをするのだろうか。本節では，言語の中でも特に統語的側面に焦点を当てて，実験言語学の研究事例を紹介する。▷1

2　人間の言語の統語的性質

　一般に文は，(1)に示すような3階建ての階層的な統語構造を持っている。▷2
　(1)　[CP [TP 小鳥が [VP 餌を　食べ] た] よ]
　まず，この文の1階部分は，動詞の語幹「食べ」が目的語の「餌を」と統語的に強く結びついて，動詞を中心とする単語の集まり，すなわち動詞句（verb phrase, VP）を構成している。次に，2階部分は，過去時制の形態素「た」が，動詞句および主語の「小鳥が」と結合し，時制辞句（tense phrase, TP）を形成している。最後に，終助詞「よ」が時制辞句と結合して，補文標識句（complementizer phrase, CP）と呼ばれる3階部分が構成されている。言語表現を構成する単語や句などを構成素という。構成素と構成素を結合してより大きな構成素を生成する文法操作を併合（Merge）という。この例からわかるように，言語表現は単に単語が数珠つなぎになったものではなく，階層的な構造を持つ。これは，日本語だけでなくどの言語にも当てはまる普遍的な性質である。
　上でも述べたように，言語の研究方法には，大きく分けると，内省に基づく方法と，実験を用いる方法とがある。たとえば，「ゆっくり」や「昨日」などのいわゆる副詞類が(1)の3階建ての統語構造のどこに現れるか（統語的分布）を調べる場合を例に，この2種類の研究方法を見てみよう。

3　内省に基づく研究方法

　「ゆっくり」のような様態副詞は，「ゆっくり走る」という表現などからわか▷3

▷1　文を作るための単語の結合の仕方を統語といい，統語を研究する言語学の一分野を統語論と呼ぶ。統語論については Ⅱ-4-1 参照。
▷2　統語構造については Ⅱ-4-2 参照。

▷3　動作の状態や様子を表す副詞。

るように，意味的に動詞と関わりが深い。一方，「昨日」のような時の副詞は，意味的に時制辞と関係がある。このことから，統語的に様態副詞は動詞句の要素であり，時の副詞は時制辞句の要素であるという可能性が考えられる。この仮説を内省を用いて検証してみよう。まず，これまでの研究から，動詞句の内部にある要素は否定文で否定の対象（＝否定の焦点）になれるが，動詞句の外部にある要素は否定の焦点になり難いことがわかっている。これを前提に，様態副詞を使って否定文を作ってみると，様態副詞が否定の焦点になることがわかる。たとえば，(2)の文は，「ゆっくり」が否定されて，「速く走った」という意味に解釈される。このことから，様態副詞は目的語と同様，VPの構成要素であることがわかる。一方，時の副詞「昨日」を使った否定文(3)では，副詞「昨日」ではなく動詞「走（る）」が否定の焦点になっている。

(2) 太郎はゆっくり走らなかった。 (3) 太郎は昨日走らなかった。

このことから，時の副詞はVPの構成要素ではなくVPの外側（VPよりも構造上高い位置）にあるという仮説が支持された。

このような内省に基づく研究は，効率良く仮説の検証を進めることができ，核心をついた仮説に到達しやすいというメリットがある。しかし，一方で，話者の直感に頼るため，さまざまな要因に左右されてはっきりとした直感が得られない場合や，客観性に疑問が残る場合があるなどの弱点もある。

④ 実験を用いた研究方法

内省法による研究を補う上で有効なのが実験である。実験では，特定の課題を行う際の反応時間や脳活動などを計測し，そのデータを用いて仮説を客観的に検証する。たとえば，前述した副詞類の統語的分布を実験を用いて検証するとしよう。「ゆっくり」などの様態副詞が動詞句の構成要素だとすると，(4a)は「ゆっくり」が本来の位置にある基本語順の文であり，(4b)のように「ゆっくり」が主語の前に現れた文は，「ゆっくり」が本来の位置から移動した文，すなわち派生語順の文であることになる。

(4) a．花子が [_{VP} ゆっくり新聞を読んだ]

b．ゆっくり花子が [_{VP} 新聞を読んだ]

一般に他の条件が同じなら，基本語順の文よりも派生語順の文のほうがより複雑な統語構造を持ち，処理に要する時間が長いことが知られている。したがって，もし「ゆっくり」のような様態副詞が動詞句の構成要素であるという仮説が正しければ，(4a)よりも(4b)の語順の文のほうが処理に時間がかかることが予測される。文正誤判断課題を用いて実験を行ったところ，予測通りの結果が得られ，この仮説が支持された。このような実験を用いた言語研究（およびそれを行う研究分野）が，実験言語学である。 (小泉政利)

▷ 4 文正誤判断課題(sentence correctness judgment task) とは，文字または音声で呈示された文が正しいか間違っているかを判断し，正しければYESのボタンを，間違っていればNOのボタンを押す課題。文が呈示されてからボタンが押されるまでの時間を反応時間として記録し分析する。この課題を用いて異なるタイプの文の処理にかかる時間を比べることによって，相対的な処理負荷の違いを調べることができる。たとえば，日本語の基本語順（＝「主語・目的語・動詞」）の文（例：政宗が愛姫をめとった。）と派生語順（＝「目的語・主語・動詞」）の文（例：愛姫を政宗がめとった。）に対する反応時間を文正誤判断課題を用いて比べると，後者のほうが反応時間が有意に長くなり，処理負荷が高いことがわかる。

▷ 5 小泉政利・玉岡賀津雄（2006）「文解析実験による日本語副詞類の基本語順の判定」『認知科学』13. 3：392-403。

（参考文献）

小泉政利編著（2016）『ここから始める言語学プラス統計分析』共立出版。

10 実験言語学

痕跡位置におけるプライミング効果
透明人間を見る方法！

1 音のない言語表現──「痕跡」

(1a)は日本語の基本語順（＝「主語・目的語・動詞」）の文だが、(1b)は目的語が主語の前に移動して「目的語・主語・動詞」の語順になった派生語順（あるいはかき混ぜ語順）の文である。文法の理論的な研究では、統語的移動を含む文には、移動した要素の元の位置に、発音はされないが移動した要素とほぼ同じ性質を持つ「痕跡」が存在するとされている。(1b)の文には、(2)に模式的に示したように、(1a)の文で目的語の「愛姫を」がある場所に目的語の痕跡（trace, t）が存在すると考えられている。

(1)　a．政宗が　愛姫を　めとった。
　　　b．愛姫を　政宗が　めとった。
(2)　愛姫を　政宗が　t　めとった。

しかし、痕跡は見ることも聞くこともできない透明人間のようなものである。本当にそんなものが存在するのだろうか。

2 プライミング実験

この実験では透明人間（痕跡）の存在を検証するために、語彙性判断課題におけるプライミング効果を利用した。実験参加者には2つの課題が課せられた（図1）。1つは、ヘッドフォンから流れてくる文章を聞き、後からそれを要約することである。各文章にかき混ぜ文が1文含まれているが、実験参加者にはそのことは告げられていない。もう1つの課題は、語彙性判断課題である。文章を聞いている最中にディスプレイ上に文字列が呈示されたら、それが実在語であるかどうかを判断しマウスのクリックで答える。

実験の結果に影響を与える可能性のある要因は2つである。1つは、聴覚呈示される文章のどのタイミングで文字列がディスプレイ上に視覚呈示されるか、すなわち視覚刺激の呈示位置（痕跡前、痕跡位置、痕跡後）である（図2）。もう1つは、視覚呈示される単語と聴覚呈示されるかき混ぜ文の目的語の単語との意味的な連想関連（連想語、非連想語）である。目的語と意味的に関連のある単語（例：「かぜ」に対する「マスク」）を連想語とし、目的語と関連のない単語（例：「ドラム」）を非連想語とした。

▷1　Ⅱ-4-3 側注1、Ⅲ-9-3 参照。

▷2　Ⅱ-4-3 参照。

▷3　ディスプレイに呈示された文字列が実在する単語であるかどうか判断する課題を語彙性判断課題という。実在語と判断した場合は YES のボタンを、実在しない文字列だと判断した場合は NO のボタンを押してもらい、文字列呈示からボタン押しまでの時間を反応時間として測定する。語彙性判断課題では、呈示された単語と連想関係にある単語を直前に見たり聞いたりしていると、処理が促進されて判断に要する時間が短くなることが知られている。これをプライミング効果という。

▷4　柴田寛・杉山磨哉・鈴木美穂・金情浩・行場次朗・小泉政利（2006）「日本語節内かき混ぜ文の痕跡位置周辺における処理過程の検討」『認知科学』13：443-454。

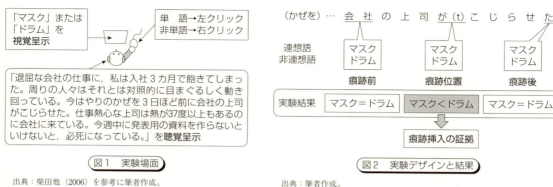

図1 実験場面
出典：柴田他（2006）を参考に筆者作成。

図2 実験デザインと結果
出典：筆者作成。

3 予測

　この実験の予測は次の3つであった。①もしかき混ぜ文を理解する際に頭の中で作られる統語構造に痕跡（発音はされないが移動した要素と同じ性質を持つ構成素）が含まれるなら，目的語（「かぜ」）が発音された位置だけでなく痕跡の位置でもその単語および連想語の情報が活性化されるはずである。そのため，音声呈示された文章中の痕跡が作られるタイミング（＝主語の直後）で，ディスプレイ上に連想語が呈示されれば，痕跡によるプライミング効果が語彙性判断時間を短くする方向に働く。その結果，痕跡位置において，連想語に対する反応時間が非連想語に対する反応時間よりも短くなるはずである。②もちろん，それよりも前に目的語（「かぜ」）を聞いた時に，目的語およびそれと連想関係にある単語（「マスク」）の情報が頭の中でいったん活性化される。しかし，しばらくすると活性化水準が下がり，主語が発音されている途中（＝痕跡前）では，プライミング効果は見られなくなっているはずである。③また，痕跡位置から離れた文末（＝痕跡後）でも同様の理由でプライミング効果が観察されないはずである。

4 実験結果

　実験の結果，予測通り，痕跡位置では連想語に対する語彙性判断時間が非連想語に対する反応時間よりも短かったが，それ以外の2つの位置では連想語と非連想語に対する反応時間の間に差が見られなかった（図2）。もしかき混ぜ文処理の最中に痕跡が作られないならば，どの位置でもプライミング効果が見られないはずなので，この結果は，かき混ぜ文を理解する際に脳内で実際に痕跡が作られることを示している。すなわち，プライミング効果というペンキで色をつけることによって，痕跡という透明人間の存在を実証したことになる。

（小泉政利）

参考文献

小泉政利（2003）「言語認知脳科学」原研二・鈴木岩弓・金子義明・沼崎一郎編『人文社会科学の新世紀』東北大学出版会，51-62頁。

10 実験言語学

文脈と語順

適材適所

① 語順と処理負荷

Ⅲ-10-1 と Ⅲ-10-2 で説明したように，かき混ぜ移動によって語順が入れ替わると，文理解の際の処理負荷が増す。これは主に，かき混ぜ文は，対応する基本語順文に比べて統語構造が複雑なため，処理により手間がかかるからであると考えられている。それならば，処理負荷が高いにもかかわらずかき混ぜ文が使用されるのはなぜだろうか。

種々の雑誌記事を調べた研究によると，ほとんど全てのかき混ぜ文において，前置された要素が指示代名詞を含むなど旧情報を担う要素であった。また，青空文庫の「〜を〜が V」語順の文の大多数で，「〜を」の指示対象が直前の文に現れた旧情報であることの報告もある。このように，かき混ぜ文はかき混ぜで前置される要素が旧情報のときに用いられる割合が高い。それでは，この条件を満たせば，かき混ぜ文は基本語順文よりも理解しやすくなるのであろうか。

② 文脈つき文正誤判断実験

日本語の基本語順文とかき混ぜ文の理解しやすさに情報の新旧の配列順序がどのような影響を与えるかを検証するために，次のような実験を行った。この実験で用いられた刺激文は，(1)〜(4)のように，前文(a)と後文(b)からなる連接文である。前文は文脈となる文であり，後文は実験のターゲットとなる文である。実験は，統語構造（基本語順 vs. かき混ぜ語順）と情報構造（旧・新語順 vs. 新・旧語順）を要因とする 2×2 のデザインで行われた。したがって，ターゲット文のパターンは [S_{given} O_{new} V]，[S_{new} O_{given} V]，[O_{given} S_{new} V]，[O_{new} S_{given} V] の 4 通りである。たとえば S_{given} という記号は，主語の名詞句が前文で言及された旧情報であることを示し，O_{new} は目的語の名詞が前文で言及されていない新情報であることを示している。

(1) a．外務省の次官は黒木だ。
　　b．黒木が金田を迎えた。　　　　　[S_{given} O_{new} V]
(2) a．外務省の次官は金田だ。
　　b．黒木が金田を迎えた。　　　　　[S_{new} O_{given} V]
(3) a．外務省の次官は金田だ。

▷1 Ⅱ-4-3 Ⅲ-9-3 参照。

▷2 Katsuo Tamaoka, Hiromu Sakai, Jun-ichi Kawahara, Yayoi Miyaoka, Hyunjung Lim & Masatoshi Koizumi (2005), "Priority Information used for the Processing of Japanese Sentences: Thematic roles, Case Particles or Grammatical Functions?" *Journal of Psycholinguistic Research* 34 : 273-324.

▷3 Hiroko Yamashita (2002), "Scrambled Sentences in Japanese : Linguistic Properties and Motivations for Production," *Text-the Hague then Amsterdam then Berlin* 22. 4 : 597-634.

▷4 新情報・旧情報という用語の定義にはさまざまなものがあるが，Koizumi & Imamura (2017)(▷6 参照) では，先行文脈で言及された指示対象を持つ名詞を旧情報（いわゆる discourse-old），先行文脈で言及されていない指示対象を持つ名詞のことを新情報（discourse-new）と呼んでいる。(1b)の「黒木（が）」は，前文(1a)の「黒木（だ）」と同じ指示対象を持つので，旧情報である。それに対して，(1b)の「金田（を）」は先行文脈

b．金田を黒木が迎えた。　　　　　　［O_given S_new V］
(4) a．外務省の次官は黒木だ。
　　b．金田を黒木が迎えた。　　　　　　［O_new S_given V］

　実験課題には文正誤判断課題を用いた。実験参加者には，呈示された文が意味的に自然なら YES のボタンを，不自然なら NO のボタンを，できるだけはやく正確に押すように教示した。刺激文はパソコンのスクリーンの中央に一度に一文ずつ呈示された。まず前文が呈示され，実験参加者がそれに対してYES また NO のボタンを押すと，後文が呈示されるようにした。各文がスクリーンに呈示されてからボタンが押されるまでの時間を反応時間として記録した。意味的・文法的に正しい後文に正しく YES と反応したときの，後文に対する反応時間を文処理負荷の指標として分析の対象とした。

3　実験結果

　実験の結果（図1），次のことがわかった。まず，基本語順文（1b & 2b）への反応時間よりもかき混ぜ文（3b & 4b）への反応時間のほうが長かった（統語構造の効果）。これは，統語構造が文処理負荷に影響を与えることを示した先行研究の結果と一致する。次に，旧・新語順文（1b & 3b）よりも新・旧語順文（2b & 4b）のほうが反応時間が長かった（情報構造の効果）。これも先行研究の知見と一致する。さらに，細かくみると，基本語順の ［S_given O_new V］と ［S_new O_given V］との間には反応時間に差がなかったが，かき混ぜ語順の ［O_given S_new V］と ［O_new S_given V］との間の反応時間には差があった（統語構造と情報構造の交互作用）。これは，基本語順文の処理負荷には情報構造の影響が見られなかったが，かき混ぜ文の処理負荷には情報構造が影響を与えたことを示している。つまり，かき混ぜ文のときにだけ新・旧語順のほうが旧・新語順よりも処理負荷が高かった。

　以上の結果から，かき混ぜ語順文に適切な文脈が与えられても基本語順文の方が依然として処理負荷が低いこと，ならびに基本語順文よりもかき混ぜ文の方が情報構造の影響を受けやすいことがわかった。「なぜかき混ぜ文が用いられるのか？」，その謎はまだ完全には解明されていない。

（小泉政利）

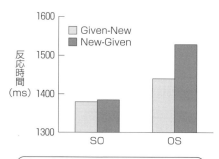

図1　文脈付き文正誤判断課題の反応時間

出典：Koizumi and Imamura (2017) のデータより筆者作成。

（前文(1b)）に同じ指示対象を持つ表現が出てきていないので新情報である。既知性（情報の新旧），焦点，話題などの観点から見た情報の文内における配置を情報構造（information structure）という。

▷5　Satoshi Imamura & Masatoshi Koizumi (2011), "A Centering Analysis of Word Order in Japanese," *Tohoku Studies in Linguistics* 20: 59-74.

▷6　Masatoshi Koizumi & Satoshi Imamura (2017), "Interaction between Syntactic Structure and Information Structure in the Processing of a Head-final Language," *Journal of Psycholinguistic Research* 46: 247-260.

▷7　実験中に実験参加者の反応を調べる目的で実験参加者に呈示される文を刺激文という。

▷8　前掲▷4。

▷9　前掲▷4。

▷10　文正誤判断課題については，Ⅲ-10-1 側注4 を参照。

（参考文献）

小泉政利（2010）「文の産出と理解」遊佐典昭編著『言語と哲学・心理学』朝倉書店，219-248頁。

第Ⅲ部　言語研究の多様なアプローチ

10　実験言語学

役割語の脳内処理
ワシは偉大な発明家じゃ！

1　役割語

　漫画やアニメ作品の中では役割語▷1（role language）と呼ばれる特徴的なことば遣いをする人物が登場することが少なくない。たとえば，白衣を着た白髪の老人が「ワシは偉大な発明家じゃ！」と話したり，チャイナドレスを着た女性が「ワタシ寒いの苦手アル」と言ったりする。実生活の場面でこのようなことば遣いをする人に遭遇することはまずないが，それでも漫画やアニメ作品の中でこうした場面に出会ったとき，私たちは容易に理解し読み進めることができる。

　役割語は特別な語彙を用い，文末語形を変化させることで表現される。語彙の使用や語形の変化は文脈における人物像によって制限される。人物像は視覚的なキャラクターデザインと物語による文脈，役割語からのキャラづけなどによって決定される。与えられた言語表現と人物像の間に役割語の使用方法に関しての不整合性があった場合には違和感を感じる。たとえば，白衣を着た白髪の老人が「拙者は酒飲みでござる。」と武士のようなことば遣いをしたら意外に感じるのではないだろうか。

図1　役割語とキャラクター・イメージの対応・非対応
出典：筆者作成。

　役割語はわれわれの頭の中でどのように処理されるのだろうか。役割語の不適切な使用は言語処理のどの側面と関わるのだろうか。役割語を含む文とそれを発した人物像との間の適合度の高低により脳内の活動がどのように変化するかを観察することを通して，役割語の脳内処理について考えてみよう。

2　文・絵画マッチング実験

　この実験では，図1のような文と人物イラストを，文→人物イラストの順に画面に呈示し，イラストの人物のことば遣いとして文が適切だと思うかを4段階で判断させる課題（文・絵画マッチング課題）▷2を課した。人物イラストが呈示されている間の脳波▷3を記録し，文と人物像が適切な組み合わせ（Fit条件）と不

▷1　Ⅲ-8-2 側注1参照。

▷2　小泉政利・安部詩織・安永大地（2016）「事象関連電位から見た役割語の脳内処理」『九州大学言語学論集』36：117-128。

▷3　脳の電気的活動を頭皮上に付けた電極で計測したものを脳波という。脳波の成分の中で，光や音などの外界からの刺激や，注意や判断といった心的な事象に対して惹起される電位変化のことを事象関連電位（Event-Related brain Potentials, ERP）という。どのようなERP波形が得られたかを見ることで，その時点でどのような言語認知処理が行われているかを知ることができる（安永 2017）。

▷4　文脈から逸脱した語の処理や選択制限に違反した語の処理といった言語の意味的な側面に対する認知負荷が大きくなると，

適切な組み合わせ（NonFit条件）に対する事象関連電位を比較した。

③ 実験結果

　その結果，イラスト呈示後400ミリ秒後周辺でFit条件に比べてNonFit条件でN400と考えられる陰性の成分が観察された。N400は言語の意味処理に関わる指標として広く知られていることから次のことが考えられる。まず，N400が出たことから，特定のことば遣いと人物イラストの組み合わせに対する処理には少なくとも言語処理が関わっていると考えられる。さらに，N400が出たのがイラスト呈示時であることから，その言語処理自体は言語刺激の処理だけでなくイラストに対する反応時にも継続して行われている可能性が示唆された。この実験で用いた刺激は，役割語を用いた文と人物イラストの組み合わせである。実験参加者への教示は「呈示されたイラストの人物が先に呈示された文のことば遣いをするのはおかしいかどうかを判断する」という趣旨であった。このことから，実験参加者が文とイラストの適合度判断を行う処理過程は2種類考えられる。①人物像から想起したことば遣いと先に呈示された文のことば遣いの適合度を判断するという過程と，②文のことば遣いから想起した人物イメージと後に呈示された人物イラストの適合度を判断するという過程である。ここで本実験でイラストに対する反応として言語処理に深い関わりがあるN400が観察されたことから，上述の可能性①のほうが妥当な分析であると言えそうである。また，この実験でP300成分が観察されなかったことも人物イラストが想起させることば遣いと先に呈示された文のことば遣いとを比較するという処理過程を支持する。文から人物イメージを想起した後に人物イラストと比較するという処理が行われるのならば，文呈示によって次に呈示される人物イラストへの期待が生じると思われる。その期待に反する人物イラストが呈示されると期待とは異なる対象を処理すべき状況に陥ってしまう。予期していなかったものに対する反応が観察されるのであればイラスト呈示時にP300効果が観察されると予測される。しかしP300は観察されなかった。このことからも文から人物像を想像し，そのイメージと後の人物イラストを比較するという処理が行われている可能性は低いといえる。

　この実験における適合度判断では，人物のイラストが想起させたことば遣いと先に呈示した文のことば遣いが比較されたという可能性を述べた。もしこのような処理が行われているならば，ことば遣いの形態的・文法的な側面ではなく社会的・語彙意味的な側面において役割語が認識されていると考えられる。これは敬語の逸脱に対する処理についての先行研究の結果と類似している。このことから，敬語と役割語は，社会的要因によって語形を変化させ特有の語彙を用いるという共通点に加えて，その処理の性質も似通ったことば遣いだと言うことができよう。

（小泉政利）

N400と呼ばれるERP成分が大きくなる。N400は，刺激の呈示後約400ミリ秒後にピークを迎えるマイナス（negative）方向に大きく振れる波形で，典型的には，頭頂から後頭部にかけて観察される。また，P600と呼ばれるERP波形は，刺激の呈示後約600ミリ秒以降に振幅がプラス（positive）方向に最大化する波形で，中心頭頂部で優位に観察される。P600は，文法的な逸脱に対する修正処理，複雑な統語構造を持つ文の処理など言語の形態統語的な側面に対する認知負荷が大きくなることで観察されると言われている。刺激呈示後300ミリ秒後周辺でピークとなる頭頂部優位の陽性成分はP300と呼ばれ，刺激の頻度・期待と関連している。

▷5　宮岡弥生・時本真吾（2010）「事象関連電位に観る敬語規則──尊敬語と謙譲語」『日本言語学会第141回大会予稿集』，188-193頁。Lee Osterhout & Kayo Inoue（2007），"What the Brain's Electrical Activity Can Tell Us about Language Processing and Language Learning," Tsutomu Sakamoto（ed.），*Communicating Skills of Intention*, Tokyo, Hituzi Shobo, pp. 293-309.

参考文献

金水敏（2003）『ヴァーチャル日本語　役割語の謎』岩波書店。
安永大地（2017）「言語（ERP）」鈴木直人・片山順一編『生理心理学と精神生理学　第II巻　応用』北大路書房，91-97頁。

第Ⅲ部　言語研究の多様なアプローチ

10　実験言語学

 ## ブロッキング

個性重視の単語の世界

1 使役構文

▷1　Ⅱ-3-1 参照。

日本語の使役動詞（「〜させる」という意味を持つ動詞）は，表面上の形態・音韻的特徴から，2種類に分類できる。1つは動詞語幹に -sase を付加したサセ使役である。動詞語幹が子音で終わる場合には -sase は -ase になる。

(1) サセ使役の例
　　　a．tabe/tabe-sase　　　b．narab/narab-ase

-sase を付加して使役動詞を作る規則は大多数の動詞に適用でき，極めて生産性が高い。日本語の使役動詞のもう1つのタイプは，形態・音韻的に不規則で非生産的な，語彙的使役である。ag-ar(-u) に対する ag-e(-ru) や，narab(-u) に対する narab-e(-ru) など，16の異なるクラスがあり，どの動詞がどのクラスに属するかは一般的な規則で予測できないため，記憶しておかなければならない。

▷2　たとえば，(i)に示すように，サセ使役文では使役主（「花子」）も被使役主（「太郎」）も再帰代名詞「自分」の先行詞になれる。
　(i) 花子₁が太郎₂に自分₁/₂の靴を履かせた。
一般的に「自分」の先行詞は主語でなければならないという制約があるので，この例文は，サセ使役文には主語が2つ含まれていること，すなわちサセ使役文は複文構造を持つことを示唆している。

語彙的使役動詞を主動詞に用いた文は単一の出来事を表し，単文構造を持つ。一方，サセ使役動詞を使った文は，動詞語幹の出来事と，それを生じさせる出来事の2つの出来事を表し，複文構造の性質を示す。ところが，興味深いことに，被使役主項が無生物や乳児などで自らの意思で主体的に行動する動作主になれないもの（非動作主）の場合には，サセ使役文が単文構造の性質を示す。

2 ブロッキング

▷3　(ii)の文では，使役主項の「花子」は「自分」の先行詞になれるが，被使役主項の「赤ちゃん」を「自分」の先行詞と解釈することはできない。生まれたばかりの赤ちゃんが自ら靴を履くことは想定できないため，花子が直接的に働きかける解釈が強制される。この解釈は，花子が自分の靴を手に持って赤ちゃんの足にはめ込むという単一の出来事を表しており，そのために統語的に単文構造を持つものと思われる。
　(ii) 花子₁が赤ちゃん₂に自分₁/*₂の靴を履かせた。

▷4　Paul Kiparsky

被使役主項が非動作主で単文構造を持つサセ使役動詞は，同じ意味を持つ語彙的使役が存在する場合には容認されない。たとえば，「並ぶ（narab）」に -sase を付加したサセ使役動詞 narab-ase を使った文は，(2a)のように被使役主項が動作主になれる名詞（「生徒」）の場合は，複文構造を持つ容認可能な文である。しかし，(2d)のように被使役主項が動作主になれない名詞（「カード」）を持つ単文構造の使役文は，容認不可能である。非動作主を被使役主項として持つサセ使役動詞 narab-ase は，語彙的使役動詞 narabe と同じ意味を持つため，narabe によって阻止されると直感的には考えられる。

(2)　a．教師が生徒を校庭に並ばせた。　　［条件A：高容認度］
　　　b．教師がカードを教卓に並べた。　　［条件B：高容認度］
　　　c．教師が生徒を教卓に並べた。　　　［条件C：低容認度］

d．教師がカードを教卓に並ばせた。　　［条件D：低容認度］

　このように，複数の形式が同じ意味に対応する場合に，より一般的だが複雑な形式が阻止（ブロック）され，より単純・特定的なほうが選ばれる現象をブロッキング（Blocking）という。Kiparsky に代表されるフィルターに基づくアプローチはブロッキング現象を意味的逸脱と捉える。それに対して，Embick & Marantz など[5]で展開されている分散形態論[6]によるアプローチではブロッキング現象を形態統語的逸脱[7]と位置づける。どちらの説が正しいのだろうか。私たちの脳が実際にブロッキングをどのように処理しているかを事象関連電位[8]を用いて調べてみよう。

❸ 読解実験

　この実験では，(2)のような4種類の文を刺激として実験参加者に呈示した[9]。条件Aは，サセ使役動詞を用いた複文構造を持つ容認可能な使役文である。このタイプの文では，被使役主項は自らの意思で行動できる動作主の意味を持つ。条件Bは，語彙的使役動詞を使った単文構造の容認可能な使役文である。この条件の被使役主項は動作の対象であり，無生物である。条件Cも条件Bと同様に動作の対象を被使役主項に持つ語彙的使役動詞による単文構造の文であるが，被使役主項に使われている名詞が人間名詞（「生徒」など）であるため，現実世界に関する常識と齟齬をきたし，意味的に不自然に感じられる文である。したがって，この条件ではN400が観察されることが予想される。条件Dではサセ使役動詞が用いられている。前述したように，サセ使役動詞は一般的に複文構造と単文構造のどちらにも生起できるので，条件Dの文は統語的に2通りの分析の可能性がある。複文構造と分析した場合には，被使役主項が動作主でなければならないが，本実験の条件Dでは被使役主項として無生物名詞が使われているので，複文構造の文としては意味的に不自然である。したがって，この解釈ではN400が観察されるはずである。一方，単文構造と分析すると，上で説明したようにサセ使役動詞（「並ばせる」）は語彙的使役動詞（「並べる」）にブロックされて生起できず，容認不可能な文になる。フィルターに基づく理論はブロッキング現象を意味的逸脱と捉えるので，N400が惹起することを予測する。一方，分散形態論ではブロッキング現象は形態統語的逸脱なので，P600の出現を予測する。

　実験の結果，条件CはN400成分を惹起し，条件DはN400成分とP600成分を惹起した。条件DにおけるP600の出現は，フィルターに基づく理論では説明できないが，分散形態論の予測と一致する。したがって，この実験結果は，ブロッキングを形態統語的逸脱と捉える分散形態論の分析を支持する。

（小泉政利）

▷5　David Embick & Alec Marantz (2008), "Architecture and Blocking," *Linguistic Inquiry* 39. 1: 1 -53.

▷6　分散形態論（Distributed Morphology）は，単語も句も基本的に同じ仕組みで作られるとする理論で，Halle & Marantz (1993) によって提案された。単語は語彙部門で扱い句は統語部門で扱うという役割分担を想定している語彙主義（lexicalist）の考え方と対照的である。Morris Halle & Alec Marantz (1993), "Distributed Morphology and the Pieces of Inflection," Kenneth Hale & S. Jay Keyser (ed.), *The View from Building 20*, Cambridge: MIT Press, pp. 111-176.

▷7　形態論や統語論の規則に違反することを形態統語的逸脱という。

▷8　事象関連電位については，Ⅲ-10-4 側注3と4を参照。

▷9　小泉政利・安永大地・加藤幸子（2019）「ブロッキングの認知脳科学——語彙と意味と文法との関係に関する予備的考察」影山太郎・岸本秀樹編『レキシコン研究の新たなアプローチ』くろしお出版，135-152頁。

（参考文献）

小泉政利（2010）「言語」村上郁也編著『イラストレクチャー　認知神経科学』オーム社，90-106頁。

第IV部 言語研究の新しい視点

第Ⅳ部　言語研究の新しい視点

11　言語類型論

語族・類型・文字
言語をどう分類するか

1　言語を分類する

　世界には7000を超える数の言語が存在していると言われる。われわれのよく知る日本語，英語だけでなく，中国語，韓国語，スペイン語，フランス語のような大学の「第二外国語」科目としてよくある言語や，タガログ語，スワヒリ語など存在は知っていても詳細は知らない言語，ラマホロット語のように見たことも聞いたこともないような言語までさまざまである。これら世界の言語をどのように分類できるかという問題は言語学の誕生以来，重要な問題であり続けている。どのような分類の方法があるだろうか。

2　語族で分類する

　語族（language family）とは祖先を同じくする言語の集まりのことである。もともと1つの言語だったものが，千年二千年と時間が経つにつれて変化し，別々の言語に分裂した結果生まれる言語のグループである。たとえば，英語，フランス語，ロシア語などのヨーロッパの言語やヒンディー語，ペルシア語などの言語は，8000年ほど前にカスピ海と黒海の間の草原地帯で話されていたと仮定される祖語に遡るため，まとめてインド・ヨーロッパ語族と呼ばれる。タガログ語，インドネシア語などの東南アジア島嶼部の言語やハワイ語やフィジー語などの太平洋の島々の言語も，台湾で話されていた1つの言語に遡ることができ，これらをオーストロネシア語族と呼ぶ。このような同じ語族に属する言語の語彙には規則的な音対応が存在することが知られている。

　このように複数の言語を比較し，同じ語族に属するかどうか分析し，語族の内部関係や他の語族との関係を明らかにする言語学の分野は比較言語学（comparative linguistics）と呼ばれ，言語学の中でももっとも古い分野である。

3　言語特徴で分類する

　語順や文法関係などの特定の言語特徴に注目し，それによって言語をタイプ分けすることも可能である。たとえば，屈折語，膠着語，孤立語という言葉を聞いたことのある人も多いと思うが，これは形態論的特徴による言語の分類である。屈折語は語が人称，数，時制などの文法範疇について語形変化する言語である。たとえば，典型的な屈折語であるラテン語の am-o「（私は）愛してい

▷1　言語をどう数えるかという問題は難しく，言語学者によって世界の言語の数の見積りは大きく異なる。その原因の1つが言語と方言をどのように区別するかという問題である。一般に，2つの言語体系の話者間で相互理解ができるならば同じ「言語」の異なる「方言」であり，そうでなければ異なる「言語」であるとされる。

▷2　タガログ語はフィリピンの主要言語の1つ，スワヒリ語はアフリカ東部で広く使用される言語，ラマホロット語はインドネシア・フローレス島東部の少数言語の1つ。

▷3　語族に属する言語群の共通の祖先と仮定される言語のことを祖語（protolanguage）と呼ぶ。語族の中での小さなグループを語派・語群などと呼ぶことがある。

▷4　ここで示した分類は19世紀のドイツの言語学者シュライヒャーによる古典的な研究である。現代ではこの分類はそのままでは使用されず，1語につき形態素がいくつ出現するかという統合度（synthesis）と1つの形態が文法範疇をいくつ担うかという融合度（fusion）という2つの観点から分類される。

182

る」の –o は直説法・能動態・一人称単数・現在を表している。1つの接辞で複数の文法範疇を表現するのが特徴的である。一方で，膠着語は語根に接辞をペタペタくっつけることで語を形成する。たとえば典型的な膠着語のトルコ語なら sev-iyor-um「（私は）愛している」のように語根 sev に現在の接尾辞 –iyor，一人称単数の接尾辞 –um を添付して語を形成する。ラテン語と異なり1つの接尾辞が1つの文法範疇に対応している。最後に，孤立語は中国語のように語形変化が（ほとんど）ない言語のことである。「我爱你」のように「私」「愛している」「あなた」と単語がポンポンポンと並ぶだけである。

　このように，言語特徴に注目しながら言語を分類し，そこから人間言語の特徴を明らかにする言語学の分野を言語類型論（linguistic typology）と呼び，それぞれのタイプのことを言語類型と呼ぶ。重要なことに，この言語類型論による分類とさきほどの比較言語学による分類は一対一に対応しない。もちろん，同じ語族に属していれば同じ言語類型を持ちやすいという傾向は存在する。たとえば，同じ口語ラテン語から発展したイタリア語，スペイン語，フランス語などは屈折語に分類できる。しかし，インド・ヨーロッパ語族以外にも屈折語はたくさん存在するし，英語のようにインド・ヨーロッパ語族でも屈折語の程度が低い言語も存在する。

　なお，比較言語学や言語類型論と似た名前の分野に対照言語学（contrastive linguistics）がある。こちらも複数の言語を比べて共通点と相違点を明らかにすることを目指すものの，比較言語学のように祖語を再建したり，言語類型論のように人間言語の普遍性を追究したりはしない。混同しないよう注意が必要だ。

④ 文字で分類する

　語族や言語類型だけが言語を分類する観点ではない。他にもその言語を筆記するために使われる文字によって言語を分類することもできる。たとえば，東アジアには漢字ならびに漢字から派生した文字を使用する言語が存在する。日本語では漢字に加えて平仮名・片仮名が使用され，韓国語ではハングルが使用されている。英語，フランス語などラテン文字を使用する言語もあれば，ロシア語のようにキリル文字を使用する言語もある。南アジア・東南アジアにはインド系の文字を使用する言語が多く存在している。しかし，このように文字を使って表記される言語は世界の言語のごく一部でしかなく，世界の大部分の言語は固有の書記体系を持たない。音声言語として存在するのみである。したがって，全ての言語を文字で分類することは難しい。

　この他にも，言語を「キリスト教圏の言語」のように文化圏で分類したり，話す人種でグループ化したりすることもできるのかもしれない。しかし，これらの分類は言語の構造には関係のない分類であり，言語学でもっぱら重視されるのは語族や言語類型による分類である。　　　　　　　　（長屋尚典）

▷ 5　IV-12-1 も参照。

▷ 6　語を構成する要素のうち，接辞ではなく，それ以上分割できない要素のこと。

▷ 7　この他にも「ヨーロッパの言語」「東アジアの言語」など話されている地域で分類することも可能であろう。人種や文化圏などと同じく，言語が話される地域とその地域の言語の言語特徴の間に直接的な関係はないものの，同じ地域に同じ語族の言語が固まることや，同じ地域で話される言語の言語特徴が次第に似通ってくるということはある。

参考文献
吉田和彦（1996）『言葉を復元する――比較言語学の世界』三省堂。
フロリアン・クルマス（2014）『文字の言語学――現代文字論入門』斎藤伸治訳，大修館書店。

第Ⅳ部　言語研究の新しい視点

11　言語類型論

言語普遍性
世界の言語における共通性のいろいろ

 言語普遍性のいろいろ

　世界で話されているたくさんの言語に共通する特徴は何だろうか。人間の言語なら必ず持つといえる特徴にはどんなものがあるだろうか。言語について興味を持った人間なら一度は考えてみたことのあるはずのこの問いに答えようとするのが言語類型論である。言語類型論が明らかにする人間言語の特徴のことを言語普遍性（language universal▷1）と呼ぶが，記述言語学者の研究のおかげで，現在までに音声学から統語論に至るまで2000あまりの言語普遍性が提案されており，データベース▷3にまとめられている。その普遍性にはどのようなものがあるだろうか。

絶対的普遍性

　絶対的普遍性（absolute universal）とはその名の通りすべての言語にあてはまる性質のことである。たとえば，「すべての言語には子音と母音が存在する」「すべての言語は CV 音節を持つ」「鼻音は後続する子音に調音点において同化する」「すべての言語は重複を語形成に用いる」「すべての言語には肯定文から否定文を形成する手段が存在する」「すべての言語には疑問文が存在する」「関係節化する際に主語がまず降格される言語はない」「すべての言語は「目」「鼻」「口」を意味する単語を持つ」「すべての言語には感情を表現する単語が存在する」などがこれまでに提案されている。

　絶対的普遍性は，世界の言語すべてに共通する性質であるので，その証明は難しい。すべての言語の記述研究が終わっているわけではないから，絶対的普遍性の例外となる言語が発見される可能性は常に存在するし，過去に存在した言語にそのようなものがあった可能性もある。また，音声言語だけでなく手話言語▷4も考慮すると，上記の子音や母音に関する普遍性のように絶対的ではなくなるものも存在する。

　一方で，必ずしもすべての言語にあてはまらないものの，ほとんどの言語にあてはまるタイプの普遍性もある。それが非絶対的普遍性（non-absolute universal）あるいは統計的普遍性（statistical universal）である。普遍性 universal という言葉からはすべての言語にあまねく観察される性質を想起しがちだが，すべての言語にはあてはまらない普遍性もあるのである。たとえば，「歯茎閉

▷1　言語類型論における言語普遍性は世界の言語を比較し帰納的に導かれる一般化である。生成文法における全人類共通の生得的言語能力の基盤としての普遍文法（universal grammar）とは異なる。Ⅱ-4 の各節も参照。
▷2　序-5 側注1参照。
▷3　7000を超える世界の言語について一般化を試みる学問である言語類型論においては言語データや普遍性をまとめて整理するためのデータベースが欠かせない。そのような代表例が The Universals Archive（https://typo.uni-konstanz.de/archive/intro/index.php）であり，ここにはこれまでに提案されている言語普遍性がデータベース化されている。この節で紹介した普遍性もそこに掲載されているものである。
▷4　Ⅳ-13 参照。

184

鎖音ならびに反り舌閉鎖音は母音間ではじき音やふるえ音になる傾向にある」「ほとんどの言語は SOV または SVO という語順を持つ」「名詞の前に複数の修飾語が現れるとき，指示詞—数詞—形容詞の順となる」「受身文の主語は自動詞文の主語と同じ標示・振る舞いを示す傾向にある」などである。

3 含意的普遍性

含意的普遍性（implicational universal）とは「p ならば q」という形をとる普遍性のことである。これはある言語特徴が存在することが，別の言語特徴が存在することを含意するという意味であり，たとえば，「ある言語が，動詞が節の一番目に現れる語順を持つならば，その言語は前置詞を持つ」などがある。含意的普遍性はある性質から別の性質を予測する（上記の例の場合，動詞の位置から前置詞の存在を予測する）という予測力を持つので重要である。

含意的普遍性にも絶対的か非絶対的かという区別がある。たとえば，絶対的な含意的普遍性には「ある言語に状態動詞の受身が存在するなら，動作動詞の受身も存在する」「ある言語が他動詞非使役文から複他動詞使役文を形成することができるなら，自動詞非使役文から他動詞使役文を形成することができる」というものがあり，一方で，非絶対的含意的普遍性には「ある言語の基本語順が SVO なら，否定辞は主語と動詞の間に出現する」「ある言語が一貫した OV 言語なら，その言語は膠着型である傾向にある」「動詞が数について一致するなら，人称についても一致する」などがある。

4 含意的階層

言語普遍性の中には階層の形をとるものもある。もっとも有名なものは，接近可能性の階層（Accessibility Hierarchy）である。

主語＞直接目的語＞間接目的語＞斜格語＞属格＞比較の対象

これは世界の言語で関係節化できる文法関係を階層にしたもので，左にいけばいくほど関係節化がしやすいという意味である。この含意的階層に基づいて以下のような普遍性が指摘されている。まず，世界の言語で主語は必ず関係節化できる（絶対的普遍性）。さらに，それぞれの言語で主語を関係節化できる関係節構文を観察すると，「ある言語が階層のある文法関係について関係節化できるとき，それより階層の高い文法関係についても関係節化できる」という含意的普遍性が成り立つ。すなわち，英語のように階層上のすべての文法関係で関係節化が可能な言語もあれば，バスク語のように間接目的語より左側でのみ関係節化が可能な言語や，マダガスカル語のように主語のみ関係節化できる言語もある（一方で，主語と間接目的語だけを関係節化できる言語は存在しない）。こうして世界の言語の関係節化についての共通点と相違点が含意的階層によって記述・説明できるのである。

（長屋尚典）

▷5 [IV-11-3] 参照。

▷6 文法項を1つ持つ動詞を自動詞，2つ持つ動詞を他動詞と呼ぶが，「与える」などのように3つ持つ動詞は複他動詞と呼ぶ。

▷7 接近可能性の階層はキーナン（E. Keenan）とコムリー（B. Comrie）が提案した関係節に関する通言語的制約であり，言語類型論の研究に多大な影響を与えた（Edward L. Keenan & Bernard Comrie, 1977, "Noun Phrase Accessibility and Universal Grammar," *Linguistic Inquiry,* 8: 63-99）。

▷8 関係節（relative clause）構文は英語の the book I bought yesterday およびその日本語訳のように主要部名詞句とそれを修飾する節からなる構文のことである。関係節を形成するプロセスを関係節化と呼び，接近可能性の階層はその関係節化についての制約である。接近可能性の階層や複他動詞などの用語については参考文献の『明解言語学辞典』を参照のこと。

参考文献

バーナード・コムリー（2001）『言語普遍性と言語類型論（第2版）』松本克己・山本秀樹訳，ひつじ書房。

斎藤純男・田口善久・西村義樹編（2015）『明解言語学辞典』三省堂。

第Ⅳ部　言語研究の新しい視点

11　言語類型論

 ## 語順類型論
日本語は世界でもっともメジャーな言語⁉

1　さまざまな語順

　言語の文法上の違いでもっとも目立つ特徴といえばやはり語順である。たとえば，日本語と英語を考えてみると，同じ内容を表現するのに，

　　太郎が花瓶を壊した。（SOV）
　　Taro broke the vase.（SVO）

というように異なる語順を使用する。ここで，英文法でおなじみの「誰が（S）」「何を（O）」「どうした（V）」という記号を導入すると，日本語はSOVタイプの言語で，英語はSVOタイプの言語ということになる。

　しかし，世界の言語の多様性はこれだけにとどまらない。S, O, V という3要素の並べ方には論理的に考えられるすべてのパターンが存在するのである。

　タガログ語：　Sinira　　　ni John　　ang plorera.　（VSO）
　　　　　　　　壊した　　　ジョンが　　花瓶を
　　　　　　　「ジョンが花瓶を壊した。」

　ニアス語：　　irino　　　　vakhe　　　inagu.　　　　（VOS）
　　　　　　　　炊いた　　　お米を　　　私の母が
　　　　　　　「私の母がお米を炊いた。」

　ヒシカリヤナ語：toto　　　　yahosiye　　kamara.　　　（OVS）
　　　　　　　　男を　　　　つかんだ　　ジャガーが
　　　　　　　「ジャガーが男をつかんだ。」

　ナデブ語：　　awad　　　　kalapéé　　　hapúh.　　　（OSV）
　　　　　　　　ジャガーを　子どもが　　見る
　　　　　　　「子どもがジャガーを見る。」

　このように，どのような言語でも普遍的に「誰が（S）」「何を（O）」「どうした（V）」という内容を表現する文を持っている。では，世界の言語はそれら3要素をどのように並べて文を作るのだろうか。

2　日本語の語順はありふれた語順

　S, O, V という3要素の語順については論理的に考えうる6語順すべてが世界の言語に存在する。では，これらの6語順はどのように世界の言語の中で分布しているのだろうか。これを調べるために，S, O, V の3要素の基本語順を

▷1　S, O などの語順類型論で用いる記号と，Ⅳ-11-4 で紹介するアラインメントにおける記号 A, P, S とを混同しないように注意が必要である。
▷2　データの出典は Matthew S. Dryer (2013), "Order of Subject, Object and Verb," Matthew S. Dryer & Martin Haspelmath (eds.), *The World Atlas of Language Structures Online*, Leipzig: Max Planck Institute for Evolutionary Anthropology（http://wals.info/chapter/81）およびその引用文献を参照のこと。なお，紙幅の都合で例文についての説明を大幅に簡略化している。
▷3　ニアス語はインドネシアの言語，ヒシカリヤナ語とナデブ語はブラジルで話されている言語。
▷4　ある言語の基本語順（basic word order）を決める際には，文体的に中立で，SやOが代名詞ではない語彙的名詞で，話題化もされていない平叙文を選んで比較する。言語によっては代名詞化，話題化，非平叙文などの環境で語順が変化するからである。

186

比べた結果が表1である。

世界の言語でもっとも多い語順は，なんと日本語の SOV である。世界の言語の 41.0% を占めている。次いで英語の SVO の 35.5% で，SOV と SVO タイプだけで世界の言語の8割近くを占めている。次いで多いのは基本語順が決められない言語で，どのように S, O, V を並べても意味が変わらない。オーストラリア原住民語が知られている。

表1　基本語順の分布

語　順	言語数	割　合
SOV	565	41.0%
SVO	488	35.5%
VSO	95	6.9%
VOS	25	1.8%
OVS	11	0.8%
OSV	4	0.3%
基本語順なし	189	13.7%
	1377	100.0%

出典：Dryer (2013).

 語順についての含意的普遍性

世界の言語における語順の法則性は，単に基本語順の話にとどまらない。語順についての含意的普遍性がいくつも存在するのである。特に OV 型か VO 型かによって他の要素の語順もかなりの程度予測が可能である。まず，OV 型言語であれば後置詞（postposition）が用いられ，VO 型言語であれば前置詞（preposition）が用いられるという傾向が非常に強い。さらに，OV 型言語であれば属格名詞が名詞に先行し（例：「ジョンの父」），VO 型言語であれば属格名詞が名詞に後行する（例：the father of John）という傾向も存在する。

上記のような言語間の語順の共通点と相違点，およびその背後にある法則を追究する言語類型論の分野は語順類型論（word order typology）と呼ばれ，グリーンバーグの研究を嚆矢とし，言語類型論の中でもっとも確立した方法論とめざましい成果を誇っている。

4 語順の分布を説明する

このように，世界の言語の語順には「偏り」があり，その「偏り」には法則性がある。では，その「偏り」はどのように説明されるだろうか。この問いについてはいくつもの仮説が提案されてきた。たとえば，「主題的要素が先行しやすい」「有生性（人間かどうか，あるいは生物かどうかについての区別。人間がもっとも有生性が高い）の高い要素が先行しやすい」「動詞と目的語は隣接して現れやすい」という原理が提案される一方で，「基本語順は言語を処理する効率とスピードを最大化するような順序になっている」という言語処理の観点からの説明も試みられてもいる。コーパスや心理言語学的実験など新しい手法も使いながら多くの言語学者が取り組んでおり，現在も活発に研究が続いている。語順類型論は，言語の違いとしてわれわれにとってもっとも身近なものであり，言語類型論でも重要かつ最前線のテーマなのである。

（長屋尚典）

▷5　オーストラリア原住民諸語はオーストラリアで5万年以上前から住んでいる人々が話している言語であり，世界の他の地域の言語に見られない特徴を持っている。ヨーロッパ人の侵略以前は200を越える言語が話されていたが，現在ではどの言語も消滅の危機に瀕している。

▷6　前置詞が英語の in や from のように名詞句の前に現れその名詞句の意味を表現するように，後置詞は日本語の格助詞「で」「から」のように名詞句の後に出現しその名詞句の意味を表現する。両者をあわせて側置詞（adposition）と呼ぶ。

▷7　Joseph Greenberg (1915-2001)。アメリカ合衆国の言語学者で，言語類型論の分野に多大な影響を及ぼした。

参考文献

角田太作 (2009)『世界の言語と日本語　言語類型論から見た日本語（改訂版）』くろしお出版。
マーク・C・ベイカー (2010)『言語のレシピ——多様性にひそむ普遍性をもとめて』郡司隆男訳，岩波現代文庫。

第Ⅳ部　言語研究の新しい視点

11　言語類型論

 # アラインメント
「花子を走った」という言語

1　対格型のアラインメント

　日本語を使っているわれわれにとって，自動詞文の主語と他動詞文の主語が同じ「が」で標示されることはとても自然なことである。つまり，日本語では「花子が（S）走った。」「太郎が（A）花瓶を（P）壊した」というように，自動詞文の主語Sと他動詞文の主語Aに同じ格標識「が」を用いて，他動詞文の目的語Pに別の格標識「を」を用いる。

　これは英語でも同じで，She（S）runs と She（A）knows me（P）という文を考えてみても，SとAの代名詞はともに主格という形をとり，動詞の前に出現しており，いわゆる三単現の -s はSとAが三人称単数であったときのみ出現する。やはりSとAを同じように表現し，Pはのけ者になっている。

　このような自動詞文主語S，他動詞文主語A，他動詞文目的語Pをどのように表現するかというパターンのことをアラインメント（alignment）と呼び，日本語や英語のようにSとAを同じように扱い，Pを別扱いするアラインメントのことを対格型（主格―対格型 nominative-accusative）と呼ぶ。

　この対格型のアラインメントは，われわれにとってなじみ深いほとんどの言語が持っている性質であるし，世界の言語の中でも多数派ではあるのだが，それ以外のアラインメントを持つ言語も世界には少なからず存在している。どんなアラインメントだろうか。

2　能格型のアラインメント

　対格型ではないアラインメントとはどのようなものだろうか。まずは以下のアラスカのユーピック語の例を検討してみよう。

　　自動詞文：Doris-aq（S）　　 ayallruuq.
　　　　　　 Doris-ABS　　　　 旅した
　　　　　　「Doris（S）は旅した。」

　　他動詞文：Tom-am（A）　　Doris-aq（P）　　cingallrua.
　　　　　　 Tom-ERG　　　 Doris-ABS　　　 あいさつした
　　　　　　「Tom（A）は Doris（P）にあいさつした。」

　この言語においては，他動詞文の主語Aが -am という格で，自動詞文の主語Sと他動詞文の目的語Pが -aq という格で標示されている。すなわち，S

▷1　格については Ⅲ-9-3 側注3参照。
▷2　アラインメントにおけるS, A, Pという表記法が語順類型論（Ⅳ-11-3 参照）で使用されるS, O, Vとは異なる意味を持つことに注意が必要である。PのかわりにOが用いられることもある。
▷3　アラインメントの類型論は，かつては格標示の類型論などとも呼ばれていた。ここでは形態論的標示のアラインメントを紹介しているが，統語論的現象についてもアラインメントという用語が使用されることもある。

▷4　アラスカで話されるエスキモー・アレウト語族の言語（Thomas Payne, 2006, *Exploring Language Structure,* Cambridge University Press）。

188

とPが同じように表現され，Aがのけ者になっている。このようなアラインメントを能格型（能格—絶対格型 ergative-absolutive）と呼び，SとPを標示する格を絶対格，Aを標示する格を能格と呼ぶ。SとPが同じ標示を受けるわけだから，無理に日本語にすると「花子を走った」「太郎を落ちた」のようになる。

対格型（A=S≠P）　　能格型（A≠S=P）　　活格型（S_A=A；S_P=P）

3　活格型と分裂する自動詞

対格型と能格型に加えてさらにもう1つ興味深いアラインメントがある。それは活格型（active-stative）である。このタイプの言語では動詞の意味や種類によってSがAのように表現されたりPのように表現されたりするのである。ラコタ語のデータを観察しよう。

  自動詞文1：wa-psíča　　　　「私は（S_A）飛んだ。」
  自動詞文2：ma-xwá　　　　　「私は（S_P）眠い。」
  他動詞文1：wa-ktékte　　　　「私は（A）彼を（P）殺すだろう」
  他動詞文2：ma-ktékte　　　　「彼は（A）私を（P）殺すだろう」

自動詞文1と他動詞文1ではともに自分の意志で事態を引き起こす動作主「私」が事態に関与し，ともに wa- が動詞に付与されている（S_A=A）。一方で，自動詞文2と他動詞文2ではともに意志的に行為をしていない非動作主「私」が関与し，ともに ma- が動詞に付与されている（S_P=P）。これが活格型である。

4　アラインメントの分布とその説明

このように世界の言語には大きく分けて対格型，能格型，活格型の3つのアラインメントが存在する。WALSによれば，語彙的名詞句の格を対格型で表現する言語は52言語，能格型は32言語，活格型は4言語である。一方，動詞接辞を利用して対格型を表現する言語は212言語，能格型は19言語，活格型は26言語となっている。なじみのない能格型・活格型アラインメントだが，実はそれほど珍しいものではないことがわかる。特に，能格言語はオーストラリアや南北アメリカの原住民諸語などを代表に世界各地で話されており，活格言語も南北アメリカ原住民諸語に多い。

では，なぜ世界の言語にはそもそも異なるタイプのアラインメントが存在するのだろうか。その説明の1つとして，人間が世界を言語化するときに，動作主すなわちS/Aの行為に注目する捉え方と事物S/Pに起きた変化に注目する捉え方の2つがあるのではないかというものがある。S/Aを中心に文を組み立てれば対格型であり，S/Pを中心にすれば能格型となる。活格型はその中間的存在といえる。

（長屋尚典）

▷5　自動詞が2つの種類に分かれることから分裂自動詞性（split intransitivity），split-S/fluid-S とも呼ばれる。どのような要因で S_A と S_P に別れるかは言語ごとに異なっている。

▷6　アメリカ合衆国で話されているスー語族の言語（Marianne Mithun, 1991, "Active/agent case marking and its motivations," *Language* 67. 3：510-546）。

▷7　World Atlas of Language Structures（WALS）は世界の言語の特徴をまとめたデータベースである。ここで引用したデータは Bernard Comrie (2013), "Alignment of Case Marking of Full Noun Phrases," Chapter 98. および Anna Siewierska (2013), "Alignment of Verbal Person Marking," Chapter 10 による。

▷8　南北アメリカ大陸原住民諸語は南北アメリカ大陸の先住民たちの言語で，世界の他の地域に見られない特徴を持っている。

参考文献

Dryer, Matthew S. & Martin Haspelmath (eds.) (2013), *The World Atlas of Language Structures Online*, Leipzig: Max Planck Institute for Evolutionary Anthropology (http://wals.info).

第IV部　言語研究の新しい視点

11　言語類型論

5　意味類型論
空間参照枠と右も左もない言語

 言語相対論と意味類型論

　われわれの思考はわれわれが話すことばに影響を受けたり制限されたりするかもしれない。話すことばが違うと考え方や世界の見え方が違ってしまうかもしれない。そんなことを考えたことはないだろうか。このような言語が思考に影響を与えるという考え方は，言語相対論（linguistic relativism）あるいは，サピア−ウォーフの仮説（Sapir-Whorf Hypothesis）◁1と呼ばれる。この仮説については，その妥当性と強さ（言語が思考に影響を与えるだけなのか，決定してしまうのか）をめぐって，人類学・認知科学などの近隣領域も巻き込んで論争となっており，意味類型論（semantic typology）◁2と呼ばれる新しい分野を形成している。扱われる現象も時間から色彩，名詞類別，数までさまざまだが，ここでは空間認知の問題を取り上げる。人間の言語は空間認知についてどのような多様性を見せるのだろうか。

▷1　言語相対論を提唱したベンジャミン・ウォーフおよびその師であるエドワード・サピアにちなむ名称である。言語が思考を決定するという強い仮説を言語決定論（linguistic determinism）と呼ぶことがある。

▷2　人間がどのように世界をカテゴリー化（事物の共通点・相違点を認識しカテゴリーに分類すること）するのかについての通言語的研究（複数の言語を比較対照する研究）を近年はこのように呼ぶ。

▷3　図と地はもともとゲシュタルト心理学の用語であり，視覚経験において注意を向けている部分を図，それ以外の背景を地と呼ぶ。有名な「ルビンの壺」においては，どの部分を図として注目するかによって，壺に見えたり人の顔に見えたりする。

空間参照枠のいろいろ

　日本語を母語とする人間にとって「男は車の左にいる」という表現や英語のThe man is to the left of the carという表現は何の変哲もないもので，この表現を図1の(A)のような状況を記述するために使用することができる。場所が問題となっている図（Figure）（ここでは「男」）が参照点である地（Ground）（ここでは「車」）からみてどの方向にあるかを，観察者の視点から「左」と指定しているのである。このとき，図の地からの方向は観察者の位置から相対的に指定されているので，このような空間表現の発想を相対的空間参照枠（relative frame of reference）と呼ぶ。

(A)「男は車の左にいる」　(B)「男は車の前にいる」　(C)「男は車の西にいる」

図1　3つの空間参照枠

一方で，図(A)と同じ状況を図(B)のように「男は車の前にいる」と表現することもできる。この場合，図（「男」）の位置を特定するのに，地（「車」）の持つ固有の方向性を利用しているので，この発想を固有的空間参照枠（intrinsic FoR）[4]と呼ぶ。ここで注意したいのは，同じ「前後左右」という言葉でも，空間参照枠が異なれば指す方向が全く異なることである。相対的空間参照枠を用いた図(A)の「左」は男の方を指すが，固有的空間参照枠を用いた図(B)の「左」は車の進行方向の左側，すなわち観察者の方を指すことになる。

　　最後に，図(C)のように「東西南北」という基本方位を用いて，地から見た図の位置を指定してやることも可能である。この「東西南北」を用いた空間参照枠は，観察者の位置が変わっても，地の方向が変わっても，指す方向が変わらず絶対的であるため，絶対的空間参照枠（absolute FoR）と呼ばれる。言語によっては「東西南北」だけでなく風の方角や山や海，山の勾配，川の流れなどの地理的条件を用いることもあることが知られている。[5]

❸ 「右も左もない言語」

　　このように世界の言語には3種類の，そして3種類のみの空間参照枠が存在する。しかし，この空間参照枠の類型論が面白いのはここからである。まず，すべての言語がすべての空間参照枠を利用するわけではない。とりわけ，相対的空間参照枠を用いない言語が存在することが明らかになっている。たとえば，オーストラリア原住民語のグーグ・イミディル語は「東西南北」を使用する。さらに，筆者自身が調査しているインドネシア共和国フローレス島のラマホロット語では，相対的空間参照枠で使われる「前後左右」という単語は存在せず，山や海の方向を指す文法要素が存在し，「男は車の海側にいる」のように表現する。このように，日本語や英語だけしか知らないと勝手に「普遍的」と考えてしまいそうな人間中心的な相対的空間参照枠だが，普遍的ではないのである。

　　さらに，ある言語における空間参照枠の種類がその言語の話者の思考に影響を与えているという説も提案されている。たとえば，Pederson らの研究[6]によれば人形の位置を記憶したのちに再現するタスクを課したところ，言語的に相対的空間参照枠を持つ言語の話者は非言語タスクでも相対的空間参照枠を利用し，言語的に絶対的空間参照枠を持つ言語の話者は非言語タスクでも絶対的空間参照枠を利用することがわかった。空間表現と空間認知の間に何らかの関係が見られたのである。実は，日本国内においても山と海に囲まれた神戸生まれの大学生は大阪生まれの大学生に比べて絶対的空間参照枠を使用する頻度が高いという報告もある。[7]

　　もちろん言語と思考の関係は一筋縄ではいかず，以上の提案についてもさまざまな反論が存在する。しかし，言語類型論がこれからも言語と思考の関係について興味深いデータ・仮説を提供し続けることは間違いない。　（長屋尚典）

▷4　FoR＝frame of reference.

▷5　「北」や「南」というかわりに「山」や「海」「川上」「川下」などを利用する。

▷6　E. Pederson, E. Danziger, D. G. Wilkins, S. C. Levinson, S. Kita & G. Senft (1998), "Semantic typology and Spatial Conceptualization," *Language,* 74(3): 557-589.

▷7　松本曜ほか (2010)「地形的環境と空間参照枠の使用――神戸における調査から」KLS 30：13-24.

（参考文献）

井上京子 (1998)『もし「右」や「左」がなかったら――言語人類学への招待』大修館書店。

ガイ・ドイッチャー (2012)『言語が違えば，世界も違って見えるわけ』椋田直子訳，インターシフト。

第Ⅳ部　言語研究の新しい視点

12　オノマトペ

 世界のオノマトペの分布
　　　　　　　　　　タラルタラルは何色？

擬音語，擬態語

　日本語には，「ピヨピヨ」「パリン」のように音を写す擬音語や，「ニッコリ」「クラクラ」のように音以外を写す擬態語が数千存在する。これらのことばは，繰り返しなどの特徴的な語形により感覚経験を生き生きと写し取るため，直感に根差した臨場感を持つ。では，擬音語・擬態語は日本語だけの特徴だろうか。

オノマトペが豊富な言語

　擬音語・擬態語は便宜的に「オノマトペ」と総称される。本来，古代ギリシア語起源のフランス語 "onomatopée"（*onomat-*〔名前〕+ *poios*〔作る〕）は擬音語のみを指す。そのため，アフリカ言語学をはじめ海外では「表意音」（ideophone）と呼ばれることが多く，南アジア・東南アジア言語学では「感情語」（expressive），日本語学では「擬音語・擬態語」を訳して "mimetic" とも呼ばれる。

　用語の多様性からもわかるように，オノマトペが多い言語は世界中に分布している。特に，アフリカのニジェール＝コンゴ語族，南アジアのドラヴィダ語族，東南アジアのオーストロ＝アジア語族，南米のケチュア語族，さらに朝鮮・韓国語やスペイン・フランスのバスク語については報告が多い。

　これらの言語の共通点は何だろう。どんな言語にオノマトペが発達しているのかは未解明の問題だが，いくつかの指摘は可能である。

言語外要因

　まず，各言語圏の地域的・文化的特徴が関わる可能性として，2つの素朴な仮説が存在する。1つは「未発展地域仮説」である。たしかに，上に挙げた言語の多くは発展途上地域で話されているように思われる。ただ，日本語などが明らかな例外となってしまうため，もう1つの仮説「アニミズム（精霊信仰）仮説」が登場することになる。これは，たとえば雲の「フワフワ」は雲の声である，というような発想である。この仮説は，日本語以外にも，アニミズム文化とのつながりが強いとされるケチュア語族などにもあてはまるという。

言語内要因

　一方で，言語そのものに関する傾向もいくつか見られる。まず，上述の語族

▷1　言語類型論については Ⅳ-11 を参照。
▷2　Ⅳ-11-1 参照。
▷3　一方，*eat*［三人称,単数,現在 *s*］という英語表現のように，1つの接辞が複数の意味機能を担うのが一般的な言語を融合語（fusional language）という。融合語は言語進化の後半に位置づけられることがある。筆者の知る限り，オノマトペが明らかに発達した融合

のほとんどが膠着語[2]（agglutinative language）である。膠着語とは，「食べ［使役させ］［受身られ］［丁寧まし］［過去た］」という日本語の表現のように，1つの接辞が1つの意味機能を担い，結果として1つの語幹（食べ）に多くの接辞がつくような言語である[3]。また，上述の語族は，ほとんどが日本語のようにSOV語順を基本とする。あくまで一説ではあるが，膠着語やSOV言語は言語進化の度合いが比較的低いとされることがある。その点で，こうした分布は未発展地域仮説とつながる可能性があるのかもしれない。

　さらに，上述の語族の多くが動詞枠づけ言語（verb-framed language）と呼ばれる類型に属する。動詞枠づけ言語とは，たとえば人や物の移動を表現する際，「太郎が階段を駆け下りた」や「ボールが穴に転がって入った」のように主に主動詞で経路・方向を表す言語である。経路・方向に加えて，どのように移動したかを表す方法の1つとして「トコトコと」や「コロンと」のようなオノマトペ副詞を持つのは，自然な成り行きといえるかもしれない[4]。

5 世界のオノマトペを比べてみよう

　世界のオノマトペの分布は，意味の面から見るとさらに面白い。オノマトペには，言語音で真似るという性質上，表しやすい意味と表しにくい意味がある。具体的には，音で音を写す擬音語は，次の蛙の鳴き声のように世界中に見られる。日本語の「ケロケロ」や「ゲロゲロ」と音選びも似ている。

　　クローク（*croak*）（英語），グリビット（*gribbit*）（ドイツ語），グァーグァー（呱呱）（中国語），ブレケケ（*brekeke*）（ハンガリー語），クムクム（*kum kum*）（ポーランド語），バカバカ（ බක බක）（シンハラ語）

　次に真似やすいのは，リズムやパターンが取り出しやすい形，手触り，あるいは以下のような動きだ。

　　ティピタャパ（*ttipi-ttapa*; トコトコ）（バスク語），ティンガティンガ（*tinga-tinga*; トコトコ）（フィンランド語），ツラツラツラ（*tsratsratsra*; スタスタ）（シウ語），リュー（*lʲu*; クネクネ）（パスタサ＝ケチュア語）

　一方，「ワクワク」「ガッカリ」のような感情の他，静的ないし抽象的な概念を表すオノマトペはなかなか見つからない。以下は，日本語では想像がつきにくい色彩のオノマトペである[5]。

　　タラルタラル（*taral-taral*; 真っ白）（ムンダ語），ピュスー（*pysuː*; 深紅）（チェワ語），ユィボー（*yibɔɔ*; 黒）（エウェ語）

　このように，世界は意外なほどオノマトペにあふれている。特定の地域や言語，意味領域ではとりわけ発達しており，それには一応の理由が指摘できる。オノマトペの言語間比較は近年少しずつ深まりを見せており，近い将来さらなる発見をお伝えできることだろう。

（秋田喜美）

語というのは報告がない。

▷4　これに対し，英語のような衛星枠づけ言語（satellite-framed language）では，*John ran <u>down</u> the stairs* や *The ball rolled <u>into</u> the hole* のように経路・方向が主動詞以外の要素で現れることが多い。したがって，*ran, rolled* のような主動詞で移動方法を表すことができるため，加えてオノマトペ副詞が発達する理由は少ないのかもしれない（松本曜編，2017，『移動表現の類型論』くろしお出版）。

▷5　オノマトペで表しやすい音や動きは，副詞的なオノマトペ（ケロケロと鳴く，トコトコと歩く）で表す言語が比較的多い。一方，オノマトペで表しにくい感情や色などは，動詞的・形容詞的なオノマトペ（ワクワクする，ガッカリだ）で表す言語が多いようである（秋田 2017, 2022）。

（参考文献）

Akita, Kimi（2005-2010），Bibliographies of sound-symbolic phenomena. https://sites.google.com/site/akitambo/Home/biblio（オノマトペ・音象徴研究の文献目録）

秋田喜美（2017）「外国語にもオノマトペはあるか？」窪薗晴夫編『オノマトペの謎――ピカチュウからモフモフまで』（岩波科学ライブラリー261）岩波書店，65-85頁。

秋田喜美（2022）『オノマトペの認知科学』（認知科学のススメ9）新曜社。

12 オノマトペ

 音象徴

サラサラとザラザラ

オノマトペの喚起力

オノマトペは，私たちの頭の中に鮮明なイメージを呼び起こす。「サラサラ」といえば乾いた髪や砂の心地よい手触りや見た目が，一方「ザラザラ」といえば紙ヤスリのような粗くてやや不快な手触りが一瞬で思い浮かぶ。「サ」や「ザ」といった特定の音が特定のイメージと結びつく現象を音象徴（sound symbolism）という。母語話者にとっては当たり前のこの感覚は，どこから来るのだろう。

2 有声性の音象徴

オノマトペは，音象徴を体系的に用いることで，物事を生き生きと写実的に描写する。「サラサラ」と「ザラザラ」のような清濁――有声性（voicing）という――の効果はその最たる例であり，日本語には「プヨプヨ／ブヨブヨ」「タラタラ／ダラダラ」「コロコロ／ゴロゴロ」のように多くの対が存在する。無声阻害音と呼ばれる /s, p, t, k/ は〈小，軽，弱，快〉といったイメージと結びつき，有声阻害音と呼ばれる /z, b, d, g/ は〈大，重，強，不快〉といったイメージと結びつく。

有声性の音象徴は，実はオノマトペ以外にも見られる。以下の名詞・動詞のうち有声はじまりのものは，質の低さや軽蔑のニュアンスを持つ。

かに／がに（蟹のエラ），とり／どり（鶏の肺臓），たま／だま（小麦粉などの溶け残り），さま／ざま（酷い様子）

はれる／ばれる，ふっとぶ／ぶっとぶ，すっこける／ずっこける

有声性の音象徴は命名法にも利用されている。たとえば，ポケモンは進化するにつれ，「ゴースト→ゲンガー」のように名前に有声阻害音が多くなる。また，特に女性の名前に有声阻害音が使われにくいのも，音象徴的効果を意識した結果であろう。

さらに実験的な傍証もある。「カーヌ」と「ガーヌ」という新奇語を日本語話者に聞かせると，「ガーヌ」のほうが大きい物体を表すと判断される。

3 音声学的基盤

では，そもそもなぜ有声性の音象徴は成立するのだろうか。私たちは何を頼

▷1 [I-1-5]を参照。

▷2 阻害音には，/p, t, k, b, d, g/ のように完全な空気のせき止めが起こる閉鎖音（stop）（破裂音〔plosive〕とも）や，/s, z/ のようにわずかに隙間を残すことで乱気流を生じさせる摩擦音（fricative）が含まれる。本節の後半も参照。

▷3 「ふっとぶ」は「ふきとぶ」と，「ぶっとぶ」は「うちとぶ」と関係しているため，語源的には対応しないはずである。にもかかわらず，「ふっとぶ／ぶっとぶ」に有声性の音象徴的対立が感じられるのは，この音象徴の体系性の現れといえる。日本語オノマトペの体系性については浜野（2014）を参照。

▷4 より広範な分析については川原（2017）を参照。

12-2 音象徴

りに，音象徴のいかにもピッタリくる感覚を得ているのだろう。いくつかの可能性が考えられるが，1つの有力な観点として音声学的な基盤が挙げられる。たとえば，/p/ と /b/ を発音する際，実は /b/ の時のほうが，わずかに口の中の空間が大きくなる。この違いを感じ取って /b/ と大きいイメージを結びつけている可能性がある。つまり，私たちの音象徴感覚には，明確な身体的基盤が存在しうるのである。

❹ 阻害音と共鳴音の音象徴

言語には /p, t, k, b, d, g, s, z/ のように固い感じがする音と，/m, n, r, j, w/ のように柔らかい感じがする音がある。日本語の「かたい」は /k, t/ という固い音を，「やわらかい」は /j, w, r/ という柔らかい音を持っているので，いかにもしっくりくる。オノマトペにも，「カチカチ」(/k, tɕ/) と「ユルユル」(/j, r/) のような類例が見つかる。固い音は阻害音（obstruent），柔らかい音は共鳴音（sonorant）と呼ばれ，既に見たように阻害音は一般に有声無声の対立を持つ。

上で，特に女性の名前には有声阻害音が使われにくいと言ったが，ではどんな音が好まれるのだろう。明治安田生命の「名前ランキング2017 読み方ベスト50」で調べてみると，図1のように女の子の名前には共鳴音がよく使われていることがわかる。たとえば，トップ3の「さくら」「ゆい」「あかり」には共鳴音が1つずつ入っている。親は音象徴的感覚を頼りに，我が子が優しく穏やかな人になるようにと，このような音選びをしているものと思われる。

阻害音はその名の通り，発音の際に肺からの気流が阻害される。一方，共鳴音では気流がそれほど阻害されない。そのため，生じる気圧の変化は，阻害音では激しく，共鳴音ではなだらかになる。図2は，無声阻害音を含む /kiki/ と共鳴音からなる /mimi/ における気圧の変化を示している。私たちが抱く「柔らかい音」や「固い音」というイメージの源泉はここにあるのだろう。

このように，音声は音象徴的側面を持ち，そこには音声学的な基盤が考えられる。オノマトペはこの現象を体系的に活用することで，鮮明なイメージ喚起を実現しているのである。

（秋田喜美）

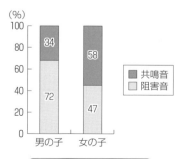

図1 名前の子音分布（回）
出典：筆者作成。

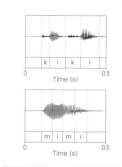

図2 /kiki/ と /mimi/ の波形
出典：筆者作成。

▷5 Ⅰ-1-3 Ⅰ-1-4 Ⅰ-1-5 参照。

▷6 無声音と違い，有声音は声帯を震わせる音であるため，肺からの気流により口の中の気圧が高くなる。この気圧を下げるために，口の中の空間が広がるという仕組みである（川原 2017）。

▷7 /j/ は「ヤユヨ」の子音を表す。

▷8 その後，男児の名前の共鳴音率が上がり，2021年には男女差がなくなっている。

▷9 波形図では横軸が時間，縦軸が気圧の振幅を表す。/mimi/ に比べ，/kiki/ では子音から母音への振幅の変化が著しいことがわかる。

【参考文献】

浜野祥子（2014）『日本語のオノマトペ——音象徴と構造』くろしお出版。
川原繁人（2017）『「あ」は「い」より大きい!?——音象徴で学ぶ音声学入門』ひつじ書房。

第Ⅳ部　言語研究の新しい視点

12　オノマトペ

 形態の類像性

コロコロ，コロッ，コロン，コロリ

1 語形の類像性

「コロッ」なら1回転，「コロコロ」なら2回転かそれ以上を表す。日本語に限らずオノマトペにおいては，語形の繰り返しができごとの繰り返しに対応することが多い。そのため，たとえばバスク語を知らなくても，「ニルニル（nir-nir）」（キラキラ）が光り方を表すと言われれば，光るのが複数回であることが推測できる。表すものと表されるものの間に成り立つこうした類似的対応関係のことを類像性（iconicity）という。

語は一般に，形と意味の関係が恣意的（arbitrary）である。たとえば，「みんな」という語も crowd という語も，その語形に複数性を表すヒントは見当たらない。では，オノマトペの類像的語形はどれほど特殊といえるのだろう。

2 重複形の類像性

日本語のオノマトペは約35％が重複形であるが，重複（reduplication）の表す意味は反復の他，継続，複数，強調が挙げられる。いずれの意味も，形態的な重複との間に類像的な関係が容易に見いだせる。

反復：ワンワン，ポキポキ，パタパタ，トコトコ，グルグル
継続：ニコニコ，イライラ，フワフワ，グズグズ，モヤモヤ
複数：ゾロゾロ，バラバラ，（浜辺に岩が）ゴロゴロ
強調：ビショビショ，メロメロ，コテコテ，グデングデン

注意したいのは，類像的な形態とはいっても，言語記号としての恣意性を残している点である。つまり，形態を繰り返す回数は，表すデキゴトや物の数に正確に一致するとは限らない。たとえば，反復を表すオノマトペは，いずれも「2回」ではなく「2回以上」の音や動きを表すため，「子供がトコトコと5歩歩いた」というのはごく自然な表現となる。これは，英語の複数形（steps, dogs, teeth）が2以上を表すのと同様である。

3 接尾辞形の類像性

日本語には重複形以外に「コロッ」「コロン」「コロリ」のような形のオノマトペも多く，全体の35％弱を占める。これらのオノマトペは主に「ッ，ン，リ」という接尾辞を持つ。接尾辞形オノマトペもまた，重複のない語形で一回

▷1　音象徴の多くは，音声・音韻レベルの類像性と考えることができる。一方，カエサルの有名なことば Veni, vidi, vici（来た，見た，勝った）は，3つのできごとを起こった順に述べるという統語的な類像性の例である。類像性は言語に限った話ではなく，たとえば日本地図は日本列島を模した類像的記号である。

▷2　一方，「トコッ˥トコッ」ならきっかり2歩（？トコットコッと5歩歩いた），「トコッ˥トコッ˥トコッ」ならきっかり3歩を表す。これらは語幹の反復（repetition）として重複からは区別される。反復は「トコッ˥トコッ」のように繰り返しただけアクセントが増えるが，重複形「ト˥コトコ」のアクセントは1つだけである。

▷3　日本語オノマトペは，

196

的なできごとを表すという点で類像的である。くわえて，接尾辞の違いで微妙な意味の違いを音象徴的に描き分ける。たとえば，勢いのよさを表す「バタッ」と比べると，「バタン」は鼻音により余韻や状態の持続を写し，「バタリ」は静かな終わり方を表す。この意味の違いが原因で，特定の接尾辞しか許さないオノマトペも少なくない。

　　ドスッ／ドスン／？ドスリ（静かではないため）

　　*キョトッ／キョトン／*キョトリ（放心状態が意味の中心であるため）

　　ニヤッ／*ニヤン／ニヤリ（余韻が残らないため）

　鼻音の語尾については，他言語にも残響を写す例がある。

　　bang, ding-dong, slam（英語）

　　プム（*pum*; 発砲音），ヴルム（*vrum*; エンジン音）（チェコ語）

　　リム（*rim*; 重い物が落ちる音），ディン（*tdɪŋ*; ビンタの音）（ディディンガ語）

　また，末子音 /p, t, k/ などで瞬間性や完結性を表すオノマトペは多くの言語に見られ，日本語における「コロッ」型のオノマトペを彷彿とさせる。

　　pat（軽く叩く），*smack*（強く打つ）（英語）

　　タッ_ッ_（*tak*; 瞬間的な接触，完了），ツァッ_ッ_（*tsak*; 刺す様子）（パスタサ＝ケチュア語）

　　コッ_ッ_（*kkok*; ギュッと抱きしめる様子），スッ_ッ_（*ssuk*; サッ）（朝鮮・韓国語）

④ オノマトペ以外における形態的類像性

　重複はオノマトペに限った現象ではない。次の例を見てみよう。

　　反復：日に日に，時々，撫で撫で，揉み揉み，代わる代わる

　　複数：われわれ，人々，山々，家々，色々，日々，所々，口々

　　分配：それぞれ，各々，めいめい，一人一人，一軒一軒

　　強調：深々，青々，広々，長々，軽々，嫌々，透け透け，惚れ惚れ

このように名詞・動詞・形容詞を重複した語は意外に多く，意味的にもオノマトペと少なからず重なる。

　さらに，重複形にこだわらず，「長い語ほど大きい意味を表す」というところまで話を広げるなら，以下のラテン語の形容詞変化も類例となりうる。原級・比較級・最上級と程度が増すにつれ，語が長くなるのがわかる。

　　long(*us*) 'long', *longior* 'longer', *longissim*(*us*) 'longest'（ラテン語）

　同じ現象は，テレビゲーム「ドラゴンクエスト」の呪文体系にも見られる。以下の攻撃呪文は右に行くにしたがって強くなり，名前も長くなる。

　　イオ＜イオラ＜イオナズン；ギラ＜ベギラマ＜ベギラゴン

　このように，形態的類像性はかなり広範に見られる言語の特徴である。音象徴同様，オノマトペはそれを体系的に示す語群といえる。　　　　　　（秋田喜美）

接辞や重複要素を除いた時に1拍が残るもの（ポッ，ポン，ポイッ，ポンポン）と，2拍が残るもの（ポコッ，ポコン，ポコリ，ポコポコ，ポッコリ）がある。前者よりも後者のほうが整然とした音象徴体系を持つなど，両者にはいくつかの重要な違いがあるとされる（田守・スコウラップ 1999; 浜野 2014）。

▷4　重複は多くの言語に見られる現象である。小ささ，愛着，完了，非一貫性，軽蔑などを表す重複形も報告されている。

参考文献

浜野祥子（2014）『日本語のオノマトペ——音象徴と構造』くろしお出版。

浜野祥子（2015）「音まねから抽象的な音象徴への変化——オノマトペ語尾の鼻音をめぐって」『日本語学』34(11)：34-43頁。

田守育啓・ローレンス＝スコウラップ（1999）『オノマトペ——形態と意味』くろしお出版。

第Ⅳ部　言語研究の新しい視点

12　オノマトペ

オノマトペと「と」の分布
バタバタ倒れる？　バタバタと倒れる？

1 「と」の謎

日本語のオノマトペには，通常「と」をつけないと使えないものがある。

(1) a. フと気づく，フーと吹く，フッと吹く，フンとそっぽを向く
    b. *フ気づく，*フー吹く，*フッ吹く，*フンそっぽを向く
(2) a. バタッと倒れる，バタンと倒れる，バタリと倒れる，
       バタバタッと倒れる
    b. *バタッ倒れる，*バタン倒れる，*バタリ倒れる，
       *バタバタッ倒れる

一方で，「と」をつけてもつけなくてもよいものもある。

(3) a. フーフーと吹く，バタバタと倒れる，バッタリと倒れる，
       バタンバタンと倒れる
    b. フーフー吹く，バタバタ倒れる，バッタリ倒れる，
       バタンバタン倒れる

この分布にはどのような法則があるだろうか。

2 音韻条件(1)──拍数

もっとも気づきやすいのは，短いオノマトペには「と」が必要という法則である。「と」が必須のオノマトペを見てみると，「フ」は1拍，「フー」「フッ」「フン」は2拍，「バタッ」「バタン」「バタリ」は3拍と，短いものが目立つ。▷1 一方，「と」が随意的な「フーフー」「バタバタ」「バッタリ」は4拍，「バタンバタン」は6拍といずれも比較的長い。問題となるのは5拍の「バタバタッ」に「と」が必須である点である。▷2

3 音韻条件(2)──アクセント位置

「バタバタッ」の問題を解決するには，アクセントの位置を考える必要がある。最終音節にアクセントがあるオノマトペには「と」が必要という法則があるのだ。「バ.タ.バ.タ⌐ッ.と」はオノマトペの最終音節「タッ」にアクセントを持つ。「と」が必須である他の多くのオノマトペも，「フー.と」「フッ.▷3 と」「フン⌐.と」「バ.タ⌐ッ.と」「バ.タ⌐ン.と」のように最終音節内にアクセントを持つ。▷4 一方，「と」が随意的な「フ⌐ー.フー」「バ.タ.バ.タ」「バ▷5

▷1　拍（モーラ）については I-1-9 を参照。
▷2　「バタリ」などの3拍のオノマトペに「と」が必要なのは，「と」がつくことで4拍となるためと考えられる。4拍は日本語において据わりのよい長さとされ，「デジカメ」（デジタルカメラ）や「わたおに」（渡る世間は鬼ばかり）のような短縮語などにもよく見られる。これに対し，「バタバタ」や「バッタリ」は元々4拍なので，「と」を必要としないということになる。
▷3　I-1-14 参照。
▷4　「ー」および「ン」で終わるオノマトペについては，「フ⌐ーと／フー⌐と」や「バタ⌐ンと／バタン⌐と」のようにアクセントに揺れが見られる。いずれにしても，アクセントはオノマトペの最終音節に位置している。
▷5　最終音節にアクセン

198

ッ.タ゚.リ」「バ.タ゚ン.バ.タン」は，それよりも前にアクセントがある。ただ，「と」が必須であるもののうち「バ.タ゚.リ.と」については，最終音節よりも前にアクセントがある。「と」が不要な「バッ.タ゚.リ」と同様である。したがって，上述の拍数の条件はなおも必要ということになる。

❹ 統語条件──述語からの距離

「と」の必須性に関する以上の条件に加えて，「と」のつきやすさにも法則が見いだせる。その1つが，掛かる述語から遠いところに現れるオノマトペには「と」がつきやすいという法則である。たとえば，(4a)において「倒れた」という述語から遠く離れた「バタバタ」は，「と」がついているほうが据わりがよい。「倒れた」の直前にオノマトペが来る(4b)では，そうした違いが得られない。

(4)　a.　{バタバタと／?バタバタ}　昼下がりに風で立て札が倒れた
　　　b.　昼下がりに風で立て札が　{バタバタと／バタバタ}　倒れた

❺ 意味条件──述語の典型性

さらに，オノマトペと述語の意味関係にも左右される。多くのオノマトペには，「バタバタ」にとっての「倒れる」や「ヨチヨチ」にとっての「歩く」のように，典型的な述語が存在する。一方，オノマトペが意外な述語に掛かる場合には，「と」がないと不自然となることがある。たとえば，「バタバタ」から直接引き出せない「続く」という動詞が述語の場合，(5)のように「と」があったほうがはるかに自然である。

(5)　風で立て札が倒れる音が　{バタバタと／??バタバタ}　続いた

❻ 「と」はつくのではなく落ちる

このように，オノマトペの「と」には実に多様な条件が関わっている。4拍に満たない，または語末アクセントを持つオノマトペには「と」が必要であり，「と」が随意的なオノマトペにも，さまざまな状況下で「と」がつきうる。

一方で，以上の話をオノマトペから「と」が「落ちる」現象だと考えてみるとどうだろう。「と」のない形が許されやすいのは，4拍以上かつアクセントが語末でないオノマトペが，相性のよい述語の直前に現れる場合，つまり「バタバタ倒れる」のような場合である。複数あるように見えていた条件は1つに集約され，「4拍以上かつ非末端アクセントのオノマトペ＋典型述語」という連なりが，慣用句のようなセットとして捉え直される。その意味で，「バタバタ倒れる」や「ヨチヨチ歩く」は，あたかも1つの動詞のような存在といえる。実際，日本語における「オノマトペ＋動詞」に対応する英語表現は，しばしば*toddle*（ヨチヨチ歩く）のように1語の動詞である。　　　　　　（秋田喜美）

トを持つ「バタッ」などのオノマトペに「と」が必要なのは，「と」がつくことでアクセントの位置が最終音節でなくなるためと考えられる。語末にアクセントを置くのを嫌うのは，非末端性制約（nonfinality constraint）という一般制約の現れとされる。同様の現象は，「チョ.コ.レー.ト＋パ゚.フェ→チョ.コ.レー.ト.パ.フェ」と「チョ.コ.レー.ト＋パ゚ン→チョ.コ.レー.ト゚.パン」の違いにも見られる。これは，複合語が語末アクセントを避けた結果，「パン」のアクセントが失われるという例である。

▷6　オノマトペ以外についても，「と」は非典型的な意味関係をつなぐことができる。たとえば，「万里はごめんねと去っていった」という文では，「ごめんね」という発話内容と発話に付随する退去行為が「と」で結ばれている。

▷7　実際，オノマトペの「と」は17世紀頃から落ちやすくなったとされる。

▷8　慣用句と「オノマトペ＋述語」にはいくつかの共通点がある。たとえば，慣用句にも，「服が気に入る／*気に服が入る」のように分離できないものがある。また，*go to ~~the~~ school*のような慣用句内の脱落現象も，オノマトペの「と」脱落と似ている。

(参考文献)

秋田喜美（2016）「言語体系の中のオノマトペ」（特集：日本語レキシコン入門PART II）影山太郎編『レキシコンフォーラム』No.7，ひつじ書房，19-39頁。

12 オノマトペ

言語のオノマトペ起源説
「ワンワン」から言語ができた？

▷1 IV-12-1 参照。
▷2 オノマトペにはかなりの確率で類像的なジェスチャーが伴うことが知られている。道案内の際，「公園の周りをグルーッと回って」と言いながら人差し指でその経路をなぞるようにするのは，その典型例である。
▷3 ただし，現代に生きる成人の被験者は言語を獲得済みであるため，この実験は実際の言語進化の状況を完全に再現できているとはいえない。
▷4 野地潤家(1973-1977)『幼児期の言語生活の実態 I-IV』文化評論出版。
▷5 佐治・今井（2013）参照。
▷6 まず，着ぐるみを着た人が歩く動画Ａを見せ「ネケってるね」のように新奇動詞を提示する。次に，2つの動画B, Cを並べて見せる。動画Bでは，Ａとは違うキャラクターが同じ歩き方をし，動画CではＡと同じキャラクターが違う歩き方をする。そこで「ネケってるのはどっち？」と訊くと，半分くらいの日本の3歳児は，「ネケってる」をキャラクターの名前と判断しＣを選んでしまう。ところが，同じ実験をオノマトペ的な新奇

1 「ワンワン理論」の再来

　言語の起源がオノマトペだったとしたらどうだろう。オノマトペは「原始的」ないし「言語未満」というイメージがもたれがちだが，実際，オノマトペが未発展地域の膠着語・SOV言語に多いという点は，それを支持するようにも思える。言語のオノマトペ起源説（通称「ワンワン理論」〔bowwow theory〕）やそれに類する説は古くから存在し，たとえば19世紀には『種の起源』のチャールズ＝ダーウィンが，言語の起源には音声模写やジェスチャーのような「模倣」が関与したはずだとしている。認知科学の進展に伴い，この仮説は再評価されつつある。想定される進化経路は概略以下のようなものである。

　　音声模写＋ジェスチャー＞擬音語＞擬態語＞一般語

ここでは特に，認知科学における多様な研究成果からこの仮説を考えてみたい。「ワンワン」は本当に一人前の言語を生むのだろうか。

2 音声模写から擬音語へ

　まず，オノマトペの始まりは，鳥のさえずりや風の音といった環境音を声で真似た音声模写と考えるのが自然であろう。しかし，ただの音声模写が，言語音からなる擬音語へと進化しうるのだろうか。これについては，伝言ゲームに似た言語進化実験による傍証がある。最初の被験者グループには，たとえばガラスが割れる音の録音を聞かせ，できる限り忠実に声で真似させる。次のグループには，前のグループの被験者が録音した音声模写を聞かせ，それを忠実に真似させる。これを第8グループまで繰り返す，というものだ。すると，音声模写は次第に言語らしい音となり，第8グループでは被験者による音声模写が互いによく似たものとなった。この実験は，音声模写が世代を経ることで言語へと抽象化・収束していく進化の縮図を示している。

3 オノマトペから一般語へ(1)──類像性の利点

　子供の言語発達（個体発生）もまた言語進化（系統発生）の縮図といわれることがある。オノマトペの獲得については日本語の研究が群を抜いている。たとえば，子供の発話からオノマトペを収集してみると，はじめのうちは擬音語（電灯の紐を引いて「パチン」）が大半だが，徐々に視覚的な擬態語（差し込む夕日

を指して「ブー」）が出始め，その後感情を表すもの（驚いて「ビックリした」）へと至る。つまり，子供はオノマトペの中でも音声模写に近い擬音語を言語獲得のとっかかりとして利用し，それをもとに擬態語，さらには一般語へと進んでいくものと思われる。また，親のほうも，子供の言語発達に合わせてオノマトペ使用率を徐々に下げていくことが知られている。つまり，親はオノマトペの効果を無意識ながらも信じており，子供に話しかける際のことば選びに利用しているらしい。[5]

では，オノマトペは本当に言語獲得に役立つのだろうか。これについては，日本とイギリスの子供を対象にした実験で肯定的な結果が出されている。一般に3歳児は動詞の学習ができないとされるが，オノマトペ的な動詞なら学習がうまくいくという報告である。[6] つまり，子供はオノマトペの音象徴効果を，動詞獲得の足がかりとして利用することができることになる。

一方，オノマトペ以外についても，類像性が言語獲得に役立つ可能性が指摘されている。たとえば，いわゆる「ブーバ・キキ効果」[7]は生後4カ月の子供にも知覚可能であるという報告がある。また，英語やスペイン語，さらにイギリス手話について，普通の名詞，動詞，形容詞であっても，語音・語形と意味が似ていると感じられるものは獲得時期が早いという統計的報告もある。[8] これらの研究は，音象徴に代表される語の類像性が語彙獲得のヒントとなることを示している。

④ オノマトペから一般語へ(2)——恣意性の利点

言語進化の縮図は，コンピュータ・シミュレーションで作り出すこともできる。ある研究によると，コンピュータは学習する語が少ない場合には，類像的な語のほうがうまく学習できるが，学習する語が増えるとむしろ恣意的な語のほうが学習しやすくなるのだという。[9] たとえば，日曜大工の道具一式に類像的な名前がついていたらどうだろう。道具は互いに似ているため，似た名前を持つことになる。そうなると，たしかに覚えにくいうえに，コミュニケーションにも支障を来す。「どちらがクッポで，どちらがクップだっけ」というような状況である。また，類像性は抽象概念と相性が悪い。たとえば，倫理という概念に合う音は見出しがたい。高度なやりとりに向かないわけである。

この話は，上で見た語彙獲得の流れと辻褄が合う。語彙獲得はオノマトペなどの類像的な語を手がかりに始まり，じきに知っている語が増えることで，恣意的な語の獲得が優位となるというストーリーである。

音声模写が安定したことで擬音語となり，それをもとにより抽象的で恣意的な擬態語や一般語が生まれた。この言語のオノマトペ起源説は，素朴ながらも少しずつ信憑性を増しつつある。今後の進展に期待されたい。　　　（秋田喜美）

動詞（例：重い歩き方に対する「ノスノスしてる」）で行うと，80％強の子供がうまくBを選べたという（今井・針生2007）。関連する結果が重複語についても報告されている（Ⅳ-12-3 参照）。Ⅲ-9-6 も参照。

▷7 「ブーバ（bouba）」という名前を曲線的な図形に，「キキ（kiki）」という名前を尖った図形に対応づける音象徴効果のこと（Ⅳ-12-2 参照）。

▷8 Ⅳ-12-2 参照。

▷9 類像的な語彙体系と恣意的な語彙体系を2つ（小さな体系と大きな体系）ずつ作り，機械に学習させた。類像的な語彙体系は，意味の似た語が似た形を持つように設計された。一方，恣意的な語彙体系はそうした相関を持たないように設計された。すると，15語からなる小さな体系については，トレーニング回数が増しても類像的語彙のほうが学習エラー率が低かったが，100語からなる大きな体系については，トレーニング回数が増えると類像的語彙のエラー率が恣意的語彙のそれを上回る結果となった。

参考文献

今井むつみ・針生悦子（2007）『レキシコンの構築——子どもはどのように語と概念を学んでいくのか』岩波書店。

佐治伸郎・今井むつみ（2013）「語彙獲得における類像性の効果の検討——親の発話と子どもの理解の観点から」篠原和子・宇野良子編『オノマトペ研究の射程——近づく音と意味』ひつじ書房，151-166頁。

第Ⅳ部　言語研究の新しい視点

13　手話言語

手話単語の音韻パラメータ
手話の「音韻」って何？

1　手話はジェスチャー？

　ろう者が使う手話は一見，聴者が使うジェスチャーと同じように見える。たとえば，/飲む/は，コップをつかんで飲むしぐさに似ているし，/ボール/という単語は，手でボールの形を作っているように見える。手話の単語は，動作や表したいものの形をなぞったジェスチャーと同じなのか。音のない言語である手話の「音韻」とは，一体どのようなものなのだろう。

2　手話のミニマルペア

　ここで取り上げるミニマルペア（最小対）とは，音が1つだけ異なる語のペアである。例えば，「あめ（飴）」と「うめ（梅）」は，最初の音が異なるミニマルペアである。母音「a」と「u」そのものは意味を持たないにもかかわらず，この2つの音は，「飴」と「梅」という意味的に関連性がない2つの語の区別に決定的な役割を果たしている。ミニマルペアを作って，2つの語の意味が変わるかを調べることで，語の意味に深く関係する音がどれなのかを確認することができる。

　手話言語にも同様のミニマルペアが存在する。4つのミニマルペアの例を見てみよう。形がよく似た語がペアになっているが，下線の部分（手の形・位置・手のひらの向き・動き）だけが異なっている。

A．/会社/と/遊び/：手の形（手型）だけが異なる

　　　　　/会社/　　　　　　　　　　　/遊び/

▷1　日本手話を用いる「ろう者」の多くは「唖者（話せない人）」ではない。口話で話す能力はあるが，日本手話を用いることを選択した「ろう者」であることを尊重し，ここでは「聾唖者」という表記は用いない。また，聴こえる人に対しても，ろう者とは少数言語と文化を持つ者であり「病人・障害者」ではないという日本手話話者の主張を鑑み，「健聴者」ではなく「聴者」という表記を用いる。
▷2　手話表現の表記には/ /を用いる。これは「ラベル」と呼ばれており，日本語訳とは異なる。
▷3　音声言語のミニマルペアについてはⅠ-1-6にも解説がある。

B．/たとえば/と/会員/：手の位置だけが異なる

/たとえば/　　　　　　　　　/会員/

C．/上手/と/流れ/：手のひらの向きだけが異なる

/上手/　　　　　　　　　/流れ/

D．/予定/と/受付/：動きだけが異なる

/予定/　　　　　　　　　/受付/

　上にあげた手話単語の/会社/と/遊び/は，手の形だけが違っている。どちらの語も，額の上で両手を互い違いに前後に動かして表すが，「会社」と「遊び」の意味を考えても，これらの語が似た形でなければならない理由はない。【走るジェスチャー】で手の形を変えても全体の意味が変わることはないが，手話の単語では手の形や動きなどを変えるだけで，意味が大きく異なる単語になる。しかし，手の形（人さし指を立てた形など）や，手の位置（額の上など）そのものに特定の意味はない。つまり，手話表現はジェスチャーではなく，

第Ⅳ部　言語研究の新しい視点

▷4　手話の語を構成する音韻要素。手型・位置・動き・手のひらの向きの4つからなる（手のひらの向きを含めない立場もある）。

▷5　Ethnologue: Languages in the World ウェブサイト（https://www.ethnologue.com/）。

▷6　香港手話の例はアジア各国の手話表現を検索できる Asian SignBank を参考にした。Asian SignBank ウェブサイト（http://cslds.org/asiansignbank/）。

音声言語の単語と同様に，意味を持たない要素が集まってできているということである。「手型」「位置」「手のひらの向き」「動き」の4つを，手話の音韻パラメータ（phonological parameters）という。手話音韻論は，手話の語を構成する音韻的な要素の組合せに見られる規則的なパターンから，手話言語の性質を考える学問分野である。

③ 手話は世界共通？

「エスノローグ（Ethnologue）」によれば，2024年時点で確認されている手話言語の数は150以上である。スペインのように，1つの国の中で複数の手話言語（スペイン手話・カタロニア手話など）が使われている例もある。下の写真は日本手話（JSL）・アメリカ手話（ASL）・香港手話（HKSL）の例である。「女」という手話表現1つとっても，大きく異なっている。

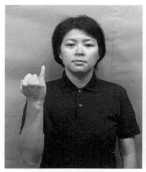  

/女/日本手話　　　　/女/アメリカ手話　　　　/女/香港手話

　手話言語は自然に発生し，母語として自然に習得されるものである。音声言語が世界共通ではないのと同様に，手話言語も世界共通ではない。手話・音声に関わらず，母語話者のコミュニティで自然に発生した言語を「あるがまま」に受け止め，その多様性と共通点を考察することで，人間の言語の性質をより深く理解することができるだろう。

④ やりにくい手話は変えてもいい？

　日本手話の音韻パラメータの1つである「手型」には，学習者にとって表しにくい（発音しにくい）ものも含まれている。数字の /8/ がよく知られた例である。母語話者が自然と感じる手の形は，利き手の小指だけを曲げ，他の指を伸ばしたものである。しかし，ろう者・聴者にかかわらず，小指だけを曲げられない話者はいる。その場合は，小指をできるだけ内側に倒した形が使われる。

13-1 手話単語の音韻パラメータ

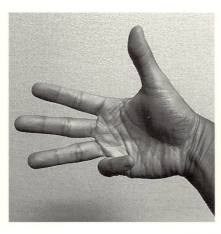
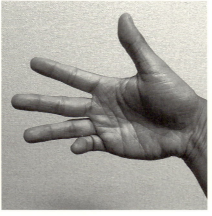

日本手話/8/

　一部の学習者が/8/の小指が曲げられないという理由で、人さし指や薬指を曲げた代用表現を使うことがある。確かに、それなら手の形が作りやすいかもしれない。

代用表現/8/

　しかし、そのような代用表現では「手型（曲げる指の選択）」という音韻パラメータが大きく変えられているため、日本手話の母語話者は強い違和感を持つ。英語の'that'の最初の子音の発音が学習者にとって難しいという理由で、語の発音を'zat'に変えるのと同じように、母語話者が違和感を持つ表現ができあがってしまうのである。手型だけでなく、位置・動き・手のひらの向きにも、母語話者が感じる「許容範囲」がある。どのような表現が自然なのかという母語話者の直感を探りながら習得に取り組んでいくこともまた、言語を学ぶ楽しみの1つと考えてみてはどうだろうか。

（松岡和美）

参考文献

岡典栄・赤堀仁美（2011）『日本手話のしくみ』大修館書店。
岡典栄・赤堀仁美（2016）『日本手話のしくみ練習帳DVD付』大修館書店。
松岡和美（2015）「手話の音韻」『日本手話で学ぶ手話言語学の基礎』くろしお出版、第1章。

第IV部　言語研究の新しい視点

13　手話言語

2　NM（非手指）表現
手話は手だけではない？

1　顔で示す文法とは？

　日本手話で話している人たちを見ると，手だけではなく，顔や頭もずいぶん動いているようだ。手話話者は眉をしかめたり，目を見開いたり，何度もうなずいたりしている。手話を学ぶと表情が豊かになると思っている聴者は少なくないが，実際は，ろう者の中にも（聴者と同じく）表情が豊かな人とそうでない人がいる。感情表現の豊かさとは関係なく，どの手話話者でも同じように使う「文法表現」とは，どのようなものなのだろうか。

2　NM表現──顔で示す文法

　NM表現（Non-manual expressions）とは，手指以外の身体部位（眉・目・口・あご・頭など）を使う表現である。たとえば，日本手話のWh疑問文では，「誰・何・どこ・なぜ」などの疑問詞が文末に現れ，疑問詞と同時に「眉上げ・目の見開き・細かい首ふり」（または眉寄せ・目の細め・細かい首ふり）がある（下の例文では＿＿whで表示）。下の写真の(1)は眉上げと目の見開きがある場合，(2)は眉寄せと目の細めがある場合である。

　　　　　　　　＿wh
／今日　来る　誰？／　（今日は誰が来るの？）

▷1　日本語のWh疑問文は，Ⅱ-4-4で取り上げられている。
▷2　この2つの顔の動きに文法的な使い分けのルールはない。文脈に合わせて選択される。

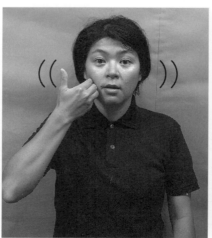
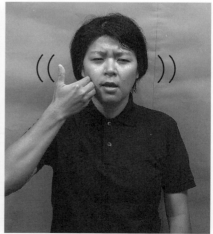

Wh疑問のNM(1)　　　　　　Wh疑問のNM(2)
眉上げと目の見開き　　　　眉寄せと目の細め

206

NM 表現は文法表現であるから，顔の感情表現のような個人差はない。NM 表現がない疑問文は，疑問文として文法的ではないと母語話者に判断される。また，疑問文すべてに同じ NM 表現がつくわけではない。Yes-No 疑問文では，Wh 疑問のような首ふりや目の細めはなく，異なる NM 表現（眉上げ，目の見開き，あご引き）がつく（下の例文では＿＿q で表示）。

```
              _____q
/今日　友達　来る？/（今日は友達が来るの？）
```

Yes-No 疑問の NM

もし疑問の NM が「何かを疑問に思う感情表現」なら，疑問文の文法的な種類で 2 つの NM を使い分ける必要はないはずである。このような例から，感情表現と NM 表現はまったく別のものであることがわかる。

③ 副詞的な NM 表現

程度が大きいことを示す日本語の副詞には「とても」「大変」などがあるが，手話言語では，程度の情報を NM 表現で示す。たとえば「遠い」「近い」を強調した「とても遠い」「とても近い」という手指表現を表す際には，目の細めで程度の大きさが示される。

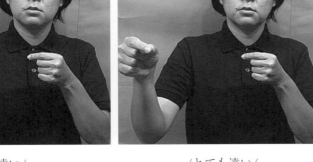

/遠い/　　　　　　　　/とても遠い/

第Ⅳ部　言語研究の新しい視点

④ 主題化の NM 表現

　手話には助詞がない。しかし，助詞のない言語は，英語やイタリア語など，世界にたくさんある。そのような言語では，日本語の助詞が示す文法的な性質は別の方法で表されている。日本手話の場合はどうなのだろう。

　日本語の「は」について考えてみよう。この助詞は「〜についていえば」というように，主題を示す際によく使われる。主題になる部分（下線部分）は，文頭に現れる。

　　ラーメンは，昨日友達が食べた。

　　昨日は，友達がラーメンを食べた。

　日本手話を含む多くの手話言語では，主題の部分に眉上げと目の見開き（___t），主題になる部分の最後にうなずき（▼）が必要である。主題が文頭に現れるのは，他のさまざまな言語と同様である。

　　_____t
　　ラーメン▼　昨日　友達　食べる
　　___t
　　昨日▼　友達　ラーメン　食べる

　つまり，日本語が助詞「は」で表す文法的な性質を，手話言語は眉・目・頭の NM 表現で示すということである。

⑤ 文と文をつなぐ NM 表現

　日本手話では，文と文を接続する文法的な表現も NM 表現で表される。日本語の「〜から」「〜のに」は，2 つの文を接続する表現である。

　　雨が降ったから，バーベキューは中止だ。（順接）

　　雨が降ったのに，バーベキューをやった。（逆接）

　日本手話の母語話者は，文接続の NM 表現を用いる。以下はその一例である。順接の場合は，定位置からの大きなうなずき（▼）がつく。逆接の場合は，頭をやや後ろに引いた後，うなずきで定位置に戻すようなうなずき（◀▼）がつき，文末の目の見開きとともに，体が少し前に出る。

　　雨▼　バーベキュー　中止　（順接）

　　雨◀▼　バーベキュー　やる▶　（逆接）

　日本語の「もし〜なら」に相当する「条件文」も，異なるうなずきで表される。以下はその一例である。条件文では，___cond の記号で示されている範囲内の最後に，それまで少し前に出して固定されていたあごを，うなずきながら定位置に戻す。

もし雨なら，バーベキューは中止だ。

_cond

雨▼　バーベキュー　中止　（条件）

　日本語と日本手話の例文を比べてみると，多くの場合，文の長さ（語数）は日本手話の方が目立って短いことがわかる。しかし，伝達される情報量は変わらない。アメリカ手話と英語のバイリンガル話者（コーダ）を対象とした実験研究でも，手話言語では短い時間でたくさんの情報伝達ができることが確認されている。[4]

⑥ CL の NM 表現

　CL（Classifiers）[5]とは，表したい対象の大きさや形を写し取るような手話表現であるが，形・大きさ・材質の情報を示す NM 表現が必須であることも多い。たとえば，薄い紙や，ストローなどの細長いものを表す場合には，口をすぼめて頰を内側にへこませるような NM 表現が使われる。それに対して，座布団などの分厚いものを CL で表す際には，口を結び，頰を膨らませる。この，頰を膨らませる NM 表現は，風船が膨らむ様子や，中が空洞である物を表す CL にも用いられる。金属でできた棒など，固いものを表す CL には「イー」口型が付随する。この口型も NM 表現の一種である。これらの NM 表現からも，CL が，聴者が話しながら用いるジェスチャーとは異なる性質を持つことがうかがえる。

⑦ NM 表現の謎

　手話の文法を理解するためには，NM 表現の分析を避けては通れない。しかし，NM 表現の種類は多岐にわたり，その働きも，語の意味や文法に関わるもの・イントネーションやリズムパターンに関連すると思われるもの・話者の発言のニュアンスに関わるものなど，さまざまである。そのすべてが「NM 表現」とひとくくりにされていることは問題だという指摘もある。

　また，聴者が使うジェスチャーに影響されたと考えられる NM 表現もある。日本手話で使われる否定の首ふりを考えてみよう。ふり方や文のどの範囲で使われるかなどが大きく異なっているが，否定を示す際に首をふるというパターン自体には聴者の首ふりジェスチャーとの共通性が見受けられる。NM 表現に限らず，手話言語とジェスチャーの共通点と相違点に着目した研究が各国で活発になっている。

（松岡和美）

▷3　ろうの親を持つ聴者。

▷4　Edward Klima & Ursula Bellugi（1979），*The Signs of Language*，Harvard University Press，第8章。

▷5　表したい対象の大きさや形を写し取るような手話表現。手話単語とは異なる。人・物・場面等の描写に多用される。

（参考文献）

岡典栄・赤堀仁美（2015）『日本手話のしくみ練習帳』大修館書店。

木村晴美（2011）『日本手話と日本語対応手話（手指日本語）──間にある深い谷』生活書院。

松岡和美（2015）「手話の統語」『日本手話で学ぶ手話言語学の基礎』くろしお出版，第3章。

第Ⅳ部　言語研究の新しい視点

13　手話言語

手話のモダリティ表現
筆談でのコミュニケーションギャップ

1　顔で示す文法とは？

　日本手話を母語とするろう者にとって日本語は第二言語であるため，時として思わぬ誤解が起こってしまうことがある。ある会社で，聴者の社員がろう者の同僚に「これから会議があるので行った方がいいですよ」と筆談で伝えたが，そのろう者は会議に出ないで帰宅してしまった。なぜこんなことが起こってしまったのだろう。

2　認識モダリティと義務モダリティ

　ある出来事や物事の状態について，話し手の判断や伝え方を示す表現がモダリティである。たとえば，以下の手話文では／子供　喜ぶ／（子供が喜ぶ）の部分が出来事であり，話者がその出来事が起こる可能性がかなり高いと考えていることが／決まり／（〜に決まっている）というモダリティ表現で示されている。

　　／子供　喜ぶ　決まり／（子供が喜ぶに決まっている）

　日本手話にも，他の多くの言語と同じように，さまざまなモダリティ表現がある。認識モダリティとは，事実についての話者の認識や感じ方の表現である。日本手話では，先ほどの例文で紹介した／決まり／の他にも，／本当／（確かだ），／かも／（〜かもしれない）など，多くの表現がある。

▷1　モダリティについては益岡隆志『日本語モダリティ探究』くろしお出版，2007年などを参照。

　／決まり／　　　　　／本当／（確かだ）　　　／かも／（〜かもしれない）
（〜に決まっている）

　義務モダリティとは，物事が「必要かどうか」「可能かどうか」の判断や，それに基づいた許可や命令に関わる表現である。以下の例文では／必要／（〜

しなければならない）が義務モダリティの表現である。

　／意見　言う　必要／（意見を言わなければならない）

　この他にも，／かまわない／（〜しても構わない），／アウト／（〜してはならない）などの義務モダリティの表現がある。

　／意見　言う　かまわない／（意見を言ってもかまわない）

　／意見　言う　アウト／（意見を言ってはならない）

　／意見　言う　できる／（意見を言ってもよい）

　／意見　言う　べき／（意見を言うべきだ）

／必要／

／かまわない／

／アウト／

／できる／◁2

▷2　指先を左胸にあてた後，右胸にもう一度あてる。

／べき／

3 言語間のモダリティ表現の意味のズレ

　モダリティは，出来事や状況に対する話者の認識や判断を示す表現であるが，似たような表現でも異なる言語間では捉え方が異なることがある。たとえば，ドイツ語の müssen は，英語の must よりも義務的なニュアンスが弱い表現である。たとえば，ドイツ語での道案内では「次の角を左に曲がります」というようなニュアンスで müssen の変化形 musst が使われることが多い。同じような文脈で英語の must を用いると，「あなたは次の角で左に曲がらねばならない」というような，道案内としては母語話者が違和感を持つニュアンスが生じる。モダリティ表現の「字面の」表現が似ていると，意味的なニュアンスの違いに余計に気づきにくくなり，個人間の誤解に発展することもある。

　冒頭にあげた筆談での誤解はなぜ起こったのか。日本語を母語とする聴者が書いたのは「これから会議があるので，行った方がいいですよ」という日本語の文であった。それに（字面の上で）もっとも近い手話訳は以下のようなものになる。

　　／会議　行く　方　いい／（会議に行った方がいいですよ）

　日本語では「行った方がよい」は「行くべき」と同じような，義務モダリティに近い意味を持つ表現である。それに対して，日本手話では，／方　いい／は義務モダリティの表現ではないので，「行った方がよいが，行っても行かなくてもよい」というのがもっとも自然な解釈となる。だから，筆談を見たろう者は会議に出席せずに帰宅してしまったのだ。

　日本語から日本手話への直訳がうまくいかないことを示す例は他にもある。日本手話の／そう・よう／は日本語の「雨が降りそうだ」「雨が降るようだ」のように，話者の弱い推測を示す認識モダリティの表現である。

　　／雨　そう・よう／（雨が降りそうだ・雨が降るようだ）

　　　　　　　／雨／　　　　　　　　　　／そう・よう／（推測）

　「雨が降りそうだ」という推測の表現であれば，日本語と日本手話のモダリ

ティ表現は意味が近いが,「田中さんが来るそうだ」という日本語の伝聞表現には,日本手話の／そう・よう／は使えない。日本手話では,／聞く／などの表現を文内に含めることで伝聞情報を示す。

　／田中　来る　聞く／（田中さんが来るそうです）

　同じように,日本語「〜ようだ・〜ように」という表現がすべて,日本手話の／そう・よう／に翻訳できるわけではない。「すぐ出発できるように準備する」「まるで台風のようだ」などの表現は,日本手話では／そう・よう／とは異なる表現に訳する必要がある。以下の手話文に見られる通り,日本語の「〜よう」にあたる部分には,表したい意味によって,うなずき（▼）のようなNM表現や,／並み／のような手話単語が用いられる。

　／すぐ　出発　できる▼　準備／　　（すぐ出発できるように準備する）
　／指さし　台風　並み／　　　　　　（それはまるで台風のようだ）

／並み／

　日本語を口で話しながら,手話単語を補助的に用いるコミュニケーション手段である「手指日本語（日本語対応手話）」では,「〜そう」「〜よう」と発音される日本語の表現にさまざまな意味があることを意識せず,／そう・よう／と訳されている手話単語をあてはめてしまうことが多い。その結果,日本手話の話者に伝えたい内容が十分に理解されない状況が生じることがある。

4　モダリティと手話翻訳・通訳の難しさ

　モダリティ表現を詳しく見ると,日本手話は日本語を手話に翻訳したものではなく,日本語とは別の言語であることがわかる。モダリティ表現の意味は抽象的であるため,言語の違いによるコミュニケーションギャップが生じることが多い。筆談においても,日本語からの直訳が意外な誤解につながることも少なくない。手話通訳だけではなく,手話を読みとって日本語文に書き起こす「手話翻訳」の知識も重要である。

（松岡和美）

▷3　手話表現を日本語に書き起こすこと。またはそのように書き起こしたもの。

参考文献
坂田加代子・矢野一規・米内山明弘（2008）『驚きの手話「パ」「ポ」翻訳　翻訳で変わる日本語と手話の関係』星湖舎。
松岡和美（2015）「意味に関わる手話言語の性質」『日本手話で学ぶ手話言語学の基礎』くろしお出版,第4章。

第Ⅳ部　言語研究の新しい視点

13　手話言語

 ## 4 手話のバリエーション
「正しい」手話って何？

 手話にも多様性がある

　日本手話をはじめとする手話言語は，人工的に作られたものではなく，ろう者のコミュニティの中で自然に発生したものである。手話言語にも，他の自然言語に見られるような地域差や世代差がある。また，話者が手話に触れた年齢によって，日本語の影響を強く受けた手話のスタイルも存在する。手話の多様性とは，どのようなものなのだろう。

 地域による多様性——手話方言

　ろう者の行動範囲の広がりや，手話ニュースなどの影響により，日本手話の標準化は早いスピードで進んでいる。しかし音声言語と同様に，手話表現には地域差（方言）もある。標準的な日本手話と愛媛手話の疑問詞 / どうして / はその一例である。

▷1　Ⅲ-8-1 参照。

　　標準的な日本手話/どうして/　　　　　　愛媛の手話/どうして/

　日本手話話者の年齢による多様性もある。/ オーバー / という手話表現は，高齢ろう者にとっては，時間や数量が話者の基準点を「過ぎた」「超えた」などの意味しかない。それに対して，下の世代のろう者が使う日本手話では「しまった！」「とても感動した」に近いような，日本語の「オーバー」とも異なるさまざまな用法が生じている。

214

/オーバー/

③ 言語環境による多様性――日本手話・手指日本語・混成手話

話者が育った言語環境による違いも大きい。手話使用者の中には，日本手話を第一言語（母語）とするネイティブサイナーだけでなく，日本語を声で話す「口話」が主たる使用言語である話者もたくさんいる。そのような話者が用いる手話コミュニケーション法が，手指日本語（日本語対応手話）や混成手話である。

図1　日本手話・手指日本語・混成手話の関係

出典：著者作成。

手指日本語とは，基本的には手話単語を日本手話から借用し，日本語の文法通りに並べたものである。その過程で日本手話の語の音韻や意味が大きく変わることも多い。Ⅳ-13-1 で取り上げた /8/ の代用表現や Ⅳ-13-3 で取り上げた /よう・そう/ はその例である。日本手話にない日本語表現は，人工的に造語される（「です」「～か？」「こんにちは」「こんばんは」など）。また，手指日本語では NM 表現は使われず，文法的な情報のほとんどは日本語通りの口の動き（口話）で示される。そのため，手指を見ると同時に口話の読みとりも行う必要がある。手指日本語は，日本語を第一言語にする人には使いやすいコミュニケーション法である。

混成手話は，手指日本語と手話言語の特性が混在したものである。「手指日本語寄り」「日本手話寄り」などの様々な変種がある。日本語寄りの混成手話では，語順が日本語に強く影響され，指文字や日本語通りの口の形が多用される。NM 表現は極端に少なく，あってもその使用は不安定である。それに加えて，同じ話者でも話す相手によって手話のスタイルが変わることも多い。たとえば，日本手話のネイティブサイナーが日本手話に習熟していないろう者や聴者と対話をする際には，日本語寄りの表現が増えることがある。

▷2　聞こえない人が，訓練によって身につける音声日本語の発話。相手の唇の形を読み取る「読話」と組み合わされるが，口話の聞き取りやすさには大きな個人差があり，読話で読み取れる内容は半分以下といわれている。

▷3　Ⅲ-8-3 言語接触による変種の解説を参照。

▷4　日本語の五十音を手指で表したもの。

❹ 文化集団による多様性——手指で日本語を表現

手指日本語や混成手話を用いるレイトサイナー[5]の手話には，日本語の発音に基づいて造語された手話表現がある。その代表例である「やばい」は，指文字の「ヤ」を両手で作り，それを日本手話の／倍／という手話と同じ動きで重ねる表現である。「ヤ」を「倍（バイ）」にして「ヤバイ」という駄洒落のような発想で作られた表現である。

▷5　手話の早期獲得が難しい環境に育ち，ある程度成長してから手話を身につけた話者。詳細はⅣ-13-5参照。

指文字「や」　　　日本手話/倍/　　　/やばい/

類似の表現として，「せっかく」（指文字「せ」を利き手でひっかくように動かす）や「いえいえ」（日本手話の／家／を横にずらしながら2回繰り返す）などがある。

 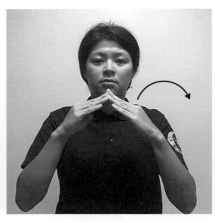

/せっかく/　　　　　　　　　/いえいえ/

このような表現は，日本語を第一言語とする難聴者・中途失聴者・聴者には覚えやすく，親しみやすいものである。実際に，難聴者を中心とするコミュニティではこのような表現が次々に作り出され，メンバーに共有されている。しかし，それらは「両手の手の形が同じ場合は，同じ動きまたは対称的な（鏡に映ったような）動きをする」という手話の音韻規則[6]に反していたり，日本手話の単語そのものの意味を考慮せず，手話単語の「日本語訳の発音」に基づいて

▷6　手話言語にもさまざまな音韻規則がある。両手手話の音韻規則である「バチソンの制約」には，両手の手型が同じ場合は，両手が対称的な動きをするという「対称性の条件」と，両手の手型が異なる場合は利き手のみが動き，非利き手は特定の手型に限られるという「非利き手に関わる制約」がある。

作られることが多いため，日本手話を第一言語とするろう者には強い違和感を持つ人が多い。

⑤ 地域共有手話

地域共有手話（村落手話[47]）とは，小規模のコミュニティで，（おそらく遺伝上の理由で）ろう者が特に多い地域で自然に発生した手話言語である。その最大の特徴は，ろう者・聴者に関わりなく，コミュニティの共通言語として定着していることである。地域共有手話は，世界各地（インドネシア・イスラエル・アフリカ諸国など）に存在するが，コミュニティ内外の人の行き来が活発になることで消滅したものも多い。アメリカのマーサズビンヤード島の共有手話がその一例である。しかし，イスラエルのアルサイードベドウィン手話のように，比較的最近発生したと考えられている地域共有手話もある。

日本では，かつて鹿児島県の奄美大島に地域共有手話を持つコミュニティがあったことが報告されている。近年，研究が進んでいるものには，愛媛県大島で漁業関連の仕事に携わる人々の地域共有手話である宮窪手話がある。宮窪手話には，日本手話の方言とは考えにくい点が多くみられる。たとえば宮窪手話の数の表現や時間の流れを表す表現は，日本手話とは大きく異なっている[48]。ただ，日本手話とのバイリンガルろう者が増えるにつれ，モノリンガルのろう者が著しく減少しているため，宮窪手話は消滅危機言語となっている。

地域共有手話には，音声言語の話者が使うジェスチャーが抽象化して文法の一部になったと分析できる特徴も多いため，様々な学問分野でジェスチャーを考察する研究者や，言語の進化に興味を持つ研究者の関心も高い研究トピックである。

⑥ 今後の課題——手話のバリエーションの尊重

日本に限らず，手話を母語として獲得するネイティブサイナーの数は極端に限られている。同じ「聞こえない人」でも，ネイティブサイナーとそうでない人が使う手話は本質的に異なるが，その事実が十分に理解されない状況が続いている。その結果として「日本語に近い手話が正式なもので，ろう者の使う日本手話は人前に出してよいものではない」という意見や，逆に「日本手話が正しい手話で，他の手話は間違いである」などの極端な主張が対立し，その狭間で悩む人も少なくない。言語のバリエーションに「正しい」「間違い」はない。それぞれのコミュニケーション手段を，話者が属する集団の文化として尊重することがもっとも大切である。まず各々の言語の違いをはっきりと認めることが，その第一歩であろう。

(松岡和美)

▷7　海外の文献では shared sign languages, village sign languages, rural sign languages などの用語が使われているが，それぞれの表現のニュアンスの違いを厳密に区別する研究者もいる。

▷8　矢野・松岡（2017）。詳細については，以下の論文を参照。Uiko Yano & Kazumi Matsuoka (2018) "Numerals and Timelines of a Shared Sign Language in Japan: Miyakubo Sign Language on Ehime-Oshima Island," *Sign Language Studies* 18:4:640-665.

(参考文献)

木村晴美（2007）『日本手話とろう文化 ろう者はストレンジャー』生活書院。
ノーラ・グロース（1991）『みんなが手話で話した島』佐野正信訳，築地書館。
矢野羽衣子・松岡和美（2017）「愛媛県大島宮窪町の手話——アイランド・サイン」『科学』5月号，415-417頁。

第Ⅳ部　言語研究の新しい視点

13　手話言語

 ## 手話の発達・習得
ネイティブサイナーってどんな人？

手話をどうやって覚える？

　ろうの子供は手話言語をどうやって身につけるのだろうか。ろう学校で教師に教えてもらうのだろうか。/本/や/飲む/などの手話単語は，ものの形や動作をジェスチャーのように表現しているだけのように見える。それなら，手話は音声言語よりも習得が簡単なのだろうか。

ネイティブろう児の手話の獲得

　ろう者の大多数は聴者の親の元に生まれる。つまり，出生時から親と手話言語が共有できるデフファミリー出身のネイティブろう児は，言語的少数者ということになる。日本手話を使うろうの親のもとで育つろう児は，手話単語を見たままに真似して覚えるのではない。日本手話を母語とするろう児を対象とした鳥越隆士は，ろうの2歳児が/兄/という手話単語を表す際の「誤用」を報告している。/兄/は中指を立てながら手を上に動かして表すが，ろう児は，中指を立ててしばらくしてから手を上に動かしたり，逆にゆるく開いた手を上に動かした後で，中指を立てる手の形を作った。この観察は手話単語が手の形（手型）や動きという音韻パラメータの組み合わせから成り立っていることを，ろう児が無意識に感じ取っていることを示している。

▷1　ろう者の両親がろうの子供を持った家庭。

▷2　鳥越（2008）。

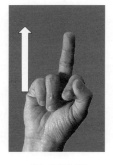  

/兄/標準形　　　　　　幼児の表現/兄/の再現例（開いた手を上に動かしてから手の形を作る）

▷3　手の喃語には，母語の手話表現に存在する手の形や動きが含まれる。出現時の月齢・繰り返しが多い・後に同じ子供が使う初期の語彙と音韻的な性質が重なる等，音声言語の喃語と共通する特徴を持つ。

▷4　Ⅳ-13-2 参照。

▷5　例えば以下の文献を参照。Naomi Caselli ＆

　音声言語と同様に，手話言語も年齢に応じた段階（ステップ）を経て獲得される。生後10カ月頃に手の喃語（manual babbling）が観察された後，語を使うようになり，NM表現も段階を追って現れる。手話言語と音声言語の発達のタ

イミングに大きな差はみられない。また，表したいものと「見た目」が似ている（図像性が高い）手話表現の習得が早いとは必ずしも言えないことがわかっている[5]。さらに，語彙の意味や文法に関わる NM 表現の習得は，顔の感情表現とは異なったプロセスとタイミングを経ることも報告されている。つまり，母語として獲得される言語の発達は，手話でも音声でも変わらないということである。

③ 手話の習得年齢の重要性

ネイティブろう児が育つデフファミリーの他にも，さまざまなタイプの手話習得環境がある。ろう学校幼稚部への就学などで日本手話を早期に習得して第一言語として使っているのが，早期習得者（アーリーサイナー）である。家庭・学校では手話の早期習得が難しく，ある程度成長してから手話を身につけた話者が，後期習得者（レイトサイナー）である。その他にも，ろうの親の元に生まれて手話環境で育つ聴児（コーダ児）や，人工内耳[6]を装用するろう児など，手話言語と音声言語のバイリンガル話者として育つケースもある。さらに，音声言語をある程度習得してから聴力を失う中途失聴児が手話を習得する場合もある。

手話の使用年数が同じでも，手話に触れた年齢によって，母語話者がよく使う手話表現や文法項目の理解・表出のスキルは大きく異なる。母語ではない言語の習得に大きな個人差があることは言うまでもないが，多数のろう児・ろう者を対象とした近年の研究では，手話言語の早期の獲得が，書記言語の高い習得レベルと相関することが明らかになっている。近年のアメリカでの研究でも「魚を4匹バケツに入れる」というタスクに必要な「数の理解」などの言語以外の認知発達にも，手話習得の早期獲得が重要であることが報告されている[7]。そのような研究成果を踏まえ，ろう児を持つ聴者の親が手話で子供を育てる大切さが各国で少しずつ認識され，ギャロデット大学付属クラークろう学校のウェブサイト[8]など，ろう児の家族への情報提供も増えている。

④ 今後の課題

これまで，ろう児の言語発達の研究では，ネイティブろう児・早期習得者・後期習得者を区別しない研究が多かったが，近年の研究では，ネイティブろう児の書記言語のスキルや[9]，それ以外の認知機能の発達も，聴児やコーダ児と変わらないことが示されつつある。「聞こえない子供」をひとくくりにして扱うのではなく，言語環境の違いに留意した言語発達研究が求められている。また，読み書きの能力は教科教育の大前提であり，手話言語と書記言語のバイモーダル・バイリンガリズム[10]の研究の重要性も高まる一方である。　　　　（松岡和美）

Jennie Pyers（2017）"The road to language learning is not entirely iconic: Iconicity, neighborhood density, and frequency facilitate acquisition of sign language." *Psychological Science* 28. 7：979-987.

▷6　頭の中に機械を埋め込み，音声情報を聴神経に直接伝える医療技術。軽度難聴と同程度の聴力が得られるとされているが，装用の効果や副作用の有無には，大きな個人差がある。

▷7　Kristin Walker, Emily Carrigan & Marie Coppola（2024）"Early access to language supports number mapping skills in deaf children." *The Journal of Deaf Studies and Deaf Education*, 29. 1：1-18.

▷8　https://www3.gallaudet.edu/clerc-center/info-to-go/family-resources.html

▷9　詳しくは斉藤（2015）を参照。

▷10　音声言語と手話言語の二言語使用。聴覚と視覚という2つの異なる感覚モダリティ（感覚様相）が関わるため「バイモーダル」という表現が使われている。

（参考文献）

斉藤道雄（2015）『手話を生きる　少数言語が多数派日本語と出会うところで』みすず書房。

鳥越隆士（2008）「手話の獲得」小林春美・佐々木正人編『新・子どもたちの言語獲得』大修館書店，第9章。

松岡和美（2015）「手話の発達」『日本手話で学ぶ手話言語学の基礎』くろしお出版，第6章。

さくいん

あ行

あいまい母音 39
アクセント 31, 38, 42
アクセント位置 198
アクセント規則 40
アステリスク 92
アナロジー 55
アニマシー 111
アニミズム仮説 192
アラインメント 188
アラビア語 15
暗意 121
異音 25
異化 27
意外の「も」 100
一時的多義性 157
移動 90, 92, 94
意図的行為 71, 72, 74
意味 2
意味的プライミング 161
意味論 3, 6
韻律構造 36
受身形命令文 79
受身文 81
迂言的使役動詞 66, 67
埋め込み節 94, 96
ウラ結論 121
ウラ前提 121
枝分かれ制約 42
オノマトペ 10
音韻配列制約 162
音韻論 3, 4
音声学 3, 4
音声素性 19
音声模写 200
音節 30, 154, 198
音節構造 32, 35, 45
音素 25

か行

解釈 86
外心複合語 49, 59
係り関係 88, 90
かき混ぜ 90, 95, 172, 174
カクテルパーティー効果 123
格標識 188
過剰一般化 52, 166, 169
過剰拡張 164
過剰縮小 164
活格型 189
括弧づけの矛盾 63
過程 74
カビ生え式 106
仮主語の it 97
含意 72
含意的普遍性 185
関係節 158
韓国語 35
観察者 70
干渉 169
慣用句 199
関連性の高い情報 124
関連性の認知原理 125
聞き手が持つ関連性の期待 125
記述言語学 10
記述主義 112
規則活用 52
機能語 105
規範主義 112
基本形 134
基本語順 186
義務モダリティ 210
きもち欠乏症 109
きもちの文法 109
脚韻 45
逆形成 54
客観主義 102
旧情報 76, 174
共感 127
共時的 104
強制 140
強勢 154, 168
共同製作による文 101
共鳴音 195
許容 140
偶然の空白 67
クオリア構造 56
組み合わせの文法 109
組み合わせ不全 109
繰り上げ構文 7, 94, 96

経験者 81, 110
経験（基盤）主義 102
形式 2
形態音素交替 29
形態素 29
形態論 3, 5
結果継続 68
結果状態 69, 70
原因 141
言語獲得 201
言語進化 200
言語相対論 190
言語の起源 11
言語の社会的不平等性 147
言語発達 200
言語普遍性 184
言語類型 183
言語類型論 10, 183
謙譲語 142, 143
語彙性判断課題 172
語彙的 137
語彙的ギャップ 50
語彙的緊密性 47, 62
語彙的使役 67, 178
語彙的使役動詞 66
コイネー 148
項 95–97
行為者 70, 81
後期習得者（レイトサイナー）
　216, 219
構成素否定 84
構造 86, 89
構造的多義性 156
後置詞 112, 187
膠着語 193
肯定対極表現 82
声 21, 23
コードスイッチ 151
語幹 135
語形成 5, 46
心の理論 128
五十音図 14, 16
語順 186
語順類型論 187

さくいん

語族　182
五段活用　16
コピュラ　143
固有的空間参照枠　191
語用障害　130
語用論　3, 6, 114
語用論的推論　140
混成手話　215
痕跡　172
コントロール構文　7, 96

さ行

サスペンド（抑制）　74
サセ使役　178
サピア・ウォーフの仮説　150, 190
恣意性　196
子音　14
子音の発音様式　20
使役動詞　178
ジェスチャー　200
視覚世界パラダイム　161
自己制御可能　78
自己制御性　78
事象関連電位　176, 179
事象名詞　60
時制節　95
実験言語学　9, 170
視点　80
社会言語学　8, 144
社会言語能力　146
社会方言　144, 146
借用　148
集合的なイメージ　99
終止形　134
終助詞化　143
従属節　138, 139
樹形図　86, 89
手指日本語（日本語対応手話）　213, 215
主節　134, 138, 139
主題副詞　77
受動態　97
主要部　48, 62
主要部後置　158
手話言語　11, 202
手話の音韻規則　216
手話の音韻パラメータ　204
手話翻訳　213
準体句　139

瞬間的動作　68
焦点副詞　77
情報意図　116
情報構造　174
省略順序の制約　77
処理労力　122
自立語　108
新情報　76, 174
身体的基盤　195
シンタグマティックな関係　100
心内辞書　46, 50, 52, 160
心理言語学　9, 154
推移　121
スタイル　144, 150
スタイルシフト　151
する言語　7, 106
生産性　50
世間話　126
接近可能性の階層　185
接辞　5, 46, 51, 74
接触言語　148
絶対的空間参照枠　191
絶対的普遍性　184
全称量化　98
前置詞　112, 187
前兆　74
早期習得者（アーリーサイナー）　219
相互動詞　80
相対的空間参照枠　190
相補分布　25
阻害音　195
素材敬語　142
存在量化　98

た行

対格型　188
体験者　110
対者敬語　142
第二強勢　39
第二言語習得　168
高さアクセント　38
多言語・多変種能力　151
短音節　36
短縮語　31
断定　72
地域共有手話　217
地域差（方言）　214
地域方言　144
知識　111

中間言語　149
抽象格　95
調音結合　155
長音節　36
調音点　21
調音法　21
重複　196
チョムスキー，ノーム　113
通時的　104
強さアクセント　38
手型　204
テ形補助動詞　137
手の喃語　218
デフォルト規則　53
デフファミリー　218
転移　169
転換動詞　54
伝達意図　116, 127
等位構造　92
頭韻　44
統計的普遍性　184
統語構造　170, 174
統語的　136, 137
統語的移動　172
統語論　3, 6, 86
動作継続　68
動作動詞　110
動作主名詞　61
頭子音　32, 34
動詞の活用　33
動詞由来複合語　58
動詞枠づけ言語　193
ドメイン　151
取り立て詞　100

な行

内心複合語　49, 59
内省法　171
内容語　105
なる言語　7, 106
二段活用の一段化　135
日系人の日本語変種　149
認識モダリティ　210
認知科学　113
認知効果　124, 126
ネイティブサイナー　215
能格型　189
脳波　176

221

は行

倍数の法則 14
拍数 198
派生動詞 54
派生名詞 60
発話解釈 117
発話の順番 152
話し手の意味 114
早口言葉 44
パラディグマティックな関係 100
バリエーション 144
汎時的 104
非意図的事象 74
鼻音 21
比較言語学 182
尾子音 32, 34
非対格動詞 74
否定対極表現 82
非能格動詞 74
プールカテゴリ 102
フォース・ダイナミック 106
付加疑問文 84
不規則活用 52
不規則動詞 27
複合語 26, 46, 48, 56
複合語アクセント 41, 43
複合名詞 57
袋小路（ガーデンパス）現象 157
付属語 108
二又枝分かれ構造 48
不定冠詞 34
普遍量化 98
プライミング効果 172
フリーチョイス 82
ブロッキング 53
プロトタイプカテゴリ 102
文・絵画マッチング課題 176

分散形態論 179
文処理負荷 175
文正誤判断課題 171
分節 154
文否定 84
文法 2
文法化 105, 137
文脈 115, 118, 119, 174
閉鎖音 22
平板アクセント 39, 40
変化動詞 110
母音 14
母音空間 17
母音挿入 162
母音融合 18
方言孤立変遷論 145
方言周圏論 145
ポライトネス 153
翻訳 141

ま行

マガーク効果 160
摩擦音 22
右側主要部の規則 48
ミニマルペア 25, 202
未発展地域仮説 192
名詞句 138
名詞述語文 139
命令文に課される意味的制約 79
メタファー 105
メトニミー 102
モーラ 30, 154
文字 183
モダリティ 210
モノ名詞 60

や行

役割語 146, 176
有声性 194
有標性 17, 22

幼児語 36
容認性 93
四つ仮名 23

ら行

ライマンの法則 26
リズム 30, 44
リズム規則 39
リズム単位 154
隣接ペア 152
類別詞 102
レイトサイナー →後期習得者
歴史言語学 8, 134
連体形終止 134
連体形 134
連体節 134, 138
連体なり 139
連濁 26, 28, 42, 46, 59
連用形 136, 137
ローマ字 24

わ行

話題化 208
わたり音 32

欧文

chunking 168
CL（Classifiers）表現 209
Gavagai 問題 164
N400 177, 179
NM（Non-manual）表現 206
P600 179
PRO 96
some / any に課される意味的制約 83
SOV 言語 193
to 不定詞 95, 96
wh 疑問文 92, 206
Yes-No 疑問文 207

執筆者紹介 （氏名／よみがな／生年／最終学歴／現職／業績）　執筆順，＊は編者，執筆担当は本文末

＊窪薗晴夫（くぼぞの・はるお／1957年生まれ）

編著者紹介参照。

上山あゆみ（うえやま・あゆみ／1963年生まれ）

1998年　Ph. D.（南カリフォルニア大学）
現　在　九州大学大学院人文科学研究院教授。
『はじめての人の言語学』くろしお出版，1991年。
『生成文法の考え方』（共著）研究社，2004年。
『統語意味論』名古屋大学出版会，2015年。

高見健一（たかみ・けんいち／1952年生まれ）

1979年　大阪教育大学大学院教育学研究科英語教育専攻修士課
　　　　程修了。
1990年　文学博士（東京都立大学）。
　元　　学習院大学文学部英語英米文化学科教授。
Preposition Stranding, Mouton de Gruyter, 1992.
Functional Constraints in Grammar（共著）John Benjamins, 2004.
『日本語構文の意味と機能を探る』（共著）くろしお出版，2014年。

定延利之（さだのぶ・としゆき／1962年生まれ）

1998年　京都大学大学院文学研究科言語学専修博士課程修了，
　　　　博士（文学）。
現　在　京都大学大学院文学研究科教授。
『認知言語論』大修館書店，2000年。
『コミュニケーションへの言語的接近』ひつじ書房，2016年。
『煩悩の文法』凡人社，2016年（増補版）。

渋谷勝己（しぶや・かつみ／1959年生まれ）

1987年　大阪大学大学院文学研究科日本学専攻博士後期課程中
　　　　退。
1990年　学術博士（大阪大学）。
現　在　大阪大学大学院人文学研究科教授。
『日本語学習者の文法習得』（共著）大修館書店，2001年。
『日本語史のインタフェース』（シリーズ日本語史4）（共著）
岩波書店，2008年。
『旅するニホンゴ——異言語との出会いが変えたもの』（共著）
岩波書店，2013年。

松井智子（まつい・ともこ／1962年生まれ）

1995年　ロンドン大学ユニバーシティカレッジ文学部言語学科
　　　　博士課程修了。Ph. D.（University College London）
現　在　中央大学大学院文学研究科教授。
Bridging and Relevance, John Benjamins, 2000.
『子どものうそ，大人の皮肉』岩波書店，2013年。

長屋尚典（ながや・なおのり／1980年生まれ）

2011年　Ph. D. in Linguistics（Rice University）
現　在　東京大学大学院人文社会系研究科准教授。
"The Lamaholot language of eastern Indonesia" PhD dissertation, 2011.
Japanese/Korean Linguistics Vol. 22（共編著）CSLI Publications, 2015.

青木博史（あおき・ひろふみ／1970年生まれ）

1999年　博士（文学）（九州大学）。
現　在　九州大学大学院人文科学研究院教授。
『語形成から見た日本語文法史』ひつじ書房，2010年。
『日本語文法の歴史と変化』（編著）くろしお出版，2011年。
『日本語歴史統語論序説』ひつじ書房，2016年。

杉岡洋子（すぎおか・ようこ／1954年生まれ）

1984年　Ph. D. in Linguistics（The University of Chicago）
現　在　慶應義塾大学名誉教授。
『語の仕組みと語形成』（共著）研究社，2002年。
Interaction of Derivational Morphology and Syntax in Japanese and English, Garland Publishing, 1986, Reprinted: Routledge, 2019.
"Nominalization affixes and the multi-modular nature of word formation," *Pragmatics and Autolexical Grammar : In honor of Jerry Sadock*, John Benjamins, 2011, pp. 143-162.

広瀬友紀（ひろせ・ゆき／1969年生まれ）

1999年　Ph. D. in Linguistics（The City University of New York）
現　在　東京大学大学院総合文化研究科言語情報科学専攻教授。
"Anticipatory processing of novel compounds:Evidence from Japanese," *Cognition*, 136, Elsevier, 2015.
『ちいさい言語学者の冒険——子どもに学ぶことばの秘密』岩波書店，2017年。
"Sequential interpretation of pitch prominence as contrastive and syntactic information: contrast comes first, but syntax takes over," *Language and Speech*, Sage Publishing, 2019.

執筆者紹介（氏名／よみがな／生年／最終学歴／現職／業績）　　執筆順，＊は編者，執筆担当は本文末

小泉政利（こいずみ・まさとし／1964年生まれ）
1995年　マサチューセッツ工科大学大学院言語哲学科博士課程修了，Ph. D.
現　在　東北大学大学院文学研究科教授。
Phrase Structure in Minimalist Syntax, ひつじ書房，1999年。
『文の構造』（共著）研究社，2001年。
『ここから始める言語学プラス統計分析』（編著）共立出版，2016年。

松岡和美（まつおか・かずみ／1965年生まれ）
1998年　Ph. D.（言語学，コネチカット大学）
現　在　慶應義塾大学経済学部教授。
『日本手話で学ぶ手話言語学の基礎』くろしお出版，2015年。
『わくわく！　納得！　手話トーク』くろしお出版，2021年。
East Asian Sign Linguistics（共編著）De Gruyter Mouton, 2022.

秋田喜美（あきた・きみ／1982年生まれ）
2009年　神戸大学大学院文化学研究科文化構造専攻博士課程修了，博士（学術）（神戸大学）。
現　在　名古屋大学大学院人文学研究科准教授。
The Grammar of Japanese Mimetics : Perspectives from Structure, Acquisition, and Translation（共編著）Routledge, 2017.
Ideophones, Mimetics and Expressives（共編著）John Benjamins, 2019.

《編著者紹介》

窪薗晴夫（くぼぞの・はるお／1957年生まれ）

1988年　言語学博士（エジンバラ大学）。
現　在　国立国語研究所客員教授。
『日本語の音声』岩波書店，1999年。
『通じない日本語』平凡社，2017年。
The Phonetics and Phonology of Geminate Consonants（編著）Oxford University Press, 2017.

やわらかアカデミズム・〈わかる〉シリーズ
よくわかる言語学

2019年10月31日　初版第1刷発行　　　　　　〈検印省略〉
2024年12月10日　初版第5刷発行

定価はカバーに
表示しています

編著者　窪　薗　晴　夫
発行者　杉　田　啓　三
印刷者　江　戸　孝　典

発行所　株式会社　ミネルヴァ書房

607-8494 京都市山科区日ノ岡堤谷町1
電話代表（075）581-5191
振替口座 01020-0-8076

© 窪薗晴夫ほか，2019　　　　　共同印刷工業・新生製本
JASRAC 出 1907173-901

ISBN978-4-623-08674-0

Printed in Japan

よくわかる社会言語学	田中春美・田中幸子編著	本体2400円
よくわかる言語発達［改訂新版］	岩立志津夫・小椋たみ子編	本体2400円
よくわかる翻訳通訳学	鳥飼玖美子編著	本体2400円
よくわかる異文化コミュニケーション	池田理知子編著	本体2500円
よくわかるコミュニケーション学	板場良久・池田理知子編著	本体2500円
よくわかるヘルスコミュニケーション	池田理知子・五十嵐紀子編著	本体2400円
よくわかる学びの技法［第3版］	田中共子編	本体2200円
よくわかる卒論の書き方［第2版］	白井利明・高橋一郎著	本体2500円
はじめて学ぶ言語学	大津由紀雄編著	本体2800円
はじめて学ぶ日本語学	益岡隆志編著	本体2800円
はじめて学ぶ社会言語学	日比谷潤子編著	本体2800円
はじめて学ぶ方言学	井上史雄・木部暢子編著	本体2800円
はじめて学ぶ認知言語学	児玉一宏・谷口一美・深田　智編著	本体2800円
関西ことば辞典	増井金典著	本体4000円

――――――― ミネルヴァ書房 ―――――――

https://www.minervashobo.co.jp/